# Autopsie des fantômes

DU MÊME AUTEUR

*Médecin des morts. Récits de paléopathologie*, Paris, Fayard, 2006 ; coll. « Pluriel », 2014.

(dir.) *Actes du 1er Colloque international de pathographie (Loches, avril 2005)*, Paris, De Boccard, coll. « Pathographie », 1, 2007.

*Les Monstres humains dans l'Antiquité. Analyse paléopathologique*, Paris, Fayard, 2008.

(dir.) *Ostéo-archéologie et techniques médico-légales*, Paris, De Boccard, coll. « Pathographie », 2, 2008.

*Maladies humaines, thérapies divines. Analyse épigraphique et paléopathologique de textes de guérison grecs*, avec C. Prêtre, Villeneuve-d'Ascq, Presses universitaires du Septentrion, 2009.

*Les Jeunes Filles et la Mort. Catalogue de l'exposition*, Bourges, Les Mille Univers, 2009.

(dir.) *Actes du 2e Colloque international de pathographie (Loches, avril 2007)*, Paris, De Boccard, coll. « Pathographie », 4, 2009.

*Male mort. Morts violentes dans l'Antiquité*, Paris, Fayard, 2009.

(dir.) *Actes du 3e Colloque international de pathographie (Bourges, avril 2009)*, Paris, De Boccard, coll. « Pathographie », 6, 2011.

(dir.) *Le Roman des morts secrètes de l'histoire*, Paris, Le Rocher, 2011.

(dir.) *Le Miroir du temps. Les momies de Randazzo (XVIe-XIXe s.)*, avec L. Lo Gerfo, Paris, De Boccard, coll. « Pathographie », 7, 2011.

*Paris au scalpel. Itinéraires secrets d'un médecin légiste*, Paris, Le Rocher, 2012.

*Les Secrets des grands crimes de l'histoire*, Paris, Vuibert, 2012.

*Autopsie de l'art premier*, Paris, Le Rocher, 2012.

*Henri IV, l'énigme du roi sans tête*, avec S. Gabet, Paris, Vuibert, 2013.

(dir.) *Actes du 4e Colloque international de pathographie (Saint-Jean-de-Côle, mai 2011)*, avec D. Gourevitch, Paris, De Boccard, coll. « Pathographie », 9, 2013.

*Quand la science explore l'histoire*, avec D. Alliot, Tallandier, 2014 ; coll. « Texto », 2016.

*Ouvrez quelques cadavres. Une anthropologie médicale du corps mort*, Paris, Buchet/Chastel, 2015.

*(Suite à la page 315)*

Philippe Charlier

# Autopsie des fantômes

*Une histoire du surnaturel*

Tallandier

48, rue du Faubourg-Montmartre – 75009 Paris
www.tallandier.com

*Pour Isabelle, Jules, Paul et Louis,*
*ces fantômes qui nous veulent du bien.*

« Il y a des morts qui ne meurent pas. »
Lucien LÉVY-BRUHL,
*L'Âme primitive*, 1927.

# En guise de préambule

Définir la mort est probablement un des actes les plus difficiles, tant la frontière est ténue entre la vie et ce qu'il y a après. Il en existe plusieurs : la mort réelle et constante (lorsque le cœur cesse de battre et les autres organes vitaux s'arrêtent définitivement de fonctionner), la mort cérébrale, la mort sociale et probablement d'autres à venir[1]. Cette perméabilité, cette proximité entre le monde des vivants et celui des défunts, est telle que ces derniers viennent régulièrement fréquenter les premiers : apparitions fantomatiques, *poltergeist* et autres esprits frappeurs, etc. Si ces visites sont constatées et décrites depuis l'Antiquité, le siècle d'or des fantômes reste sans conteste le XIXe siècle.

Pour tenter cette sorte d'autopsie du spiritisme (ou d'anthropologie des fantômes), il nous a fallu retourner aux sources du phénomène. D'abord dans le monde anglo-saxon où nous avons dépouillé des archives compilant les activités de médiums et de scientifiques traquant la vérité maquillée par des prestidigitateurs, analysé des photographies (parfois retouchées)… mais aussi visité des lieux où fantômes, revenants, spectres et non-morts errent encore dans des contextes religieux ou métaphysiques, et ce, jusqu'au cœur même de Paris. Une enquête au pays des morts.

Qu'on n'attende pas de savoir, à l'issue de la lecture de ce livre, si les fantômes existent bel et bien, si des maisons sont véritablement hantées ou si les tables sont réellement capables de tourner… Le but de cet ouvrage est plutôt de savoir pourquoi plusieurs générations, dès le premier tiers du XIXe siècle, ont apporté une crédibilité exponentielle aux phénomènes des revenants, pourquoi les fantômes et diverses manifestations de l'au-delà ont impliqué de façon presque globale des hommes et des femmes – mais aussi des enfants – pendant près d'un siècle et demi, pourquoi le spiritisme et la médiumnité ont envahi le monde occidental à cette époque charnière.

Bref, essayer de répondre à la question : à qui profitent les fantômes ?

# 1

# Au commencement était le bruit…

Ça a débuté comme ça, dans la nuit du 31 mars 1848, aux États-Unis, au cœur d'une ferme de Hydesville, près de Rochester, dans l'État de New York. Les deux plus jeunes filles du pasteur David Fox, Margaret (dite « Maggie ») et Kate Fox, respectivement âgées de douze et dix ans, réussissent à établir un contact avec un « esprit » par une suite de coups frappés*. Cette entité dit s'appeler « Mister Splitfoot », littéralement « Monsieur pied fendu », comme le diable, bien entendu… Très vite rejointes par leur mère, les filles testent les capacités de l'esprit en l'interrogeant sur leurs secrets de famille (dates de naissance exactes, détails sur un frère mort à l'âge de trois ans, etc.). Autant d'informations privées que l'esprit semble connaître. L'histoire est racontée par Mrs Fox, la mère des enfants, à l'écrivain Sir Arthur Conan Doyle, père de Sherlock Holmes et féru de spiritisme :

* Inspiré du langage Morse, créé quelques années auparavant par le scientifique américain Samuel More en 1838.

Ce jour-là, j'étais rompue de fatigue et nous avions décidé d'aller nous coucher tôt, et de passer une bonne nuit de repos. J'étais à peine allongée et l'obscurité venait de tomber, quand mon mari, qui était présent, a entendu les premiers bruits. Ces coups, je les avais entendus auparavant, mais cette fois-ci, ils me semblaient plus insistants. Avec mon mari, nous avons fouillé la maison pour découvrir leur provenance. Les enfants, qui dormaient ensemble dans la chambre d'à côté, entendirent également les coups et essayèrent de reproduire les mêmes bruits en claquant des doigts.

Ma plus jeune, Kate, s'est exclamée : « M. Splitfoot, faites comme moi ! », en tapant dans ses mains. Le bruit la suivit immédiatement par le même nombre de coups. Quand elle s'arrêta, le bruit cessa un bref instant. Puis Margaret dit, par jeu : « Maintenant, faites exactement comme moi. Comptez un, deux, trois, quatre » en frappant en même temps des mains l'une contre l'autre ; et les coups survinrent comme avant. Margaret prit peur, et ne voulut plus recommencer. C'est Kate qui dénoua la situation avec sa simplicité habituelle : « Oh maman, je sais ce que c'est. Demain, c'est le premier avril et c'est quelqu'un qui essaie de nous faire un poisson d'avril. »

À ce moment, j'ai pensé à une question à laquelle personne ici ne pouvait répondre. J'ai demandé au bruit de taper successivement l'âge de chacun de mes enfants. Instantanément, il m'a donné correctement l'âge des enfants, s'arrêtant suffisamment longtemps pour les séparer, jusqu'au septième, où il marqua une pause plus longue et ensuite il donna trois coups avec force qui correspondent à l'âge du petit qui est mort, mon plus jeune enfant.

J'ai demandé alors : « Est-ce un être humain qui répond si exactement à mes questions ? » Pas de coup.

> J'ai demandé : « Est-ce un esprit ? Si oui, donnez deux coups. » Deux coups résonnèrent dès que j'eus posé ma question[1].

Quand, un peu plus tard, on l'interroge sur sa véritable identité, l'esprit dit correspondre à un certain Charles B. Rosma, colporteur ayant été assassiné naguère dans la maison où se déroulent les faits, et dont le squelette est d'ailleurs encore enseveli à la cave (d'où les coups sont portés par l'esprit). Aidée par quelques voisins, la famille Fox se met alors à fouiller le soubassement de leur habitation, et retrouve de nombreux amas de charbons, de chaux, quelques cheveux et... des ossements humains (confirmés après analyse) ! Comme dans l'affaire du fantôme d'Athènes rapportée par Pline le Jeune au Ier siècle ap. J.-C., le cadavre d'un homme privé de sépulture s'est manifesté auprès des vivants pour témoigner de sa frustration et demander justice[2]...

Cet épisode, pour le moins sensationnel, déclenche un engouement populaire pour le dialogue avec les morts, à l'origine du *spiritualisme* anglo-saxon, puis du *spiritisme* français (et européen). Plus prosaïquement, il apporte aussi aux sœurs Fox la richesse et la gloire... À partir de 1849, elles enchaînent les séances publiques de dialogues *post mortem*, souvent payantes, quand il ne s'agit pas de soirées privées financées par de riches mécènes. Mais dans la famille, c'est la cadette, Kate, qui se distingue par une trajectoire encore plus époustouflante : recrutée au service spiritualiste exclusif d'un riche banquier new-yorkais, elle est chargée de matérialiser l'esprit de sa défunte épouse. Puis, en 1871, elle traverse l'Atlantique et se rend au Royaume-Uni où elle subit l'analyse bienveillante d'un spiritualiste de la première heure, William Crookes, le célèbre naturaliste britannique. Le conte de fées aurait pu durer longtemps si Margaret n'avait confessé en 1888 (donc quarante ans après les faits !) que tout cela n'était en réalité qu'un canular... avant de se rétracter... puis d'avouer à nouveau.

Malgré ces révélations, le spiritualisme est lancé, et rien ne peut plus arrêter cet engouement, d'autant que d'autres médiums prennent le relais, plus connus, plus talentueux, mais surtout plus féconds que les sœurs Fox. Pour ces dernières, c'est le début d'une déchéance qui se termine par la misère et un décès prématuré : celui de Kate en 1892, suivi de peu par Margaret en 1893, respectivement à l'âge de cinquante-six et cinquante-neuf ans.

Le spiritualisme, cette croyance selon laquelle certains phénomènes paranormaux sont les moyens utilisés par des éléments de l'au-delà (esprits de personnes décédées ou êtres surnaturels) pour communiquer avec les vivants, loin de rester marginal, va même donner naissance à une véritable institution sociale. Le spiritualisme américain progresse d'abord localement, notamment au sein de la communauté quaker. Curiosité locale, qui deviendra presque la « norme », à de rares exceptions près, c'est l'apanage des femmes que d'être médiums, c'est-à-dire l'intermédiaire entre les esprits et les humains. Parmi les plus connues, on peut citer Cora L. V. Scott

(1840-1923) ou encore Achsa W. Sprague (1827-1861). Le phénomène prend encore plus d'ampleur après la guerre de Sécession (1861-1865) : ce conflit, avec son inévitable cortège de pertes humaines, devient un élément moteur dans la diffusion du spiritisme, permettant de rétablir une communication entre les familles et leurs « chers disparus ». Par l'entremise des tables tournantes, on rend la parole à ceux que l'on a enterrés six pieds sous terre peu de temps auparavant...

Deux figures masculines vont également éclairer les débuts du spiritualisme nord-américain. Tout d'abord, Andrew Jackson Davis (1826-1910), un médium qui, en état de transe, dicte des pages entières d'ouvrages scientifiques alors qu'il n'a jamais reçu la moindre éducation ; ensuite, l'exubérant Paschal Beverly Randolph (1825-1875), médecin, médium et spirite, qui passera à la postérité pour avoir introduit l'ordre rose-croix* aux États-Unis, et assuré la diffusion dans le pays de la « magie sexuelle** »...

## *Feu la famille Winchester*

Pendant que le spiritualisme prospère sur la côte est du pays, à l'ouest, en Californie, c'est l'histoire rocambolesque de la maison Winchester qui contribue grandement à en diffuser les pratiques : à San José, au

* Société secrète apparue en Allemagne au XVIIe siècle, inspirée par le christianisme et l'occultisme.

** La « magie sexuelle » est une pratique consistant à stimuler l'organisme et l'intellect humain par la pratique rituelle du sexe.

sud de la baie de San Francisco, à quelques encablures de l'actuelle Silicon Valley, s'élève une luxueuse maison édifiée entre 1884 et 1922. Cette maison a la particularité d'avoir eu comme architectes… des victimes de tirs par arme à feu ! Et pas n'importe lesquelles puisqu'il s'agit de personnes tuées par Winchester, la célèbre carabine à répétition qui « a fait l'Ouest américain », comme le stipule une publicité de l'époque.

Comme son nom l'indique, l'histoire débute au sein de la famille Winchester. En 1862, William Winchester (1837-1881), fils d'Oliver Winchester (1810-1880), inventeur du fusil et fondateur de la firme éponyme, épouse Sarah Lockwood Pardee. En 1866, Sarah donne naissance à une fille, Annie, qui meurt quelques semaines plus tard d'une maladie infantile. Traumatisée par ce décès, Sarah sombre dans une profonde dépression, et le couple n'aura pas d'autres enfants. En décembre 1880, le patriarche Oliver Winchester décède. Fort logiquement, son fils William prend la direction de l'entreprise familiale, mais rejoint son paternel dans l'au-delà quelques mois plus tard, victime de la tuberculose, laissant sa femme seule au monde.

Désormais veuve et héritière de la formidable fortune des Winchester, Sarah est persuadée d'être victime d'une malédiction. Pour en avoir le cœur net, elle consulte un médium de Boston qui confirme son intuition. Afin de conjurer le mauvais sort, Sarah doit bâtir une maison destinée à l'abriter elle, mais aussi tous les esprits errants des victimes de la carabine de feu son époux, ce qui risque de faire du monde… Et le médium de prédire également la mort de l'héritière lorsque les travaux seront achevés. En 1884, Sarah Winchester achète une petite ferme de huit chambres qu'elle n'a de cesse d'entretenir et d'étendre en faisant appel à l'inspiration des esprits. Dans ce que l'on appelle aujourd'hui « La maison Winchester », une pièce vide lui est réservée, où elle s'entretient avec les ombres qui lui indiquent sur les plans où poursuivre les constructions, dans quel ordre et selon quelles modalités. Le résultat est pour le moins... original avec ses 160 pièces, ses 40 chambres, d'innombrables cheminées et fenêtres, mais surtout quelques excentricités comme des escaliers montant jusqu'au plafond, des fenêtres sur le sol, des placards dépourvus de fond ou encore des portes qui donnent sur un mur ou sur le vide. Et comme l'avait annoncé le médium, à la mort de Sarah en 1922, les travaux s'arrêtent*...

*Show must go on...*

Jusqu'à présent, les esprits se manifestent aux vivants par l'intermédiaire de médiums, de tables tournantes, de tables de jeux, comme le Ouija**, ou bien par l'entremise d'écriture automatique ou de

* La maison Winchester existe toujours, classée « monument historique ». Il est possible de la visiter (à ses risques et périls...).

** Le Ouija est une planche gravée d'un alphabet latin et de chiffres arabes, sans oublier un « oui » et « non » à ses extrémités supérieures, et les mots « bonjour » et « au revoir » à ses extrémités inférieures. Une « goutte » mobile, généralement en verre, et pointue à une extrémité, tenue par le ou les participants, est placée sur la planche et ses arrêts sur certaines lettres coups portés sur les murs. N'est-il pas temps que ces apparitions deviennent un peu plus sensationnelles, plus spectaculaires ? Ce qui permettrait d'attirer un public plus large et de persuader les éventuels indécis… Après tout, on est en Amérique !

> Les premières tentatives en ce sens eurent lieu à Moravia, dans l'État de New York, en 1871 [on n'est pas loin de la maison des sœurs Fox]. Dans une salle obscure ou à demi éclairée, on entendait des voix, le piano résonnait sous un contact invisible, les assistants étaient touchés par des mains mystérieuses, des étoiles lumineuses se promenaient dans l'air. Bien plus, à l'ouverture de deux rideaux tendus, derrière lesquels se tenait le médium, l'esprit, blanc fantôme, se montrait à l'assistance, sous la clarté d'une ampoule électrique. Le dispositif fit fortune ; et partout les séances, sauf quelques légères variations, se déroulèrent selon ce même programme et ce même scénario[3].

C'est ainsi qu'apparaissent aux États-Unis les grandes séances de spiritualisme, véritables shows qui permettent de générer un chiffre d'affaires conséquent, et de mettre en valeur les capacités du médium. Dans la foulée, le spiritualisme arrive en Europe par le Royaume-Uni, puis gagne la France assez rapidement. Une des grandes figures anglaises est sans conteste William Stainton Moses (1839-1892) : prêtre anglican pendant la première partie de sa vie, il réussit sans difficultés apparentes

sont censés former des mots, des phrases, ou des réponses aux questions posées aux esprits.

à concilier à la fois son sacerdoce d'homme de foi et ses capacités médiumniques. Dès l'âge de trente-deux ans, il développe ses capacités d'écriture automatique et communique autant avec le sacré (les prophètes Élie, Malachie, Ézéchiel, Daniel, sans oublier saint Jean-Baptiste) que le profane (Platon, Aristote, Mendelssohn, Beethoven, Swedenborg, Franklin, Napoléon III, pour ne citer que les principaux), comme il le relate en 1878 dans son livre *Psychography*[4]. Moses réussit aussi à faire apparaître et se mouvoir divers objets, à léviter, et à matérialiser des mains d'esprits. Participant à la création de la Society for Psychical Research en 1882, puis du Ghost Club la même année, il devient rédacteur en chef de la revue spiritualiste *Light* et publie en 1883 ce qui reste l'ouvrage de référence du spiritualisme anglais : *Spirit Teachings*. Malheureusement, il ne profitera pas longtemps de la faveur des esprits : malade et fragile physiologiquement, il décède prématurément à l'âge de cinquante-deux ans.

Autre précurseur, et non des moindres, Daniel Dunglas Home. Né en Écosse en 1833, il émigre aux États-Unis avec son oncle et sa tante. Doué de facultés médiumniques dès son très jeune âge, il est capable de ressentir la mort d'une personne située à l'autre extrémité du pays. Véritable star aux États-Unis, il y pratique la lévitation de corps et d'objets. De retour en Europe, ses tournées sont très courues, il continue à faire voler des guéridons avec plateau en marbre à quatre mètres du sol, comme le relate un témoin de l'époque : « En sa présence, des objets se mettaient à flotter, on entendait des coups frappés dans les cloisons, des essaims de mains invisibles frôlaient ou parfois même giflaient les personnes présentes[5]. »

Consécration suprême, il se produit même devant l'empereur Napoléon III au palais des Tuileries. Célèbre et reconnu, il accepte, pour convaincre les détracteurs et autres sceptiques, de reproduire ses tours devant d'innombrables prestidigitateurs et témoins, sans qu'aucun trucage ne soit découvert. Un brin opportuniste, il aide même quelques officiels à identifier les astuces de ses « collègues » avec plus ou moins de succès...

### *Élémentaire mon cher Watson !*

Au Royaume-Uni, une des figures de proue du spiritualisme reste Sir Arthur Conan Doyle (1859-1930). D'origine écossaise, le célèbre écrivain a d'abord été médecin (sa thèse portait sur le tabès, cette complication neurologique terminale de la syphilis) et a toujours été attiré par la science-fiction et l'occultisme avant de créer le fameux détective Sherlock Holmes. Né au sein d'une famille catholique (ses ancêtres seraient normands), il est très vite devenu agnostique, puis persuadé de la survivance de l'âme après la mort et de la possibilité de communiquer avec l'Autre Monde. Accablé par la mort de ses proches (une hécatombe : ses deux épouses, son fils, son frère cadet, ses deux beaux-frères, ses deux neveux), notamment pendant la Première Guerre mondiale, il trouve dans la communication avec les esprits le moyen d'échapper à une profonde dépression[6]. Initié aux tables tournantes dès 1887 par le général Drayson, l'un de ses patients, il va totalement adhérer au spiritualisme, jusqu'à perdre tout sens critique : « Peut-être Conan Doyle avait-il (comme d'autres grands esprits) un désir secret et inavoué d'être trompé ? Peut-être avait-il un besoin si intense de communiquer avec l'au-delà qu'il s'aveuglait lui-même plus ou moins volontairement[7]. »

C'est ainsi qu'il se jette corps et âme (sans mauvais jeu de mots) dans l'affaire des fées de Cottingley, persuadé de la réalité de ces manifestations surnaturelles dans la campagne anglaise, et reproduit les clichés de ces « apparitions » dans son ouvrage *La Venue des fées*, publié en 1921. Nous y reviendrons. En 1925, Conan Doyle ira même jusqu'à créer une librairie spirite à Londres, The Psychic Bookshop. Peu après, il met en avant les matérialisations provoquées par des médiums comme Eusapia Palladino ou Mina Crandon dans son *Histoire du spiritualisme* publiée en 1926. Le prestige de l'écrivain, qui accorde un grand crédit aux pouvoirs extraordinaires de ces deux médiums, vaut reconnaissance internationale. En 1928, consécration ultime, il préside le Congrès spirite mondial de Londres.

Son altercation avec Harry Houdini, décrite dans *Les Frontières de l'inconnu* (1930), est gravée dans la

Portrait d'Arthur Conan Doyle (*Current History of the War* vol. I, 1914-1915, New York, New York Times Company).

mémoire de toute la communauté spiritualiste. Le célèbre prestidigitateur américain, persuadé que les médiums usent systématiquement de supercheries, prend un malin plaisir à démasquer leurs « trucs » et donne d'ailleurs le détail de ses investigations dans *Miracle Mongers and Their Methods*[8] (1920) ou encore *Magician Among the Spirits* (1924). Houdini est également un magicien d'exception dont il est difficile (voire impossible) de mettre au jour les trucages. Certains de ses tours sont restés célèbres : faire disparaître un éléphant, s'évader d'une cellule de prison (en dissimulant un passe-partout dans son œsophage), etc. Et c'est là que Conan Doyle semble perdre tout sens commun. Pour lui, Harry Houdini est un médium sans le savoir, c'est-à-dire qu'il ne peut réaliser ses tours que grâce à des pouvoirs surnaturels... mais en refusant de les reconnaître[9].

Un peu partout en Europe à la même époque, les esprits interfèrent avec les médiums. À Graz, en Autriche, en mars 1840, un certain Jakob Lorber s'apprête à occuper un poste de maître de chapelle à Trieste quand un esprit lui intime l'ordre de prendre du papier, une plume, et d'écrire... S'ensuit une quantité astronomique d'écrits métaphysiques (près de 20 000 pages manuscrites !) sur des sujets divers, allant de la vie du Christ à l'organisation de l'univers, la vie sur la Lune, Saturne et le Soleil, etc.[10]. Lorber n'a de cesse d'écrire jusqu'à sa mort en 1864, entouré de disciples spirites, mystiques et théosophes qui ont pris le nom de lorbériens, communauté qui existe toujours aujourd'hui en Europe centrale et germanique[11].

## 2

# La menace fantôme

Au XIX^e siècle, la communication entre les vivants et les morts n'est pas nouvelle, et l'on peut presque dire qu'il n'existe aucune civilisation où un tel échange n'a jamais été relaté, et ce, dès l'Antiquité. Maisons hantées[1], lettres aux morts de l'Égypte pharaonique[2], histoires de fantômes, ombres des morts consultées par les vivants en quête de réponses, évocation des défunts dans les *necromanteion* grecs ou au cours des *parentalia* romains, etc.

Avec l'influence croissante du christianisme, la donne change. Hormis les concepts de Purgatoire et de Limbes, l'interaction entre les esprits des défunts et la communauté des vivants est totalement marginalisée et cantonnée à des actes de sorcellerie. Bien que généralement discrètes, pour ne pas dire cachées, ces pratiques intéressent certains théologiens comme Noël Taillepied (1540-1589) dont la *Psychologie ou Traité de l'apparition des esprits, à savoir des âmes séparées, fantasmes, prodiges, accidents merveilleux,* publiée à Rouen en 1588, décrit quelques cas de *poltergeist* :

> Souvent il advient que quand un de nos parents demeurant en un pays lointain est grièvement malade, on verra tomber dans la maison des choses qui sembleront pesantes et feront un merveilleux bruit ; puis après on trouvera que cela est survenu à l'heure même où ces parents sont trépassés. C'est une chose assez ordinaire que quand une personne vient à mourir, on verra ouvrir et fermer les fenêtres et les portes, quelqu'un monter par les degrés, et autres cas semblables, quelquefois un esprit se montrera dans la maison, ce qu'apercevant, les chiens se jetteront entre les jambes de leurs maîtres et n'en voudront partir, car ils craignent fort les esprits.

On croit souvent que la période de prédilection des fantômes, leur « âge d'or », va de la seconde moitié du XIXe siècle jusqu'aux années 1930. Ce n'est pas totalement faux – on va d'ailleurs essayer de le montrer et de l'analyser dans cet ouvrage – mais ce n'est pas entièrement vrai non plus. Par un important travail d'archives et un dépouillement assidu des innombrables livres et brochures publiés aux XVIe et XVIIe siècle, Caroline Callard a notamment montré que ce « siècle d'or » avait été précédé, quelques siècles auparavant, d'une longue « épidémie » de spectres, fantômes et revenants[3].

Le sociologue allemand Max Weber[4] disait que le protestantisme, dès son début au XVIe siècle, en pragmatisant le monde, retirait tout le merveilleux de celui-ci, séparant définitivement l'univers divin du terrestre, vidant l'espace humain de ses êtres surnaturels (fantômes y compris), et laissait ce vide rempli par le capitalisme. Quand Luther, en 1530, réfute l'existence du Purgatoire, il supprime le lieu (théorique ?) où les âmes, purgeant une peine temporaire, sont autorisées à séjourner fugacement sur Terre pour flâner auprès des humains, implorant d'eux des gestes et des actions qui leur seront bénéfiques, et faciliteront leur transfert ultime au Paradis… Descartes et Newton n'ont plus qu'à enfoncer le clou en posant les fondamentaux d'une philosophie mécaniste, c'est-à-dire en assimilant le monde à une machine bien huilée. Sauf que l'Église a finalement tout à gagner avec les fantômes…

D'abord, le clergé catholique vend des indulgences à prix d'or à ses fidèles. Les *ars moriendi*[5], les donations *intra-vitam* ou *post mortem*, servent autant à préparer le mourant pour éviter le Purgatoire qu'à sortir ceux qui y sont déjà en les précipitant au Paradis. Quant aux Anglicans, dès le milieu du XVIIe siècle, ils réhabilitent les fantômes – sans les placer précisément dans l'espace métaphysique – pour la simple raison qu'ils sont une preuve « vivante » que l'athéisme est une aberration. S'il y a des fantômes, c'est que la rédemption n'a pas été accordée à tous les pécheurs. C'est donc la preuve irréfutable qu'il existe une divinité qui voit tout, entend tout, comprend tout, et surtout juge les hommes. Même le droit s'empare de la question, avec des ouvrages comme celui d'Andreas Becker, *Disputatio juridica de jure spectrorum*, publié à Iéna en 1700, traitant autant de la légalité de vendre une maison hantée que de la possibilité de répudier une épouse voyant trop de fantômes... Autant d'exemples de l'omniprésence des spectres dans ce contexte chronoculturel. Et cela jusqu'au plus haut niveau de l'État. Louis XIV n'a-t-il pas reçu par deux fois, en 1697, un homme de Salon-de-Provence affirmant qu'un fantôme lui avait donné un message à transmettre à Sa Majesté ? Les spectres sont nombreux, certes, mais l'interaction n'est souvent qu'à sens unique. Rien d'organisé, pas de véritable échange, pas de dialogue construit, aucune convocation. Une sorte d'anarchie fantomatique.

« Outil pastoral désormais douteux, mais dogmatiquement indispensable », le fantôme était-il crédible ? Autrement dit, pour paraphraser Paul Veyne, les Européens des XVI^e^ et XVII^e^ siècles ont-ils véritablement cru aux fantômes ? S'agit-il d'une création politique ou religieuse, ou n'est-ce en fait qu'un simple genre littéraire ? La réponse se trouve peut-être dans l'un des « sanctuaires » favoris des spectres et revenants : l'Écosse.

*La compagnie des spectres...*

Mary King's Close est l'une de ces longues rues souterraines et étroites, enfouies dans les profondeurs d'Édimbourg. Datant du XVII^e^ siècle, cette ruelle sombre et humide porte le nom de Mary King, une femme relativement peu dévote – ce qui était assez inhabituel à l'époque – qui avait un étal à cet endroit. L'ambiance est lugubre. Les murs de Mary King's Close suintent un liquide froid et visqueux provenant des couches supérieures (les égouts seraient-ils percés ?). On sent les rats qui déambulent pas loin. Quelques restes de papier peint sont encore collés aux murs, qu'on imagine chargés de plomb ou d'arsenic. Les installations électriques sont mangées par la rouille. On avance avec une lampe de poche, qui amplifie l'impression fantomatique des lieux. Les bruits de la rue (moderne), située au-dessus, passent à travers les couches stratigraphiques, comme un grondement sourd. Depuis sa création, le lieu est associé à des histoires de fantômes, comme celui d'Annie, une petite fille qui le hante à la recherche de sa poupée, perdue il y a plusieurs siècles... À des assassinats aussi, tant l'endroit est obscur et malsain (claustrophobes s'abstenir). À la peste enfin, car les indigents infectés de la ville étaient parqués en quarantaine à Mary King's Close. Au XVIII^e^ siècle, une légende écossaise rapportait d'ailleurs que la peste se propageait par les mauvaises odeurs ou les mauvais esprits : autant de superstitions qui expliquent la crainte qu'on a pu avoir envers les fantômes, et leur contagiosité, leur caractère littéralement mortifère...

Tout commence aux alentours de 1685 avec la publication d'un recueil d'histoires intitulé *Le Monde invisible de Satan découvert*, œuvre du philosophe George Sinclair[6]. Dans cet ouvrage pour le moins hétéroclite, il décrit une habitation similaire à celles qui bordent Mary King's Close et y place précisément une de ses anecdotes. Détail important, Sinclair est écossais, et ce territoire a, depuis longtemps, fait circuler beaucoup d'histoires de fantômes. Lorsqu'en 1707, l'Écosse et l'Angleterre s'unissent au sein du Royaume-Uni, il s'ensuit une volonté de promouvoir cette image d'un peuple écossais romantique avec des fantômes des guerriers du passé. Mais ce n'est vraiment qu'au XIXe siècle que l'Écosse a cherché à se forger une identité distincte de l'Angleterre.

Il est intéressant de noter que George Sinclair a choisi de publier une histoire de fantômes parce qu'il était protestant. En 1560, l'Écosse a connu la Réforme et le passage d'un pays catholique à un pays protestant. Comme nous l'avons vu précédemment, les protestants ne sont pas supposés croire aux fantômes, car c'était, pour eux, une « tromperie catholique ». George Sinclair va pourtant à l'encontre de ce courant en publiant de tels récits en 1685, sans doute pour lutter contre l'influence de philosophes de l'époque tels que Descartes, Hobbes et Spinoza. Il conçoit la diffusion de ces histoires de fantômes comme un moyen de réfuter l'athéisme, le cartésianisme, et la mise à l'écart de la divinité. L'existence même des fantômes prouve en quelque sorte celle de l'âme, mais aussi celle d'une vie après la mort. Les fantômes revenaient à foison pour décrire le Paradis et l'Enfer, pour attester indirectement que l'athéisme était une aberration, que la justice divine empêchait certaines âmes d'entrer au Paradis, les obligeant à errer sur terre en attente d'une amélioration de leur condition. George Sinclair s'inscrit ainsi au sein d'un nouveau courant de protestants, qui utilise les manifestations du surnaturel pour maintenir ses contemporains sur le chemin de la chrétienté. C'est ainsi que des anecdotes faisant intervenir revenants et autres créatures étranges circulent dans toute l'Écosse afin d'« améliorer la nation » dans un esprit de cohésion d'abord religieuse, puis patriotique.

Si l'on devait résumer la pensée de George Sinclair, ce serait : « Les fantômes contre Descartes » ! Les fantômes constituaient la preuve que l'être humain n'est pas seulement une machine, une simple entité au sein d'un univers mécaniste, comme le défendait Descartes. Pour ce philosophe, Dieu a d'abord eu un plan pour l'univers mais il l'a laissé ensuite être gouverné selon des lois mécaniques. Cette théorie s'est révélée dangereuse pour de nombreux penseurs du XVII^e^ puis du XVIII^e^ siècle, pour qui Dieu *devait* gouverner au jour le jour. Ils ont donc présenté les fantômes comme envoyés par Dieu pour apporter des messages provenant directement de lui. Les spectres reviennent pour dire : « Je suis allé au ciel. C'est merveilleux. Tu devrais t'assurer de finir là-haut. » Ils interviennent aussi pour résoudre des problèmes non résolus, par exemple envoyer des criminels en prison, afin de prouver que Dieu est bien présent (et actif !), montrer que justice est faite et que les criminels sont punis. C'est une façon de réfuter Descartes en montrant que Dieu intervient directement et quotidiennement dans le monde.

Sinclair n'est pas seul à penser ainsi, et il va trouver des suiveurs, plus ou moins indirects, tant en Écosse qu'en Angleterre, qui vont poursuivre cette œuvre après sa mort en 1696. Robert Wodrow, un ministre de l'Église (et père de seize enfants !), a ainsi collecté dès 1720 des histoires que ses amis lui racontaient, qu'il a ensuite assemblées dans ses *Analecta*, un volumineux recueil qui ne sera publié qu'en 1842, bien après sa mort. La Révolution française va provoquer une résurgence de ce qu'on pourrait appeler une « spectrophilie », car en Écosse, on croit que le peuple français a laissé Dieu derrière lui en se révoltant, suscitant de nouvelles craintes d'athéisme. Les ministres de l'Église vont alors recommencer à publier des histoires de fantômes pour rappeler aux gens d'être bons.

Mais il y a quelque chose qui est raconté à travers les fantômes écossais : les très difficiles conditions de vie du peuple au moment de l'apparition de cette tradition... L'état de décrépitude de Mary King's Close témoigne de ce quotidien souvent dramatique. L'histoire de ces spectres comporte deux volets : d'une part, ce que les intellectuels font passer comme message moral et métaphysique (utilisation comme outil de propagande religieuse, puis comme promotion d'une certaine image romantique) ; d'autre part, ce que ces histoires de fantômes attestent de la peur permanente de la maladie et de la mort en Écosse. Au milieu du XVIII^e^ siècle, ce territoire est dramatiquement touché par des épidémies de peste et de variole, la tuberculose est présente partout et à tous les niveaux socio-économiques, et les périodes de disette sont fréquentes. La population est continuellement touchée par la mort et beaucoup d'histoires de fantômes populaires apparaissent comme autant de tentatives pour y faire face. Ainsi, dans les ballades – ces chansons traditionnelles écossaises –, de nombreux fantômes reviennent dire à leurs proches qu'ils sont heureux de reposer en paix, qu'il ne faut pas pleurer pour eux, que les vivants doivent continuer leur chemin comme si de rien n'était. C'est une façon – assez poétique, mais diablement efficace dans les chaumières, à force d'être répétée à tous les âges – de rassurer ceux qui ont perdu espoir dans la vie… mais aussi de gérer ce qui pourrait apparaître comme une injustice sociale. Sont ainsi relatées des histoires de fantômes d'individus maltraités par leurs supérieurs, qui reviennent pour les punir, ou encore de spectres de meurtriers ou de voleurs célèbres qui apparaissent pour se plaindre des horreurs de l'Enfer, guidant ainsi le peuple dans la direction d'une bonne vie et non d'une criminalité facile… Autant de façons d'assurer à la population qu'en dépit de l'injustice flagrante du système social et des très difficiles conditions de vie quotidienne, il existe malgré tout une justice dans l'au-delà.

C'est peu après que se produit le glissement vers le romantisme puis la vague touristique, qui survient très tôt en Écosse (dès la seconde moitié du XVIII$^{e}$ siècle) qui avait la réputation d'être une terre de mystère et de magie, certainement depuis l'époque médiévale (et peut-être même probablement avant). Ainsi apparaissent en Angleterre des romans comme *Le Château d'Otrante* (1764) d'Horace Walpole, souvent décrit comme le premier roman gothique, inaugurant cette très longue série d'histoires de mystérieux châteaux hantés. À la suite de Walpole seront publiés les romans d'Ann Radcliffe, comme *Les Mystères d'Udolphe* (1795), sans oublier le *Frankenstein ou le Prométhée moderne* (1818) de Mary Shelley. Ce type de roman devient très vite populaire dans toute la Grande-Bretagne et les histoires de fantômes se répandent comme une traînée de poudre. La poésie va aussi s'emparer de ce style très en vogue, sur l'impulsion de James Macpherson, avec ses poèmes anciens, prétendument issus de manuscrits inédits : *Fragments de l'ancienne poésie collectés dans les montagnes d'Écosse* (1760), ou encore *Fingal, un ancien poème épique en six livres, ainsi que plusieurs autres poèmes composés par Ossian, le fils de Fingal, traduit de la langue gaélique* (1761). Suivront au XIX^e^ siècle d'autres auteurs comme Walter Scott et James Hogg qui poursuivront cette tradition de l'utilisation de thèmes gothiques avec les fantômes.

Il semble qu'en Écosse, chaque château soit rempli de fantômes. Cette idée du « château hanté » devient fréquente au XVIII^e^ siècle, probablement le résultat de la popularité croissante de la littérature gothique, puis romantique, et enfin victorienne. Même l'humour s'empare de ce thème, avec *Le Fantôme de Canterville* d'Oscar Wilde en 1887 ! De plus en plus, les histoires de revenants deviennent associées à certaines communautés et à certains monuments (principalement écossais). Ces traditions – bien vivaces – sont collectées puis diffusées par des folkloristes et des auteurs romantiques comme une façon de créer une idée romantique de l'Écosse, de telle sorte que les fantômes ont fini par faire partie intégrante de l'identité écossaise.

*Skull Britannia...*

Et les Anglais dans tout ça ? Ils ne sont pas en reste, et même s'ils se moquent des Écossais et de leurs fantômes, ils vont très vite être touchés, eux aussi, par cette spectrophilie ambiante... Au même titre que leurs voisins écossais, les Anglais vivent dans la peur des revenants : ainsi à Creswell Crags, près de Chesterfield, sur les parois de grottes considérées comme une des portes des Enfers, plusieurs générations ont gravé des imprécations apotropaïques (crucifix, formules magiques, acronymes chrétiens) visant à se prémunir des forces du mal, du XVI^e^ au XIX^e^ siècle[7]... Au même moment, des chaussures sont insérées dans les murs pour servir de leurre aux êtres malfaisants (à commencer par les fantômes), et des pentagrammes anti-spectres sont gravés au revers des lattes du plancher. Il n'est d'ailleurs pas rare d'en retrouver par accident en rénovant d'anciennes maisons. Une pratique également attestée à la même époque aux États-Unis, au Canada et en Australie[8].

En Angleterre, donc, les mêmes tendances vont être observées, avec beaucoup d'histoires de fantômes et une épidémie de châteaux ou demeures hantés, mais, contrairement à l'Écosse, sans lien avec l'identité nationale. L'Angleterre étant le pays le plus puissant de l'Union, elle ne ressent pas le besoin de se forger une identité distincte. Les fantômes sont ainsi radicalement différents de part et d'autre de la frontière, l'Écossais étant presque, si l'on peut dire, « patriote »…

## 3

# Les quatre fantastiques

Alors que la figure traditionnelle du fantôme – forme blanchâtre couverte d'un drap, hantant les demeures et les vivants avec des chaînes aux pieds – « disparaît » au XVIIIe siècle, le spiritisme va répondre à cette vision désincarnée du monde avec un réinvestissement de l'espace par le « merveilleux », sous la forme d'« esprits » qui se manifestent par le biais de tables qui se soulèvent, de coups donnés dans les murs, d'inscriptions sanglantes tracées sur les murs, etc. Tout ce surnaturel que les avancées scientifiques seront chargées de démontrer comme étant d'origine réelle et parfaitement explicable. Dans le même temps, le spiritisme va s'ériger comme un dialogue organisé, constructif, presque « ritualisé », avec une doctrine, et qui va même devenir, pour certains, une religion.

C'est dans la seconde moitié du XVIIIe siècle que quatre hommes vont bâtir le tremplin sur lequel le spiritualisme/spiritisme va pouvoir s'envoler. Leurs noms : Franz-Anton Mesmer, Emanuel Swedenborg,

Justinus Kerner et Luigi Galvani. À mi-chemin entre la croyance et la « science », leur point commun consiste en une connaissance – certes empirique – des forces électromagnétiques (l'électricité statique par exemple) dans laquelle ils verront une preuve de l'existence physique des esprits. Il faudra attendre le siècle suivant pour que ces forces soient pleinement exploitées – avec le succès que l'on connaît – de façon plus palpable par des scientifiques, laissant le champ libre de l'immatériel à la communauté spirite, qui fit florès.

*Swedenborg*

Le Suédois Swedenborg (1688-1772) est l'exemple même du savant pragmatique (mathématicien, physicien, naturaliste) attiré irrésistiblement par un mysticisme centré sur l'au-delà. Les vingt-sept dernières années de sa vie ont ainsi été exclusivement consacrées à l'étude des « mystères de l'âme », à ses échanges avec le monde des anges et des esprits, à ses dialogues de l'au-delà. Dans les visions de Swedenborg, il n'existe pas un seul Paradis et un seul Enfer, mais une multitude de niveaux différents et superposés, au sein desquels évoluent les esprits, sortes d'intermédiaires entre la divinité et l'humanité. Sa somme mystique est compilée dans des ouvrages comme : *Du ciel (et de ses merveilles), et de l'enfer* (1758), *L'Apocalypse révélée*[1] (1765), *Traité des rapports ou du commerce de l'âme avec le corps* (1769), etc. À la toute fin du XVIII^e^ siècle, un petit cercle de lecteurs s'assemble autour de son œuvre, parmi lesquels l'écrivain opiomane Thomas de Quincey et le peintre-poète William Blake. Une église est même instituée en 1787 à Londres, The New Church, pérennisant le message du maître, son enseignement et ses croyances, par l'intermédiaire de « swedenborgiens »...

*Mesmer*

En 1779, la publication par le médecin allemand Franz-Anton Mesmer (1734-1815) de son *Mémoire sur la découverte du magnétisme animal* fait l'effet d'une bombe. Il y décrit la présence d'un fluide physique qui emplit l'univers, reliant les différentes espèces animales (hommes inclus), la terre et les corps célestes. Il propose une nouvelle théorie sur l'origine des maladies, consistant en un déséquilibre (engorgement ou carence) de ce fluide dans tout ou partie du corps, qu'il est possible de soigner grâce à des « passes » individuelles, puis, devant le succès rencontré et l'inflation du nombre de « patients », des baquets fluidiques ou magnétiques (les fameux « baquets de Mesmer ») permettant un traitement collectif.

Mesmer, au-delà du spectacle que constituent ses démonstrations mettant ses adeptes en état de transe, rend ces derniers, selon lui, susceptibles d'être réceptifs à des entités issues d'une autre dimension, spirituelle

*Le Baquet de Mesmer*. © Coll. Wellcome Institute

voire divine. Éminemment décrié par ses contemporains, Mesmer voit ses théories radicalement détruites par plusieurs commissions académiques au sein desquelles on compte le docteur Guillotin, le chimiste Lavoisier, le naturaliste Jussieu, l'astronome Bailly et le physicien Franklin. Leurs conclusions sont sans appel : « L'imagination sans magnétisme produit des convulsions, le magnétisme sans imagination ne produit rien. » Pourtant, comme toujours, la critique scientifique n'est pas écoutée, et constitue même un bon argument de vente pour Mesmer qui profite de cette publicité pour étendre l'usage de sa méthode. Sans le vouloir, Mesmer est aussi à l'origine des fondamentaux de la psychiatrie, puisque son disciple Jacques de Chastenet de Puységur décrira peu après le phénomène de l'hypnose sous le terme « somnambulisme magnétique ».

### *Galvani*

Luigi Galvani (1737-1798), ce médecin bolognais issu d'une riche famille (c'est-à-dire capable de financer des études longues), est d'abord connu pour ses travaux en anatomie humaine, principalement en ostéologie. Mais dès les années 1780, il commence à s'intéresser aux mouvements musculaires des grenouilles, qu'il va pouvoir tantôt déclencher avec l'énergie des éclairs, tantôt avec un état particulier de l'atmosphère ou avec des associations de métaux, etc. Fort de nombreuses expérimentations (et d'innombrables amphibiens sacrifiés sur l'autel de la science), il publie en 1791 son *Commentaire sur les forces électriques dans le mouvement musculaire*. Cet ouvrage illustré va avoir un succès retentissant. Pour le physicien Alessandro Volta, qui expérimentera également sur des grenouilles, mais aussi sur d'autres animaux et même sur lui-même (ses yeux, sa langue, etc.), la découverte de Galvani (mise en évidence de l'électricité dynamique) est sans précédent. Cependant, très vite, la communauté scientifique s'interroge : s'agit-il d'une électricité animale ou d'une électricité métallique ? C'est en tout cas une force mystérieuse, invisible, capable de mettre en mouvement et à distance des corps initialement inertes... Magie, pour les uns, science ne demandant qu'à se développer pour d'autres.

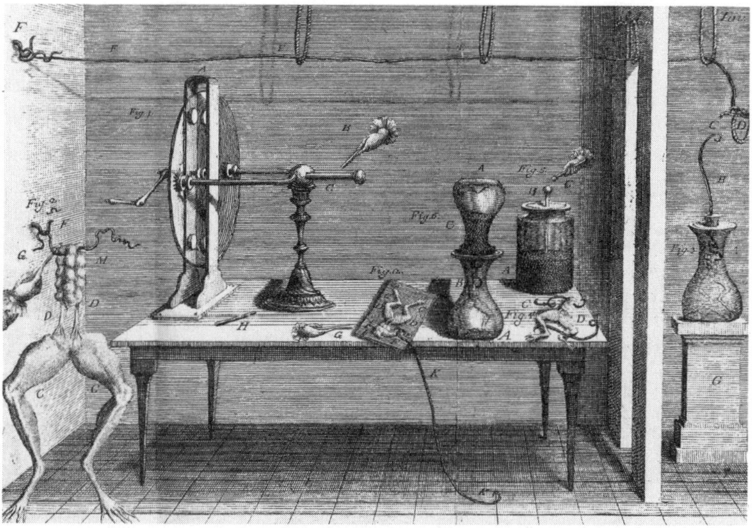

*Le Cabinet de Galvani* (*De viribus electricitatis in motu musculari commentarius*, 1791, Planche I).

*Kerner*

Trente ans plus tard, en 1829, un autre médecin (mais également poète), Justinus Kerner (1786-1862), publie *La Voyante de Prévorst*[2]. Ce praticien allemand, passionné par les théories magnétiques, s'intéresse autant aux découvertes de Mesmer qu'à sa personnalité. Mais sa confrontation, en 1826, avec Friederike Hauffe, la fille d'un garde forestier de Prévorst (Oberstenfeld), atteinte de somnambulisme et douée de facultés extralucides, va définitivement le faire passer du côté du surnaturel… C'est l'histoire de cette patiente, qu'il héberge à son domicile pendant deux ans, qu'il raconte et développe dans son ouvrage : mariée à son cousin à l'âge de dix-neuf ans, dont elle aura deux enfants, Friederike développe dès 1825 des capacités médiumniques : possédée par des esprits et des démons, elle devient capable de prévoir l'avenir par l'intermédiaire de ces entités (voix et apparitions lumineuses). Elle gardera ces capacités jusqu'à sa mort, en 1829, à l'âge de vingt-sept ans…

On le voit, tout est en place, dans ce premier tiers du XIXe siècle, pour que le spiritisme et le spiritualisme puissent prendre leur essor : entre théories physiques, chimiques, magnétiques, des forces invisibles sont désormais présentes, capables de mobiliser les corps et les esprits. Fantômes et entités de l'au-delà n'attendaient qu'un « prophète » pour être totalement révélés. Ce fut Allan Kardec.

## 4

# Allan Kardec

Si le spiritisme devait avoir un prophète, ce serait Allan Kardec… Né à Lyon en 1804, Hippolyte Léon Denizard Rivail, de son vrai nom, est issu d'une famille de juristes (son père est avocat, de même que son grand-père maternel) et troisième enfant du couple – ses deux frères aînés sont décédés avant sa naissance. La jeunesse du futur spirite est marquée par la séparation de ses parents alors qu'il n'a que trois ans. Sept ans plus tard, le jeune Hippolyte est envoyé en Suisse, à Neuchâtel, chez Pestalozzi pour terminer ses études loin des troubles de l'Empire finissant. Ce pédagogue a créé une « école mutuelle », essayant de mettre en pratique les préceptes rousseauistes auprès de la jeune génération de la bourgeoisie européenne. C'est dans ce cadre novateur qu'Hippolyte développe son caractère polyglotte, ses principes de fraternité et d'égalité entre les hommes et les femmes. Revenu en France dans les années 1820, il installe à Paris (rue de Sèvres) sa propre école de pédagogie, et devient à son tour théoricien en publiant son *Plan proposé pour l'amélioration de l'éducation publique* (1828).

*Le spiritisme avant Kardec*

Le spiritualisme existait avant Rivail, mais ce dernier en devient le véritable codificateur, multipliant les expériences et les écrits, diffusant ce qu'il convient désormais d'appeler la doctrine spirite en France, en Europe, puis dans le monde entier[1]. Initié aux tables tournantes en 1855 (il a alors quarante et un ans), mais n'étant pas médium lui-même, il fréquente les cercles spirites parisiens sous la houlette de Victorien Sardou. Là, de séance en séance, son ancien nom lui est révélé : « Allan Kardec », un nom qu'il aurait porté dans une vie antérieure. C'est désormais sous ce pseudonyme qu'il signera ses ouvrages en rapport avec le monde spirite[2]. Et les livres s'enchaînent : *Le Livre des esprits* (1857), *Le Livre des médiums* (1861), *L'Évangile selon le spiritisme* (1864), *Le Ciel et l'Enfer* (1865), *La Genèse selon le spiritisme* (1868). Au total, donc, cinq ouvrages, véritable Pentateuque des spirites, doublé d'un succès d'édition, jamais démenti depuis. En 1858, il fonde *La Revue spirite*, l'organe officiel de la Société parisienne d'études spirites.

*Le Livre des esprits* est le premier grand œuvre de Kardec. Après une courte introduction à la doctrine spirite dans laquelle l'auteur place les bases du système et de sa codification, il enchaîne pas moins de 1 018 questions et réponses provenant d'esprits aussi divers que loquaces : beaucoup sont anonymes, mais d'autres étaient assez connus de leur vivant (Socrate, Platon, saint Jean l'évangéliste, saint Augustin, saint Louis, Fénelon, saint Vincent de Paul, Swedenborg, Franklin, etc.). D'autres sont mal identifiés comme l'« Esprit de vérité ». De fait, Kardec ne se présente pas comme l'auteur véritable de ce recueil de citations, fruit d'innombrables séances de spiritisme, collectées autour de lui, mais comme un simple compilateur et analyseur :

> Les principes contenus dans ce livre résultent soit des réponses faites par les esprits aux questions directes qui leur ont été proposées à diverses époques et par l'entremise d'un grand nombre de médiums, soit des instructions données par eux spontanément à nous ou à d'autres personnes sur les matières qu'il renferme.

Et la curiosité des médiums est sans borne… à moins qu'il ne s'agisse de la prolixité des esprits… On apprend, de ces voix d'outre-tombe, quantité de choses originales et inédites sur Dieu, le destin, l'organisation de la pluralité des mondes, etc.

*Le Livre des médiums* se veut une sorte de guide pratique du spiritisme, présentant l'étendue des méthodes de communication avec les esprits et l'au-delà, tandis que *L'Évangile selon le spiritisme* tente de prouver la similitude entre la philosophie spirite et l'enseignement de Jésus. Pour Kardec, beaucoup de paroles difficilement compréhensibles du Christ peuvent être expliquées par la science spirite. Le spiritisme se place ainsi non pas en opposition avec le catholicisme occidental, pivot de la société tant bourgeoise que prolétaire de la France de la seconde moitié du XIXe siècle, mais au contraire en parfaite continuité. Kardec avance même que Moïse a révélé l'Ancien Testament, que Jésus a porté le Nouveau Testament, et que le troisième n'est pas incarné par un homme (fût-il prophète ou fils de Dieu), mais par les esprits, les voix du ciel : le spiritisme.

Le sous-titre du *Ciel et l'Enfer* en explique assez clairement le contenu : *La justice divine selon le spiritisme*. Dans cet ouvrage, Kardec présente les différents niveaux de récompense ou de punition subis, après la mort, par les esprits en fonction des actions passées lorsqu'ils étaient encore incarnés : esprits heureux, esprits dans une condition moyenne, esprits souffrants, criminels repentants, esprits endurcis, etc. Il prévoit que, par le spiritisme, une unité va apparaître dans la connaissance et la vision de cette survie de l'âme, et que cette unité permettra un rapprochement entre les cultes puis une tolérance religieuse et, enfin, une fusion de toutes les religions...

Enfin, dans *La Genèse selon le spiritisme*, dont le titre entier est d'ailleurs *La Genèse, les miracles et les prédictions selon le spiritisme*, Allan Kardec trace plus ou moins maladroitement des ponts entre les dernières avancées scientifiques et l'organisation générale du monde selon la tradition chrétienne. Dans ce livre un peu fourre-tout, il s'intéresse tout particulièrement à la géologie, à certains miracles, et reprend certaines analyses anciennes des Évangiles.

On comprend dès lors, que, pour certains, le spiritisme ait été vécu comme une véritable religion, un sacerdoce tantôt individuel, tantôt collectif, aboutissant par exemple, au Brésil, à de véritables « églises spirites », allant bien au-delà des prétentions initiales d'Allan Kardec. En choisissant le mot « spiritisme », Kardec souhaitait d'ailleurs visiblement empêcher tout amalgame avec les courants *spiritualistes* présents aux États-Unis au même moment... Pour le second (spiritualisme), apparu dans les anciennes colonies britanniques du nord-est des États-Unis[3], l'esprit est immortel, se régénère et rejoint à la mort un Dieu défini (concept à la fois religieux et scientifique) ; il s'agit donc d'une opposition marquée au matérialisme. Pour le premier (spiritisme), la postulation scientifique est celle d'une possibilité offerte aux vivants, en vue d'une élévation morale, de communiquer avec les esprits des défunts.

Qu'énonce Kardec ? Que le corps humain n'est qu'une valise, empruntée par un principe persistant après le décès (la mort n'étant que l'altération irréversible de l'enveloppe corporelle) :

> L'homme n'est pas seulement composé de matière, il y a en lui un principe pensant relié au corps physique qu'il quitte, comme on quitte un vêtement usagé, lorsque son incarnation présente est achevée. Une fois désincarnés, les morts peuvent communiquer avec les vivants, soit directement, soit par l'intermédiaire de médiums de manière visible ou invisible[4].

Tout est dit dans ces quelques phrases. Pour Allan Kardec, il existe une autre dimension peuplée d'esprits dont certains sont ceux des défunts (mais pas exclusivement). Sans corps matériel, ces esprits errent mais peuvent se manifester et interagir avec les vivants par l'intermédiaire des médiums, notamment en faisant usage de leur corps (mains dirigeant un Ouija ou matérialisation à travers des orifices) ou de leurs sens (vue, odorat, audition, phonation, etc.).

Continuons à feuilleter *Le Livre des esprits*, car certains passages sont assez révélateurs de la pensée de Kardec vis-à-vis du monde des vivants et des morts :

> 149. Que devient l'âme à l'instant de la mort ?
>
> Elle redevient esprit, c'est-à-dire qu'elle rentre dans le monde des esprits qu'elle avait quitté momentanément.
>
> 150. [...] Comment l'âme constate-t-elle son individualité, puisqu'elle n'a plus son corps matériel ?
>
> Elle a encore un fluide qui lui est propre, qu'elle puise dans l'atmosphère de sa planète et qui représente l'apparence de sa dernière incarnation : son périsprit.

Ainsi, pour Kardec, l'esprit n'est pas totalement immatériel, mais comprend en son sein une sorte de silhouette très ténue de l'aspect de son corps... C'est cette forme qui peut être parfois visible lorsqu'on fait usage de la photographie spirite. Ce *périsprit* désigne donc à la fois l'énergie corporelle d'un être vivant (on parlerait de *pneuma* dans l'Antiquité gréco-romaine) et l'enveloppe semi-matérielle d'un esprit après son décès (son corps fluidique)[5]. Quant au corps, devenu cadavre avec la mort du sujet, comme dans la tradition bouddhiste et hindouiste du cycle des réincarnations (*samsara*), on le considère comme une sorte de « valise de l'âme » :

309. Comment l'esprit considère-t-il le corps qu'il vient de quitter ?

Comme un mauvais habit qui le gênait et dont il est heureux d'être débarrassé.

Quel sentiment lui fait éprouver la vue de son corps en décomposition ?

Presque toujours de l'indifférence, comme pour une chose à laquelle il ne tient plus.

Kardec décrit plus loin une sorte de hiérarchie des esprits, comparable à celles des anges, mais aussi aux catégories sociales humaines, avec une élite intellectuelle, une classe moyenne, et une sorte de « prolétariat des esprits » capable des bassesses les plus viles (et qu'il n'est pas souhaitable non plus de fréquenter *post mortem*) :

[317] La situation des esprits et leur manière de voir les choses varient à l'infini en raison du degré de leur développement moral et intellectuel. Les esprits d'un ordre élevé ne font généralement sur la terre que des séjours de courte durée ; tout ce qui s'y fait est si mesquin en comparaison des grandeurs de l'infini, les choses auxquelles les hommes attachent le plus d'importance sont si puériles à leurs yeux, qu'ils y trouvent peu d'attraits, à moins qu'ils n'y soient appelés en vue de concourir au progrès de l'humanité. Les esprits d'un ordre moyen y séjournent plus fréquemment, quoiqu'ils considèrent les choses d'un point de vue plus élevé que de leur vivant.

Les esprits vulgaires y sont en quelque sorte sédentaires, et constituent la masse de la population ambiante du monde invisible ; ils ont conservé à peu de choses près les mêmes idées, les mêmes goûts et les mêmes penchants qu'ils avaient sous leur enveloppe corporelle ; ils se mêlent à nos réunions, à nos affaires, à nos amusements, auxquels ils prennent une part plus ou moins active, selon leur caractère. Ne pouvant satisfaire leurs passions, ils jouissent de ceux qui s'y abandonnent et les y excitent. Dans le nombre, il en est de plus sérieux qui voient et observent pour s'instruire et se perfectionner.

Ailleurs, Kardec se penche sur les funérailles et la place de l'esprit dans celles-ci : y participe-t-il de façon invisible ou les fuit-il au contraire ? On verra que l'esprit peut être relativement « sidéré » par sa libération au moment de la mort, et ne pas prendre immédiatement conscience d'être libre en dehors du cadavre… Quant à l'ouverture du testament chez le notaire, la lecture de Kardec fait froid dans le dos, car, selon lui, l'esprit est presque systématiquement présent pour juger sans délai de la moralité de ceux qui lui survivent :

327. L'esprit assiste-t-il à son convoi [funéraire] ?

Très souvent il y assiste, mais quelquefois il ne se rend pas compte de ce qui s'y passe, s'il est encore dans le trouble. […]

328. L'esprit de celui qui vient de mourir assiste-t-il aux réunions des héritiers ?

Presque toujours ; Dieu le veut pour sa propre instruction et le châtiment des coupables ; c'est là qu'il juge ce que valaient leurs protestations ; pour lui tous les sentiments sont à découvert, et la déception qu'il éprouve en voyant la rapacité de ceux qui se partagent ses dépouilles l'éclaire sur leurs sentiments ; mais leur tour viendra.

Kardec se défend vis-à-vis de ceux qui le critiquent, principalement le clan des matérialistes, qu'il attaque sur leurs certitudes et leur ego surdimensionné :

147. Pourquoi les anatomistes, les physiologistes, et en général ceux qui approfondissent les sciences de la nature sont-ils si souvent portés au matérialisme ?

Le physiologiste rapporte tout à ce qu'il voit. Orgueil des hommes qui croient tout savoir et qui n'admettent pas que quelque chose puisse dépasser leur entendement. Leur science même leur donne de la présomption ; ils pensent que la nature ne peut rien avoir de caché pour eux.

Dans son « Introduction à l'étude de la doctrine spirite », qui constitue une sorte de préambule au *Livre des esprits*, Kardec a déjà jeté les bases d'un système de défense vis-à-vis des sceptiques et critiques du spiritisme. Ses arguments ? Il n'est qu'un simple intermédiaire ne cherchant aucunement à se mettre en avant. Sa démarche est d'une humilité totale, ne visant qu'à l'élévation spirituelle et morale de l'humanité. Alors, dans ces conditions, comment est-il encore possible de mal considérer sa démarche et le message qu'il délivre ? Peut-être est-ce parce que ses détracteurs n'ont rien compris…

Le scepticisme, touchant la doctrine spirite, lorsqu'il n'est pas le résultat d'une opposition systématique intéressée, a presque toujours sa source dans une connaissance incomplète des faits, ce qui n'empêche pas certaines gens de trancher la question comme s'ils la connaissaient parfaitement. On peut avoir beaucoup d'esprit, de l'instruction même, et manquer de jugement ; or, le premier indice d'un défaut dans le jugement, c'est de croire le sien infaillible. Beaucoup de personnes aussi ne voient dans les manifestations spirites qu'un objet de curiosité ; nous espérons que, par la lecture de ce livre, elles trouveront dans ces phénomènes étranges autre chose qu'un simple passe-temps.

La science spirite comprend deux parties : l'une expérimentale sur les manifestations en général, l'autre philosophique sur les manifestations intelligentes. Quiconque n'a observé que la première est dans la position de celui qui ne connaîtrait la physique que par des expériences récréatives, sans avoir pénétré dans le fond de la science. La véritable doctrine spirite est dans l'enseignement donné par les esprits, et les connaissances que cet enseignement comporte sont trop graves pour pouvoir être acquises autrement que par une étude sérieuse et suivie, faite dans le silence et le recueillement ; car dans cette condition seule on peut observer un nombre infini de faits et de nuances qui échappent à l'observateur superficiel et permettent d'asseoir une opinion. Ce livre n'aurait-il pour résultat que de montrer le côté sérieux de la question, et de provoquer des études dans ce sens, ce serait déjà beaucoup, et nous nous applaudirions d'avoir été choisis pour accomplir une œuvre dont nous ne prétendons, du reste, nous faire aucun mérite personnel, puisque les principes qu'il renferme ne sont pas notre création ; le mérite en est donc tout entier aux esprits qui l'ont dicté. Nous espérons qu'il aura un autre résultat, c'est de guider les hommes désireux de s'éclairer, en leur montrant, dans ces études, un but grand et sublime : celui du progrès individuel et social, et de leur indiquer la route à suivre pour l'atteindre.

Kardec définit ainsi la « psychographie » (l'écriture des esprits) à travers trois mécanismes : 1) un objet inerte comme un stylo, par exemple, s'anime et écrit seul des phrases ou des mots. À ce détail près que toutes les lettres sont liées les unes aux autres sans espace ni ponctuation. On parle de « psychographie indirecte » ; 2) un médium est inspiré dans l'écriture d'un texte et reste totalement conscient de son geste. On parle d'« écriture automatique » ; 3) un esprit écrit à travers un médium qui ne se rend compte de rien du tout. On parle de « psychographie directe ». Au Brésil, Chico Xavier (1910-2002), qui écrivait sous l'influence de l'esprit Emmanuel, fut probablement un des psychographes les plus connus et les plus prolifiques... Côté français, il faut citer le célèbre *Manuscrit du Purgatoire*, compilation des dialogues transcrits par la mère Marie de la Croix (morte en 1917), une religieuse augustine de Notre-Dame-de-Valogne, avec la défunte sœur Marie-Gabrielle (décédée en 1871) à qui le Purgatoire avait été annoncé par sa supérieure en raison de son mauvais comportement... Ou encore les ouvrages de Suzanne Max-Getting qui, dans les années 1920, échangea considérablement par psychographie avec feu son époux ; on lui doit, publiés chez Leymarie, l'éditeur spirite par excellence : *Vie et missions des envoyés de l'au-delà. Les missionnaires de l'astral* et *Messages d'un esprit libéré. Extraits de dictées médiumniques. Messages de médiums.*

Kardec décrit aussi les phénomènes de « glossolalie », c'est-à-dire la capacité de parler une langue ayant l'aspect d'une langue étrangère, mais n'existant pas en réalité. Des phénomènes de « xénoglossie » sont également possibles, correspondant au fait de parler une langue étrangère *a priori* inconnue de l'individu lui-même. Ces deux possibilités, regroupées sous le vocable de « psychophonie », sont la preuve, pour la communauté spirite, que le « médium parlant » est sous l'influence d'une entité distincte, une « intelligence extérieure ».

Animé d'une énergie débordante, Kardec va courir la France pour diffuser sa philosophie spirite, tenant conférences sur conférences dans des salles combles, écrivant des ouvrages de plus en plus simples pour toucher toutes les classes sociales (*Qu'est-ce que le spiritisme ?* ne fait que 180 pages, et *Le Spiritisme à sa plus simple expression* n'est qu'un fascicule). En même temps qu'il accumule les adeptes, Kardec reprend sa vocation d'éducateur, instituant des groupes spirites dont la fonction est bien évidemment d'entrer en contact avec les esprits, mais aussi, parallèlement, d'organiser des caisses de secours pour les pauvres et les chômeurs. C'est également lui qui, en France, institue les premières crèches[6] ! Parallèlement, à travers son organe officiel (*La Revue spirite*), Kardec, résolument pacifiste et progressiste, s'engage politiquement pour l'abolition de l'esclavage et de la peine de mort, ainsi qu'en faveur du vote des femmes.

*Demain ne meurt jamais*

En 1869, Kardec ne meurt pas. Il se *désincarne* ou, pour reprendre la belle expression de Léon Denis, son esprit « est retourné à la vie libre des Espaces[7] »... Ses funérailles, au cimetière du Père-Lachaise, sont l'occasion d'ériger le spiritisme en une véritable institution. Devant une foule d'admirateurs et de curieux, Camille Flammarion, le célèbre astronome, prononce l'éloge funèbre de Kardec, affirmant que « le spiritisme n'est pas une religion, mais une science ». La sépulture, sorte de grand dolmen de granit, sempiternellement couverte de fleurs et d'offrandes, draine une quantité impressionnante d'adeptes cherchant à approcher au plus près ce qui reste des particules de Kardec, dans l'espoir d'une communication spirite. Le buste en bronze figurant le « défunt », que l'on doit à Paul-Gabriel Capellaro, aurait même des vertus magiques, exauçant les vœux des « pèlerins »...

Après la disparition d'Allan Kardec, d'autres vont prendre le relais : Camille Flammarion, Victor Hugo, Victorien Sardou, et surtout Gabriel Delanne (1857-1926) dont l'« apostolat[8] » fut marqué par la publication d'un maître ouvrage en 1909 : *Le Phénomène spirite. Témoignages des savants, étude historique, exposition méthodique de tous les phénomènes, discussions des hypothèses, conseils aux médiums, la théorie philo-*

*sophique*. Vaste programme ! D'autres littérateurs vont également devenir adeptes des séances de spiritisme, comme George Sand et Théophile Gautier, pour ne citer qu'eux, ce dernier consacrant deux nouvelles à ce thème, *Avatar* en 1857, puis *Spirite*, parue dans *Le Moniteur universel*.

Autre « apôtre du spiritisme », Léon Denis (1846-1927). Celui-ci n'avait que vingt-trois ans au moment de la disparition d'Allan Kardec, mais se jeta à corps perdu dans le spiritisme, allant même jusqu'à organiser des séances à l'arrière du front pendant la guerre de 1870… Franc-maçon, combattant offensif vis-à-vis des athées et des matérialistes qui pourfendaient l'idée d'une survie de l'âme, il se disait guidé par un « esprit bleu », difficilement identifiable, et par le théologien Jérôme de Prague, brûlé à Constance peu après Jean Hus, en 1416, pour hérésie et « libre pensée »… Son maître ouvrage restera *Dans l'invisible* (1903) dont la lecture influencera directement Louis-Joseph Antoine, un mineur belge qui fondera en 1906 son église propre qui prit le nom de « culte antoiniste ». Nous y reviendrons.

Même mort, Kardec continue à « vivre » sous la forme d'imitateurs qui usent de son nom de façon indue, tel ce Kardek (avec un *K* final !) qui effectue en 1909 une tournée en France. L'affiche publicitaire de son spectacle est assez révélatrice de l'ambiance fantasmagorique sur laquelle surfent cet individu et ses imprésarios de l'époque[9] :

ALLAN KARDEC

DEUX REPRÉSENTATIONS EXTRAORDINAIRES
DE PSYCHOGRAPHIE & DE SPIRITISME
Données par le plus fort Médium et Magnétiseur du Monde
KARDEK
Docteur en Médecine, Officier d'Académie
Décoré de LL. MM. II. le Czar et le Sultan
et de S. M. le Roi de Roumanie
[...]
AVIS IMPORTANT : De peu scrupuleux imprésarios,
de vulgaires charlatans ont pris indûment le titre
et même le texte des affiches de KARDEK. Afin d'éviter
toutes confusions, la Direction des tournées de KARDEK
prévient le public que le texte de ses affiches a été *déposé
conformément à la loi* et qu'il ne faut pas confondre
les séances de KARDEK avec les similaires qui ne sont
QUE DE GROSSIÈRES IMITATIONS.

Au-delà de cette utilisation abusive – pour ne pas dire crapuleuse – du nom de Kardec, que reste-t-il de son héritage ? Des lieux où il a vécu, il ne semble rien y avoir à tirer comme information concrète. Paradoxalement – sauf pour la communauté spirite « orthodoxe » –, c'est sur son tombeau, au cimetière du Père-Lachaise, que les dernières informations sont disponibles. Autour de ce monument semblent se pratiquer des rituels « pas très catholiques » qui en disent long sur le matérialisme de certains spirites et sur la persistance, chez beaucoup d'entre eux, de pratiques superstitieuses…

Tombeau mégalithique d'Allan Kardec au cimetière
du Père-Lachaise (Paris), sur une carte postale ancienne.

5

# Pèlerinage

Ce 3 octobre – jour anniversaire de la naissance d'Allan Kardec en 1804 –, je me rends au cimetière du Père-Lachaise avec Leandro Varison, un collègue anthropologue brésilien. Je m'attends à trouver une foule de spirites, des cérémonies et de l'effervescence. Il n'en est rien. Le calme plat. Un ciel d'orage s'amoncelle au-dessus de Paris, et il n'y a pas un chat devant le dolmen qui sert de sépulture à Kardec dans la partie haute du cimetière. Sur le devant de la pierre (du granit), on lit la fameuse inscription rehaussée à la peinture rouge : « Naître, mourir, renaître encore et progresser sans cesse, telle est la loi. »

En dessous, un buste en bronze vert-de-grisé, poli par de nombreuses appositions des mains, disposé sur un bloc de granit gris vertical, lui aussi gravé :

> Fondateur de la philosophie spirite
>
> Tout effet a une cause, tout effet intelligent a une cause intelligente. La puissance de la cause est en raison de la grandeur de l'effet.

À ses pieds, beaucoup de bouquets de fleurs, certains avec un carton « Joyeux anniversaire » (sans message au verso), et une bougie allumée (elle figure un ange gardien et provient d'une église catholique). Rien de plus. Nous décidons de rester sur place, et d'échanger avec les éventuels spirites venant rendre hommage au père fondateur du mouvement.

Le premier adepte ne se fait pas attendre très longtemps. C'est une femme âgée, un peu voûtée, tenant dans un sac plastique un petit bouquet de fleurs et une lettre manuscrite pliée en quatre. Elle vient voir Kardec pour lui demander d'exaucer ses souhaits, ou, du moins, pour qu'il intercède en sa faveur. Quand on lui demande si c'est l'équivalent d'aller à l'église prier un saint, ou si les esprits sont plus forts que les saints, elle répond, avec sa petite voix chevrotante : « Peut-être que certains esprits sont dans une force spirituelle plus importante que beaucoup de saints, en effet... » Mais avant toute prière, c'est surtout un salut qu'elle adresse à Kardec. « Ça fait très longtemps que je le connais. J'étais dans les parages, alors je suis venu lui dire bonjour. » Elle parle de lui comme d'un ami vivant, d'un être encore vif.

Arrive ensuite un homme d'une soixantaine d'années, Serge, qui se présente comme médium. Il salue Kardec par l'intermédiaire du buste en bronze qui domine la sépulture, sous l'imposant dolmen. « C'est un rituel spirite... *post mortem* », dit-il. Il nous explique

que la façon « correcte » de saluer ou de demander une intercession à Allan Kardec est la suivante : le visiteur (le fidèle ?) doit poser sa main droite sur l'épaule gauche du buste, près de la nuque (qui présente clairement une patine d'usure à cet endroit), et formuler son souhait en maintenant cette position. Le contact physique apparaît obligatoire, mais l'énonciation du vœu peut prendre différentes formes : soit en pensée, soit en lisant à voix basse une lettre préalablement écrite (en première intention, ou pour préciser un vœu précédemment formulé et ayant été exaucé ou non).

Au verso du dolmen funéraire, l'Union spirite française et francophone a fait fixer un petit cadre de verre protégeant l'avis suivant, destiné à prévenir toute pratique superstitieuse pouvant ouvrir la porte à des critiques vis-à-vis de la doctrine spirite (toujours cette peur d'être décrié) :

> Recommandation au public.
>
> On reproche à la tombe d'Allan Kardec d'être le lieu de manifestations d'idolâtrie, telles : la pose des mains sur la pierre du monument ou sur le buste du Maître, dépôt de bougies comme sur un autel. Les gens avertis et les spirites s'interdisent ces actes comme étant d'un autre âge. Les adversaires trouvent en cela l'occasion de se dresser contre le spiritisme et de l'assimiler à la magie et à la sorcellerie…
>
> L'Union Spirite Française et Francophone affirme que ces pratiques ne peuvent en aucune manière favoriser l'intercession d'un esprit porté au bien, tel que peut l'être Allan Kardec, et rappelle ci-après deux extraits de l'ouvrage *Caractères de la révélation spirite* :

« 19. Assurément la distance qui sépare le spiritisme de la magie et de la sorcellerie est plus grande que celle qui existe entre l'astronomie et l'astrologie... Vouloir les confondre, c'est prouver qu'on n'en sait pas le premier mot.

45. En tout cela, nous avons fait ce que d'autres auraient pu faire comme nous ; c'est pourquoi nous n'avons jamais eu la prétention de nous croire prophète ou messie, et encore moins de nous donner pour tel. »

La prière, le vœu : les offrandes, à la condition qu'elles contribuent à soulager les misères, loin de toute idée d'échange avec le ciel, peuvent ajouter à l'efficacité de la prière ou du vœu, leur valeur dépendant, non de dépôts quelconques en pure perte sur cette tombe, de démonstrations ou d'attitudes mystiques, mais de la réserve digne et de l'intensité de l'esprit vers Dieu !

Assez curieusement, ces recommandations vont totalement à l'encontre de la « liturgie » observée sur place. Quand on interroge les pratiquants sur ces rituels, ils répondent que Kardec aurait exprimé dans ses écrits que le flux d'énergie circule dans cette direction (du membre supérieur droit vers l'épaule gauche), mais sans référence bibliographique exacte. Pour d'autres, l'explication tient plus de la géomancie... car en se mettant dans cette posture, on s'alignerait sur l'axe Nord-Ouest/Sud-Est, la ligne reliant le monument de Stonehenge au tombeau de Kardec... Je dois avouer ne pas avoir cherché à vérifier cette hypothèse.

D'autres viennent fabriquer des sortilèges assez spéciaux : ils grattent la pierre funéraire, récupèrent les fleurs ou la terre avoisinante, frottent des linges contre le buste de Kardec. On a même tenté d'arracher le buste de bronze ou d'en détacher des morceaux… Pour faciliter les récoltes, certains agriculteurs apportent sur le tombeau une bouteille de vin ou une gerbe de blé. Du courrier est périodiquement laissé au pied du buste, sinon envoyé par la poste à la Conservation du cimetière qui vient le déposer sur la tombe… et finit par être jeté avec les fleurs fanées et les bougies éteintes. Autant de pratiques d'idolâtrie ou de superstition qui feraient hurler d'horreur le fondateur du spiritisme qui, à l'origine, était à tendance plus philosophique et morale avant que la création ne lui échappe et n'évolue vers une véritable religion (le « kardécisme » au Brésil) ou un simple passe-temps exercé avec une relative légèreté par certains…

La tombe d'Allan Kardec est toujours fleurie par les fidèles, car il faut systématiquement le remercier après un vœu réalisé. « La quantité de fleurs déposées sur la tombe est autant de preuves de l'efficacité des prières faites auprès de Kardec », me dit-on. À une limite près : la demande doit être extrêmement précise. « Un ami parisien était venu demander à trouver l'amour : il est tombé amoureux d'une femme habitant dans la Creuse, ayant déjà huit enfants. Ce n'était pas tout à fait ce qu'il souhaitait, ni ce qu'il avait imaginé… » Les esprits sont si facétieux.

6

# L'affaire Florence Cook

Au moment même où Kardec établit les bases du spiritisme en France, le spiritualisme, son *alter ego* anglo-saxon, connaît au Royaume-Uni un engouement populaire. Mais comment en est-on arrivés là ? La mode du paranormal et de l'occulte trouve sa source au XIXe siècle, en réaction au rationalisme, au positivisme et au scientisme global. La science – alors en plein développement – tend à expliquer toutes choses, la technologie domine peu à peu la nature, maîtrise la matière et décuple les capacités de l'homme… Mais le spiritisme se nourrit aussi des inquiétudes populaires au sein du monde occidental et des brusques changements politiques qui ont abouti de façon diffuse à des révolutions politiques.

Le spiritualisme est la suite logique de la période victorienne marquée par un goût prononcé du macabre et du fétichisme morbide (du moins, avec un regard actuel). De façon plus objective, la mort était regardée comme quelque chose de si fréquent qu'elle faisait partie de la vie, avec des témoignages quotidiens et intimes. La réalisation de masques mortuaires est la règle, ainsi que les médaillons composés de cheveux de défunts, que l'on porte sur soi, autour du cou ou en broche, etc. De cette période date le développement des catacombes de Paris comme visite touristique familiale à la mode, ainsi que de la morgue de Paris où l'on n'hésite pas à emmener les enfants le dimanche midi, après la messe, pour regarder les cadavres en attente d'identification allongés derrière une vitre, leurs vêtements et effets personnels pendus à un clou.

C'est dans ce contexte particulier que le spiritisme trouve très vite son public, permettant de conserver cette part de surnaturel que les développements de la science et de la technologie tendent à faire disparaître. Il devenait indispensable que des lieux, des domaines (voire des « royaumes ») ainsi que des entités existent, sur lesquels la science n'avait pas ou peu de prise... Et pour les générations endeuillées par les guerres et les révolutions européennes, le spiritisme revêt un caractère rassurant, atténuant la tristesse du deuil, affirmant que la mort n'est qu'un changement d'état et qu'il est encore possible de revoir ou d'entretenir un rapport avec ses défunts. Et en Angleterre, celle qui fut la figure de proue de cet élan vers l'au-delà est une adolescente répondant au joli nom de Florence Cook.

*Spirit of Ecstasy…*

Née en 1856 au sein d'une famille ouvrière du Kent – un milieu propice, dans l'Angleterre victorienne, à la manifestation de capacités médiumniques –, la jeune fille ne déroge pas à la règle et sera « prise par les esprits » aux alentours de ses quatorze ans*. Sa mère, adepte du mouvement spirite, ne la dirige pas vers un centre médical de prise en charge des maladies mentales, mais l'emmène plutôt à la Dalston Spiritualists' Association, un cercle spirite local où ses capacités sont canalisées, pour ne pas dire « exploitées ». Au fil des ans, progressant dans ses activités médiumniques, elle croise la trajectoire de deux maîtres spirites (Charles Williams et Frank Herne) qui la poussent à établir le contact avec un esprit nommé « Katie King », la fille de « John King », esprit du pirate anglais Sir Henry Morgan (1635-1688). Et c'est à l'âge de quinze ans seulement, en se dissimulant derrière un rideau sombre (le fameux « cabinet noir » des spirites), qu'elle réussit à matérialiser le visage de « Katie King »… Au fur et à mesure des séances, le reste du « corps » de l'esprit finit par prendre forme et s'affiner. Le visage devient moins statique, les mains apparaissent, puis des avant-bras, un buste, etc. Des photographies de cette matérialisa-

* Le spiritisme était très populaire dans les classes ouvrières, ainsi que dans la classe moyenne de l'époque. De plus, la faible instruction, voire l'analphabétisme de ces adolescentes, les rendait plus sensibles à l'apparition des esprits, et en faisait des médiums crédibles, éloignant ainsi toute forme de supercherie sophistiquée.

tion sont prises, avec l'assentiment de l'esprit. Parfois deviennent visibles au même moment, et séparément, le visage de « Katie King » et le corps de Florence Cook… dont le visage reste caché par un voile.

Le fantôme de Katie King (photo prise
par William Crookes, dans « Notes of an Enquiry
into the Phenomena called Spiritual,
during the years 1870-1873 »,
*Quaterly Journal of Science*, janvier 1874).

Devant le succès public, et pour écarter toute suspicion de fraude, Florence Cook accepte de se faire fouiller (corps et vêtements), mais aussi d'être attachée dans le cabinet noir (mains liées derrière le dos) ou encore d'être soumise à un examen par galvanomètre (permettant de détecter tout mouvement anormal). Étonnamment, plus les méthodes sont appliquées de façon drastique, moins sensationnelle est la séance… En outre, la concurrence se révèle féroce avec d'autres jeunes filles médiums, plus jeunes, plus jolies (plus talentueuses aussi, peut-être ?), à commencer par Mary Rosina Showers, la fille d'un général de l'armée des Indes. Pour conserver sa place au sommet de l'élite des médiums britanniques, il fallait frapper fort et ainsi éliminer la « concurrence » qui commençait à poindre. Ce fut fait au printemps 1873, avec la matérialisation complète de « Katie King », une « première mondiale » que des photographes immortalisèrent (sans mauvais jeu de mots), émergeant du corps de Florence Cook allongée au pied du cabinet noir. Pour la première fois, il apparaît possible de matérialiser le corps d'une personne disparue depuis plusieurs siècles. Dès lors, le succès est fulgurant. Florence Cook devient aussitôt une sommité que s'arrache l'*intelligentsia* spirite, et participe désormais aux dîners mondains, cocktails, croisières et voyages coûteux.

C'est dans ce contexte qu'elle est mise à l'abri du besoin (et des foules de curieux et d'admirateurs par la même occasion) en étant entretenue par Charles Blackburn, un célèbre spiritualiste de l'époque. Femme au foyer, sans enfant à charge, elle peut se consacrer à ses activités médiumniques dans la sphère privée… parfois élargie à des amis prêts à laisser une contribution substantielle dans la corbeille de son mentor.

Désormais bien établie socialement, elle se lie d'amitié avec Mary Rosina Showers. Toutes deux réalisent ce prodige de matérialiser leurs esprits principaux respectifs, et les faire déambuler ensemble dans la salle. Mais elle se fait aussi d'implacables ennemis. Ainsi, le 9 décembre 1873, un certain Volkmann, spiritualiste concurrent, doutant de la réalité de la matérialisation de « Katie King », s'en saisit brusquement avec les mains et tente de la faire tomber. Consternation générale, horreur, indignation, les lumières sont brutalement coupées, et Florence Cook réapparaît peu après, toujours enchaînée sur sa chaise dans le cabinet noir, et en larmes. Volkmann, pensant démasquer une supercherie, a réalisé l'impensable : s'attaquer à un esprit matérialisé... Il est ainsi exclu définitivement des cercles spirites. On ne touche pas à l'intouchable.

*Surface sensible...*

Une des particularités de « Katie King » est pourtant de laisser le public la caresser (d'où la facilité du geste de Volkmann). Certains effleurent sa peau, d'autres l'embrassent ou lui prennent le pouls, d'autres encore vérifient son habillage (notamment son absence de corset ou de sous-vêtements). On voit bien ici que la sensualité – voire l'érotisme – n'est pas loin, et l'on imagine aisément la bonne société victorienne se rincer l'œil, sous couvert d'une évocation spirite respectable, sur une médium quasi nue, uniquement voilée d'un tissu diaphane, souvent transparent ; ou encore entretenir des rapports très tactiles avec cette forme éthérée, sorte de fantasme féminin évanescent mis à la disposition d'un public très majoritairement masculin… Mais pour être totalement honnête, dans cette société corsetée, de telles apparitions ou matérialisations sont aussi l'occasion pour la médium de s'affranchir du carcan social. Si la respectabilité est de mise au sein du cabinet noir, il est admis que l'esprit jouit d'une totale liberté, et il arrive parfois que, par sa bouche, par son comportement ou par sa gestuelle, l'esprit exprime des paroles souvent licencieuses ou des comportements obscènes, pour ne pas dire exhibitionnistes… Une sorte de libération sexuelle qui ne dit pas son nom, une parenthèse enchantée, très fugace, ne durant que le temps de ces courtes séances, que recouvre immédiatement le masque de la respectabilité bourgeoise.

Tout s'arrête en mai 1874, quand Florence Cook, désormais âgée de dix-huit ans, prend sa « retraite spirite » et invoque une dernière fois l'esprit de « Katie King ». Celle-ci matérialise alors la fille du pirate, qui fait ses adieux officiels au public, se faisant offrir des bouquets de fleurs, coupant certains de ses cheveux ou des pans de sa robe et les distribuant aux spectateurs comme autant de reliques spirites…

Mais chassez le (sur)naturel, il revient au galop. Mariée à un homme lui interdisant toute séance de spiritisme en l'obligeant à rester au domicile, elle est bientôt visitée à nouveau par les esprits… Florence Cook peut alors reprendre ses activités médiumniques dans un cercle privé, puis public lorsque sa situation financière délicate l'oblige à faire payer l'entrée aux séances. Mais elle ne remonte pas au niveau exceptionnel où « Katie King » l'avait hissée. On ne dira jamais assez l'importance des esprits dans la réussite d'un ou d'une médium… En l'occurrence, ce sont les séances de trop, car c'est à ces occasions (1890 et 1899) que la supercherie est démasquée. Par deux fois, à nouveau, la matérialisation d'esprit est attaquée physiquement par des spectateurs incrédules qui dévoilent alors Florence Cook à genoux, tenant le rôle de l'esprit d'une fillette de douze ans en cours de matérialisation[1]. La réputation de Florence Cook ne se remettra jamais totalement de ce scandale. Abandonnée de tous, ruinée, elle meurt d'une pneumonie à quarante-sept ans, en 1904.

# 7

# Sur cette table tournante, je construirai mon église…

L'influence du spiritisme va s'étendre bien au-delà (c'est le cas de le dire…) des frontières françaises et britanniques. En Belgique, un certain « père Antoine » va même se servir de l'enseignement de Kardec pour ériger une nouvelle religion. Ses églises vont essaimer en Europe et sur d'autres continents, mais c'est en France qu'on trouve le plus d'adeptes de cette étrange croyance…

## *Un culte d'origine belge*

J'avais déjà entendu parler du culte antoinisme, mais c'est par le plus grand des hasards, en faisant mon footing, un soir de décembre, que je suis tombé sur la chapelle de ce culte de la rue Vergniaud, dans le XIII<sup>e</sup> arrondissement de Paris. Elle est située au croisement de plusieurs artères, près du métro aérien qu'on entend gronder de façon périodique. Sur la porte, banale et comparable au porche d'entrée d'une église « classique », on lit le panneau suivant :

> Lecture de l'enseignement du Père le dimanche à 10 heures et tous les jours à 19 heures excepté le samedi. Opération au nom du Père les cinq premiers jours de la semaine à 10 heures. Le temple est ouvert du matin au soir aux personnes souffrantes. Tout le monde est reçu gratuitement.

Après que j'ai fait grincer le panneau de droite de la porte, une femme sans âge apparaît, vêtue comme une amish, d'une longue robe et coiffe noire, fermée au niveau du cou par un gros nœud de flanelle. Avec une voix toute douce et une bienveillance évidente, elle m'invite à entrer et à visiter le temple. Elle allume quelques lumières, ouvre une seconde porte et me précède dans ce qui ressemble à une nef dont les murs en pierre et bois sont peints en un vert très pâle. Sur les murs, des panneaux répètent l'injonction au silence : « On ne parle pas dans le temple »... une règle qui semble avoir son importance. La « sœur » reste près du porche d'entrée, murmure quelques paroles, puis me laisse seul.

Au niveau du chœur, une sorte de chaire miniature éclairée par une faible lampe est cernée de trois portraits noir et blanc : le père Antoine, son épouse (« la Mère ») et une métaphore dessinée du Saint-Esprit. Au-dessus, occupant la totalité du mur, une inscription gigantesque :

> L'auréole de la conscience. Un seul remède peut guérir l'humanité : la foi. C'est de la foi que naît l'amour. L'amour qui nous montre dans nos ennemis Dieu lui-même. Ne pas aimer ses ennemis, c'est ne pas aimer Dieu, car c'est l'amour que nous avons pour nos ennemis qui nous rend dignes de Le servir, c'est le seul amour qui nous fait vraiment aimer, parce qu'il est pur et de vérité.

Dans ce qu'il faut bien appeler une nef s'étalent des bancs de bois, bien cirés. Pas de vitrail, mais des ampoules électriques pour éclairer l'assistance. Il faut dire que ce temple est né avec l'électricité, en 1913. Je ressors et interroge la « sœur ». De la même voix très douce, elle me trace les grandes lignes de l'antoinisme. Elle m'explique que c'est un lieu de prière où les gens viennent prier seuls ou avec l'aide de quelqu'un, en « cabinet de consultation », en cas de souci particulier. Chaque matin, l'office consiste en une prière commune, c'est l'« Opération », tandis que le soir a lieu une prière plus courte. Personne ne parle ; les seules paroles prononcées sont la lecture de l'enseignement. Baptêmes, mariages et enterrements sont aussi pratiqués… sous une forme extrêmement simple. On assiste à l'Opération, on rentre dans le Cabinet du desservant, demandant à être aidé, on prie et c'est fini. Difficile de faire plus expéditif. L'enterrement antoiniste est tout aussi spartiate : il consiste en deux lectures (les *Dix principes* et une autre qui s'appelle *Réincarnation*) et des prières tout autour du cercueil. *Droit au but* et *Rien de trop* semblent être les maximes de cette religion.

*Les élucubrations d'Antoine...*

Mais en quoi consiste exactement ce courant spirituel ? Il se veut chrétien, et date très précisément sa création le 15 août 1910, par un homme d'origine belge-wallonne, Louis-Joseph Antoine (1846-1912), dit « le Père ». De tradition catholique, cet individu a exercé plus d'une dizaine de métiers : mineur à la Société anonyme des charbonnages de Gosson-Kessales, métallurgiste à la chaudronnerie Cockerill, marteleur, encaisseur d'assurances, marchand de légumes, chef marteleur aux aciéries de Praga, puis portier/encaisseur à la fabrique de Lexhy. Passionné par les écrits d'Allan Kardec, comme nombre des membres de la classe populaire de la fin du XIX$^{e}$ siècle, il fonde dans sa ville de Jemeppe-sur-Meuse, près de Liège, un groupe spirite en 1890, « Les vignerons du Seigneur ». La mort prématurée de son fils, en 1893, renforce ses convictions spirites, mais l'éloigne du catholicisme. À force de séances, menées avec son épouse et son neveu (Pierre Dor), il publie en 1896 un bref libelle, le *Petit catéchisme spirite*, calqué sur le modèle catholique, qui obtient son petit succès.

À son domicile, Antoine met en place des séances publiques de spiritisme le premier dimanche du mois, puis étend ses horaires à deux autres dimanches en un autre lieu. C'est en 1900 que ses dons de guérisseur commencent à être remarqués, traînant auprès de lui une quantité croissante de curieux mais aussi de malades cherchant à obtenir la guérison par des remèdes tirés des connaissances spirites et de préceptes hygiéno-diététiques (modération alimentaire, végétarisme, évitement des matières grasses, etc.). Peu après, un procès le condamne à une amende avec sursis pour « danger pour la santé publique », qui, assez paradoxalement, lui apporte une publicité considérable. Finalement décidé à traiter uniquement par ses talents de guérisseur et sans faire usage de remèdes spécialement fabriqués à cette intention, il ouvre le 25 décembre 1900 un local professionnel décoré des portraits d'Allan Kardec et du curé d'Ars (Jean-Marie Vianney, le célèbre prêtre catholique, mort en 1859 et vénéré par l'Église). Près de deux cents personnes sont présentes pour l'inauguration. Indéniablement, c'est un succès.

Progressivement, celui qu'on appelle « le guérisseur de Jemeppe » se détache du spiritisme et fonde une nouvelle religion. Il a vraisemblablement été déçu par l'attitude de faux médiums, et par l'absence de tout soutien des cercles spirites. Il rompt officiellement avec le spiritisme en 1906, abjurant même son ancienne croyance. Un nouveau procès en 1907 pour « exercice illégal de l'art de guérir » fait chou blanc : Antoine et son élève Martin Jeanfils sont acquittés et profitent à nouveau d'un beau tremplin publicitaire. Désormais, il va guérir en faisant un usage exclusif de la foi, de façon collective (recevant près de quatre cents personnes chaque jour à cet effet). Les prémisses d'une religion structurée se mettent en place, mais il manque encore des écrits… Les enseignements d'Antoine sont notés puis transcrits par une sténographe, et publiés périodiquement dans la revue *L'Auréole de la conscience* entre 1907 et 1909.

Il transparaît de ces textes que l'antoinisme croit en une progression morale portée par la réincarnation : cette transmigration de l'esprit, exclusivement dans des organismes humains (jamais animaux), reflète, étape après étape, l'élévation spirituelle de l'âme. Chaque vie efface le souvenir de la précédente. Chaque obstacle (la maladie en premier lieu), mais aussi chaque exercice spirituel, est une opportunité d'élévation morale, jusqu'au salut ultime au moment de la dernière incarnation. En outre, cette religion reconnaît l'existence de fluides constituant les pensées, les paroles, les actes et les rapports sociaux ; et selon leurs « qualités », ces fluides peuvent être « lourds » ou « spirituels ». S'ensuivent de nombreuses croyances entourant l'amélioration de ces fluides par la prière et l'amour (et le contact avec des objets du culte antoiniste : photographie du « Père », robe d'une officiante déposée sur le lit d'un malade, etc.), par le transfert d'une personne à une autre, ou encore par des moyens de prévention contre les fluides « lourds » (proscrire bijoux et maquillage, par exemple).

Le temple antoiniste de Jemeppe-sur-Meuse est actif depuis sa fondation en août 1910. Après avoir désigné son épouse comme successeur, et mis en place un conseil d'adeptes pour gérer les affaires courantes, les investissements et la publication d'une nouvelle revue périodique, *L'Unitif*, qui paraît dès 1911, « le Père » se « désincarne » le 25 juin 1912. Conformément à sa volonté, son cercueil, porté par douze adeptes, est enterré dans une fosse commune, accompagné par plusieurs dizaines de milliers de personnes. Quand je demande à l'adepte qui me reçoit dans l'église de la rue Vergniaud ce qu'il est advenu du « Père » après sa mort, et en quoi ou en qui il s'est réincarné, elle me répond : « Lui, il ne s'est pas réincarné. Il était sur la fin. »

### *L'héritage du « Père »*

Mais les dernières volontés sont faites pour être bafouées par la génération suivante. Finalement, le corps du « Père » est récupéré peu après et transféré au cimetière de la ville où il est placé dans une tombe individuelle. Quelques années plus tard, les fidèles souhaitant lui offrir une sépulture digne de son statut veulent transférer à nouveau sa dépouille pour l'inhumer dans le jardin du temple n° 1, celui de Jemeppe-sur-Meuse, mais cela leur a été refusé par les autorités belges. Autre déconvenue *post mortem*, le schisme provoqué par son propre neveu Pierre Dor sous l'appellation « dorisme ». Se présentant comme le véritable successeur du père Antoine, il copie ses écrits et les mélange à ceux de Kardec et de la célèbre occultiste Helena Blavatsky[1]. Sauf que contrairement à son oncle, il fait payer ses consultations, qu'il dépense chez les prostituées, et défraie la chronique pour les innombrables plaintes déposées contre lui (attentat à la pudeur, captation d'héritage, mort suspecte, etc.).

Forcé de déménager à Uccle, il disparaît en même temps que son mouvement « spirituel ».

Jusqu'à sa mort en 1940, Catherine (dite « la Mère ») assure la continuité du culte de son défunt mari, faisant reconnaître l'antoinisme comme « d'utilité publique » en 1922, instituant les sacrements du baptême, de la communion, du mariage et des funérailles dans les rituels de l'antoinisme, installant leur portrait à tous les deux dans chaque temple devant la tribune supérieure, et proclamant que l'Opération générale ne fonctionne que par l'intermédiaire du « Père » et que la foi doit être placée en lui pour obtenir satisfaction.

Dès lors, la structure ne va plus guère évoluer. Il n'existe pas de congrégation, pas de hiérarchie, et encore moins un « pape antoiniste ». Seul(e) existe un(e) desservant(e) qui tient le temple, dirige la communauté et donne son impulsion au « travail moral » (en l'occurrence sœur Tondre, dans ce petit temple de la rue Vergniaud, à Paris). Les autres personnes viennent en dehors de leur temps de travail (ou plus facilement si elles sont retraitées) pour aider à tenir le temple (comme mon hôte, employée à la mairie de Paris, consacrant son temps libre à cette activité spirituelle). Elles ont un engagement moral vis-à-vis d'elles-mêmes et vis-à-vis du desservant auquel elles obéissent. Ainsi est transmis l'héritage spirituel du « Père » (qui a eu la révélation) et de « la Mère » (qui a assuré l'organisation morale en découlant).

Dans l'entrée du sanctuaire parisien, sous verre, on découvre la photographie des trente et un temples de France, tous reconnaissables à leur pignon pointu comparable à celui d'une église, pour bien marquer le fait qu'il ne s'agit pas d'une banale maison. Le plus ancien temple antoiniste français est celui de la rue Vergniaud, inauguré en grande pompe par « la Mère » en 1913. Le plus récent date de 1991, *sis* à Cormelles-le-Royal, près de Caen ! Très implanté en Belgique et en France, le culte antoiniste peut aussi compter sur un temple à Monaco, ainsi que sur une quarantaine de « salles de lecture », embryons de futurs temples, à travers le monde.

# 8

# Deux voyages au Purgatoire

On vient de voir que des Églises parallèles se sont érigées sur des fondations spirites, mais qu'en est-il de la grande Église catholique romaine ? Quel rapport entretient-elle avec les adeptes du spiritisme ? Au XIXe siècle, de quel œil voit-elle le développement croissant (pour ne pas dire exponentiel) de ces croyances surnaturelles ? Et surtout, n'en a-t-elle pas été elle-même le terreau ?

Pour Guillaume Cuchet, « le renouveau de la dévotion aux âmes du Purgatoire au milieu du XIXe siècle est contemporain de la naissance du spiritisme, et en partie destiné à occuper le créneau affectif et dévotionnel sur lequel ce dernier prospérait[1] ». En effet, pour Kardec, la philosophie spirite était un moyen indéniable de propager une méthode d'avancée morale, en mettant en place une sorte de zone frontière où toute amélioration est encore possible, comparable au Purgatoire :

> La conséquence doit être, si le « moi » persiste après la mort, qu'il y a une période intermédiaire entre la vie terrestre et l'au-delà [...]. Cette phase permettrait un dernier repentir au seuil d'un monde où il n'y a plus d'intérêts matériels et où les seuls mobiles sont ceux d'une loi morale[2].

Face à la « danse des tables » qui secoua l'Europe après avoir débarqué d'Amérique dans les années 1853-1854, l'Église défendit à ses fidèles de verser dans les pratiques spirites, mais leur offrit une solution de repli avec le culte des âmes du Purgatoire, sorte d'alternative à ce qu'elle identifiait comme de nouvelles formes de superstition[3]. Deux Églises, particulièrement, vont me permettre d'en savoir plus.

### *Purgatoire parisien*

L'abbé de Saint-Nicolas-du-Chardonnet n'est pas un curé tout à fait comme les autres. En chasuble noire « à la romaine », il reçoit dans une pièce exiguë, faiblement éclairée par une minuscule lampe posée sur un bureau vermoulu. Tout sent la poussière, l'encaustique et le vieil encens. J'attends mon tour patiemment, entre deux dames aux cheveux couverts d'une mantille noire, assis sur une antique chaise branlante jouxtant le point de vente des objets religieux (missels, médailles, chapelets, Christ bénissant et autres bondieuseries au goût très discutable). On prie en latin à voix basse dans la chapelle d'à côté.

Cette église est une des plus traditionalistes de Paris. Établie dans le V^e^ arrondissement, elle est connue pour son clergé refusant obstinément d'appliquer les évolutions issues du concile Vatican II (1965). Au sein du bâtiment, la deuxième chapelle au nord de la nef s'appelle la « Chapelle des morts ». Sur le mur de gauche, une grande toile est accrochée, *Les Âmes du Purgatoire* (École française, commencement du XVIII^e^ siècle), en vis-à-vis d'une autre peinture sur le mur de droite, intitulée *Jésus descendant de la Croix* (École française, première moitié du XVIII^e^ siècle). On voit aussi, enchâssés dans le mur, des bas-reliefs en plâtre (originaux de Sarrazin, mort en 1660, provenant du tombeau des Condé, à l'église des Jésuites) représentant d'un côté le triomphe de la religion, et de l'autre le triomphe de la mort. Sur le pilier le plus en avant vers le chœur, on trouve une sorte de « tableau de service » sous verre, dans un cadre doré, à l'en-tête de l'Association pour le soulagement des âmes du Purgatoire, avec de nombreux cartels mobiles portant des noms de famille (Autery-Petit, Annaud, Parey-Rivière, Bonnot, Bossuet, Carole, Chassin, Causse, Charpentier, Colignon, Damiens, Fontaine, Jung, Lavisse, Lefèvre, Legrand, Lépine, Marc, Mariton, Mayeux, Monnet, Pélissier, Perrot, Pliest, Provost, Schweiger, Souche, etc.). C'est, de loin, l'endroit le plus mystérieux de cette église, et j'attends de pouvoir poser quelques questions au curé à ce propos…

Au bout d'un temps qui me semble très long – je m'étais presque assoupi –, mon tour vient enfin. La porte vitrée grince, j'entre, pose ma sacoche en cuir, m'assieds sur une autre chaise branlante, et expose mon cas :

– Mon père, je voudrais en savoir plus sur le Purgatoire.

– Allons donc. Qu'est-ce que vous lui voulez, au Purgatoire ?

– J'ai remarqué une chapelle, à gauche de la nef, dédiée aux âmes du Purgatoire. Je voudrais que vous m'expliquiez.

– D'accord, mais c'est long, je vous préviens.

– J'ai tout mon temps.

– Pas moi. Alors je vais faire court : le Purgatoire fait partie des croyances catholiques. Dans l'église, chacune des chapelles est dédiée à une dévotion différente (Sainte Vierge, Sacré-Cœur, sainte Thérèse, etc.). Celle-ci est destinée à inciter à prier, et à rappeler aux fidèles entrant dans cette église que les âmes du Purgatoire ont besoin de nos prières.

Je lui parle de cette sorte de tableau à encoches, sur un des piliers de la chapelle, avec des cartons mobiles comportant des noms de famille. L'idée est un peu comparable à celle d'un jeu de l'oie ou de petits chevaux, dont le parcours serait le séjour au Purgatoire, et la fin du « jeu », l'entrée au Paradis, à ce détail près qu'on ne « joue » pas avec des dés, mais avec des prières, des bougies et des offrandes dans les troncs. Je suis venu plusieurs fois observer cet étonnant tableau, et en plusieurs années, je n'ai pas vu un seul nom migrer d'un emplacement à un autre. Est-ce parce que le quota de prières n'est pas encore atteint pour ces défunts, que le processus est extrêmement long ? Ou que ces pauvres âmes sont bloquées et n'avancent plus en raison du poids extrême de leurs péchés ?

– Ce système est vieux, abandonné. Il avait été mis au point au siècle dernier pour inciter les fidèles à prier de façon précise pour telle ou telle âme défunte qu'ils connaissaient dans la paroisse. Je ne saurais dire comment ce procédé fonctionnait précisément... On prie pour une âme, Dieu en tient compte, c'est pour ça que l'Église encourage à prier pour les âmes du Purgatoire. Nos prières leur sont toujours utiles, ne serait-ce que pour obtenir quelque soulagement dans ces circonstances, dans les flammes du Purgatoire. Il faut imaginer que les âmes sont purifiées dans un feu mystérieux ; *mystérieux* car les âmes sont immatérielles, les flammes sont matérielles, et pourtant l'un est dans l'autre, et les âmes sont touchées par ce feu. Voilà une partie des mystères de l'au-delà. On comprendra mieux quand on y sera...

– Soit, mais comment la famille sait-elle que son défunt est au Purgatoire ? Reçoit-elle des signes ? Des inspirations ?

– La famille n'a aucune connaissance certaine. Ce n'est qu'une présomption. On prie donc dans le doute, car on n'a jamais aucune certitude ni qu'une âme est sauvée, ni qu'une autre est en attente.

– Donc c'est un peu un pari...

– Si des prières ne peuvent pas être utiles à une âme pour laquelle on prie, soit parce qu'elle est en Enfer, soit parce qu'elle est déjà au Ciel, alors elles serviront pour d'autres. Une prière n'est jamais perdue... Dieu se servira de la prière faite pour une âme du Purgatoire, et il l'appliquera à une autre qui est dans le besoin.

– Bref, c'est un peu interchangeable...

– Disons plutôt que c'est Dieu qui décide de tout. Ce n'est pas nous qui décidons. Quand nous prions, ceci est soumis au bon vouloir de Dieu, et c'est lui qui applique nos prières comme il l'entend.

## *Purgatoire romain*

Pour en savoir plus sur le Purgatoire, il faut aller à Rome. Pas au Vatican (même si, certainement, on y trouverait quelque information de première main), mais au Sacro Cuore del Suffragio, une église néo-gothique qui n'a vraiment rien de très extraordinaire, dont la façade grisâtre donne sur les rives du Tibre, au 12 Lungotevere Prati. Elle jouxte l'imposant palais de justice, supposé effrayer les malfrats potentiels par son écrasante architecture. Près de la sacristie, dans un recoin poussiéreux, derrière une vitre grasse, s'étalent de vieux livres maltraités par le temps, quelques vêtements tachés et rapiécés, et une dizaine de gravures sommairement encadrées.

L'ensemble forme le musée des Âmes du Purgatoire, constitué au début du XX$^{e}$ siècle, sur l'impulsion du père Francesco Maria Victor Jouët (1839-1912), un missionnaire français. En 1897, ce dernier, déjà très investi spirituellement envers ces âmes entre deux mondes, aurait constaté la trace d'un visage humain grimaçant dans les dépôts de suie sur le sol d'une chapelle ayant pris feu : considérant ceci comme la marque de l'âme d'un défunt cherchant à interpeller les vivants, il se met alors à courir l'Europe pour collecter plus de preuves visibles, palpables et intelligibles de telles fenêtres ouvertes vers l'au-delà. En France, en Italie, en Belgique, en Allemagne, il va recueillir des livres sur lesquels les doigts des âmes du Purgatoire ont laissé des traces de carbonisation (le plus ancien date de 1637 !). Il réunit au fil du temps une impressionnante collection : soutanes avec signes inscrits par le feu ; chemise brûlée d'Isabella Fornari, abbesse des clarisses de Todi en 1731 ; chemise de nuit de Giuseppe Leleux de Wodecq dont une manche porte la trace carbonisée d'une main de sa mère décédée vingt-sept ans auparavant, qui lui était apparue un soir de 1789 pour le tirer de sa vie libertine et le pousser à prier pour elle ; taie d'oreiller portant la marque thermique de l'âme d'une religieuse décédée en 1894, etc., mais aussi des manuscrits et même quelques photographies. Après sa mort, la collection est encore complétée, par exemple avec ce billet de banque en partie consumé par le feu laissé par l'âme d'un prêtre en 1920 pour inciter les moines de San Leonardo di Montefalco à prier pour son salut... L'ensemble fut remanié au cours du temps, expurgé de quelques pièces douteuses ou compromettantes, mais le fonds reste encore visible, aux horaires d'ouverture de l'église (c'est-à-dire pas très souvent).

Plus au sud, à Naples, au même moment (seconde moitié du XIXe, début du XXe siècle), la population se met à croire intensément au Purgatoire, en ravivant cette ancienne notion un peu laissée pour compte dans les traités de théologie : on dresse de petits autels destinés aux âmes errantes aux croisements des ruelles de la vieille ville (reconnaissables à ces figurines priant, les mains jointes, au milieu des flammes). Chacun est prié de réciter un *Ave Maria* ou d'allumer un cierge en passant devant (en échange d'une intercession des âmes du Purgatoire pour gagner au loto local !). Un peu en dehors de la ville, on exhume des boisseaux de crânes des nécropoles antiques et médiévales, qu'on amasse dans d'anciennes carrières (les « fontanelles ») en « adoptant » des âmes en déshérence, auxquelles on accorde la possibilité d'entrer au Paradis à mesure que s'accumulent prières et bonnes actions en leur faveur...

En cette période d'intense activité spirite, on constate que l'Église se ré-empare du concept d'âmes en transit, errant entre deux mondes (terrestre et Paradis), qui interagissent avec les vivants dans le but d'obtenir des prières et des suffrages permettant d'aller en direction de la délivrance ultime. Bien sûr, rien n'interdit à une âme d'imprimer sa marque de feu sur le vêtement d'un dévot chrétien, puis d'intervenir par l'intermédiaire d'un Ouija quelques heures plus tard... Ceinture et bretelle.

# 9

# Chez Camille Flammarion

Que des dévots, des religieux ou des superstitieux croient en la survie de l'âme et en des spectres et revenants, soit. Mais, dans ce contexte de la seconde moitié du XIX^e^ siècle, comment un esprit scientifique pur et dur peut-il adhérer à des croyances apparemment surnaturelles ? Parmi ces hommes de science, Camille Flammarion, le célèbre astronome, se distingue par sa croyance complète, sans réserve, à l'idée des fantômes, de la médiumnité et de l'existence de l'au-delà. Comment celui qui ne s'en tenait qu'à la rigueur de l'observable et du démontrable en est-il venu à croire à l'incroyable ? Les réponses se trouvent peut-être à son ancien domicile…

L'observatoire de Juvisy-sur-Orge n'est pas un très beau bâtiment. Sur le bord de la nationale 7, noirci par la pollution du flot incessant des voitures, il voisine avec un restaurant routier défraîchi et une station essence à l'abandon. Avec sa tour à créneaux et son clocheton lui donnant un aspect de forteresse pseudo-médiévale, il est couronné par une coupole blanchâtre surmontée d'un paratonnerre. Des bâches empêchent les pierres de s'effondrer. Derrière le porche d'entrée, sur le côté, couronné de l'inscription « *Ad veritate per scientiam* » (littéralement « Vers la vérité grâce à la science »), un cadran solaire mural indique le « Temps vrai de Juvisy ». Le parc est ouvert au public, mais les fenêtres du bâtiment sont désespérément closes.

Camille Flammarion à l'observatoire de Juvisy
au milieu des années 1880. © Collection Bonhams

Dans les combles de la maison jouxtant l'observatoire, on trouve des livres, énormément de livres : *Phantasms of the Living*, *Human Personality and Its Survival of Bodily Death*, *Philosophy of Mysticism*, *Predicoriana*, *L'Art de découvrir les sources*, *Report on Spiritualism*, *Grande encyclopédie illustrée des sciences occultes*, *Comptes rendus de l'Académie des Sciences*... mais aussi un joyeux empilement d'objets hétéroclites. Pêle-mêle : un haut-de-forme et un chapeau melon, une carte générale de la planète Mars (dressée sous la direction de Camille Flammarion), une authentique tête réduite Jivaro sous un globe de verre, d'innombrables objets de mesure et d'observation astronomique, une statue de Napoléon Ier en bronze portant une inscription à la base (« Dans ce salon le 30 mars 1814, Napoléon reçut la nouvelle de la capitulation de Paris et de la chute de l'Empire. Il partit d'ici pour les adieux de Fontainebleau »), quantité d'ouvrages qui remontent au moins au XVIIe siècle, et un livre très particulier, *La Pluralité des mondes habités*, de Camille Flammarion, publié en 1880, dont la reliure en cuir rouge est... en peau humaine (comme l'indique une inscription marouflée et dorée sur le dos). La légende (invérifiable) rapporte qu'il s'agirait des téguments d'une admiratrice de Flammarion, lui ayant légué *post mortem* la peau de ses douces épaules pour son usage propre (une zone anatomique qu'il avait pour coutume de caresser fréquemment !). Une anecdote qui rappelle celle mentionnée par Edmond de Goncourt, dans ses *Mémoires de la vie littéraire*, de médecins de l'hôpital de Clamart licenciés en 1866 « pour avoir livré de la peau de seins de femmes à un relieur du faubourg Saint-Honoré, dont la spécialité est d'en faire des reliures de livres obscènes[1] ».

En plus de livres anciens, on y trouve également un important fonds photographique avec des prises de vues astronomiques mais aussi quelques clichés figurant Camille Flammarion dans des contextes spirites (séances de tables tournantes, empreintes de mains magnétiques ou « fluidiques », « corps astraux » correspondant à des formes spectrales blanchâtres qui apparaissent au milieu d'individus en costume bourgeois, etc.). Sur les annotations manuscrites, au verso, on peut lire, par exemple : « Montfort-l'Amaury, 27 juillet 1897 ». Sur une des photos, on voit un médium aux yeux bandés par un tissu blanc faire léviter très haut une table entourée de plusieurs hommes en costume bourgeois (cliché portant la signature autographe de G. de Fontenay). Ailleurs, quatre femmes, les yeux fermés, posent leurs mains sur une table fixe tandis qu'un homme, fasciné, les yeux grands ouverts et la tête tournée vers le ciel, contemple la matérialisation spirite d'une femme tenant un enfant dans les bras (« Séance du 9 mai 1924 »). Sur cette autre, un homme d'âge mûr en redingote, assis devant une bibliothèque, devant lequel apparaît une forme floconneuse blanchâtre semblant placée entre l'objectif du photographe et le sujet vivant (avec l'annotation manuscrite de Flammarion au crayon : « Corps astral par truc »). On voit aussi des globes terrestres sur lesquels ont été contrecollées des représentations plus ou moins idéalisées de Mars dont certaines correspondent aux « canaux martiens », ainsi que des diplômes de la Société astronomique de Paris, une gravure de Gustave Doré… Bref, tout l'environnement de Camille Flammarion qui est à la fois scientifique, artiste et spirite. On comprend bien la complexité de l'individu avec cette triple influence.

Revient cette question permanente : pourquoi des esprits aussi scientifiques que Camille Flammarion se faufilent-ils dans cette brèche du spiritisme et de l'occulte ? L'intérêt de cet homme pour les mystères est ancien – et apparaît probablement dès son enfance. Pour lui, la quête scientifique, c'est la quête de ce qui est inconnu et qui reste à découvrir. Il croit dans la puissance du pouvoir de l'esprit, mais ce qui intéresse Flammarion, c'est le caractère expérimental, savant, qu'il peut apporter au spiritisme. À ses débuts, le spiritisme était comparé à une « télégraphie spiritualiste ». Puisqu'on arrive à communiquer grâce au télégraphe à des centaines de kilomètres de distance, et avec des interlocuteurs que l'on ne voit pas, ne peut-on pas alors imaginer une télégraphie spirituelle avec des esprits ou des morts ? Dans la seconde moitié du XIXe siècle se multiplient les enquêtes sur la frontière entre les sciences et les croyances, notamment entre le visible et l'invisible, entre le domaine de la mort et celui de l'au-delà. Dans ce contexte, à Juvisy-sur-Orge, Camille Flammarion fait venir de très grands médiums et expérimente de façon intensive. Là, au sein même de son observatoire, va se jouer la fusion entre l'homme scientifique qui recherche les observations fiables et l'enquêteur spirite qui va également rechercher des phénomènes méthodiquement observables.

Les archives de Camille Flammarion, sous les toits de sa maison, témoignent de cette activité, avec ces photographies assez stéréotypées figurant des hommes et des femmes de la grande bourgeoisie assis autour d'une table, en costume de ville, se tenant par la main ou par un doigt, avec de grands draps étendus au second plan, et une table qui se met à valser plus ou moins… Sur un des clichés, un subterfuge a été immortalisé : des piles de livres de hauteur variable sous chacun des quatre pieds… À moins que ce ne soit un moyen de tester l'habileté d'un esprit à remettre droite une table ainsi penchée ?

La table, c'est cet objet par excellence qui a fait « décoller » (si l'on peut dire…) le spiritisme. C'est grâce à ces lévitations impressionnantes que ce phénomène a pu se répandre avec une si grande facilité. Initialement, on disait que les tables étaient « dansantes ». La communication avec les esprits se faisait par l'interprétation de la façon dont les pieds de ces guéridons retombaient sur le sol (un coup pour « oui », deux coups pour « non », par exemple). Progressivement, les spirites ont cherché à obtenir des réponses plus élaborées et, dès juin 1853, les tables deviennent « parlantes ». Les objets se déplacent dessus et, par l'intermédiaire de tablettes comme le Ouija, l'esprit va pouvoir dicter lettre par lettre un message de plus en plus complexe.

Une soirée spirite à Montfort-l'Amaury, le 27 juillet 1897.
(G. de Fontenay. Collection de l'auteur.)

Camille Flammarion pratique les tables spirites vers 1897-1898. À cette époque, il est à la recherche de phénomènes de plus en plus spectaculaires, notamment sous l'impulsion d'Eusapia Palladino, la célèbre médium italienne. Autour des tables, deux postures sont possibles : opérateur ou observateur (afin de guetter et/ou prévenir toute supercherie éventuelle, autrement dit en transformant la pièce en un laboratoire scientifique, à ce détail près que ces expériences sont difficilement reproductibles dans les mêmes conditions). À quelles questions Camille Flammarion essaie-t-il de répondre ? L'esprit existe-t-il ? Est-il réel ? Peut-il exercer des forces physiques, mécaniques, ou d'autres encore inconnues ? Le corps des médiums est ainsi sans cesse scruté. Les bruits entendus ne seraient-ils pas en réalité que des craquements articulaires ou des claquements de doigts ?

Du temps de Camille Flammarion, les séances de spiritisme ont très fréquemment lieu dans des intérieurs bourgeois, et sont organisées sous l'impulsion d'un médium féminin qui agit comme maîtresse de cérémonie. Cette caractéristique domestique est importante. C'est dans l'intimité des appartements ou des maisons, plutôt que dans des bureaux ou des immeubles à vocation professionnelle ou académique, que les meilleures conditions sont réunies pour ce contact avec les esprits. Mais le spiritisme n'a pas besoin de beaucoup de moyens. Il ne faut, en pratique, qu'une table et quelques chaises.

Comme dans l'Angleterre victorienne, il y a un « voyeurisme » évident de la haute bourgeoisie parisienne ou de province, que l'on rencontre, non pas autour des très sages tables tournantes ou parlantes, mais au contact des médiums féminins qui, en se dévêtissant, font apparaître sur leurs poitrines des ectoplasmes, ces matérialisations, sortes d'exhalaison spirite blanchâtre s'écoulant par la bouche des médiums et ayant la semblance du sperme ou de sécrétions vaginales...

Il convient aussi de tempérer cette vision strictement bourgeoise du spiritisme. En réalité, il semble y avoir un important biais, qui tient surtout à la documentation. Seules les séances de spiritisme de la haute bourgeoisie ont été immortalisées par la photographie, toutes les autres (celles des milieux ouvriers, par exemple) n'ont fait l'objet d'aucun témoignage persistant, faute de moyens. Allan Kardec considérait qu'il y avait à son époque 600 000 adeptes en France, tandis que d'autres ont poussé ce chiffre à 2 millions ! Forcément, toutes les classes étaient touchées, en faisant ainsi un véritable phénomène de société. Si les tables tournantes n'ont constitué une mode que pendant un an ou deux, le spiritisme, en revanche, les enquêtes spiritualistes et les matérialisations vont durer beaucoup plus longtemps.

Dans un premier temps, les liens entre Allan Kardec et Camille Flammarion sont réels. Tous deux assistent à des séances vers 1861-1862. De son côté, Kardec lit *La Pluralité des mondes habités* et en fait une bonne critique dans *La Revue spirite*. Mais inexorablement, leurs chemins vont se séparer. Plus Kardec érige le spiritisme en doctrine religieuse, plus Flammarion s'en éloigne, considérant que le spiritisme a vocation à devenir une science, au sens d'une observation et d'une compréhension à mettre en place. Aussi, lorsque le premier décède d'une rupture d'anévrisme, le second se contente de rédiger une nécrologie polie.

Camille Flammarion est un esprit curieux et scientifique. Il applique sa méthode à des phénomènes qui le dépassent (occultisme, astronomie, etc.) pour, justement, essayer de les canaliser et de les comprendre. Ce qui l'intéresse dans les esprits et apparitions est strictement à l'opposé du fantôme romantique ou de la littérature fantastique. Dans ses recherches, il n'y a pas de sujet accablé ou une âme damnée par une faute qu'elle expierait en étant privée d'au-delà, en drap blanc et chaînes aux pieds, rien d'imaginaire inspiré par la littérature fantastique ou gothique, mais plutôt un bruit entendu, une silhouette aperçue, un déplacement d'objet, une brève lumière, etc. Bref : une perturbation du réel.

Camille Flammarion préfère les sens des animaux ou la fiabilité des machines à l'imperfection humaine des sensations et impressions. Pour ses travaux, la photographie devient ainsi rapidement très importante, comme objet scientifique de fixation d'un état ou d'une modification, c'est-à-dire comme *preuve*. Son père travaillait chez Félix Tournachon – plus connu sous le pseudonyme de Nadar – et, très vite, il a forgé son esprit au caractère à la fois objectif et pérenne de la photographie. Flammarion sera ainsi un des tout premiers à photographier les astres (étoiles et planètes), qu'il reproduira notamment dans son *Astronomie populaire* (1880). Il va ainsi utiliser l'outil photographique pour comprendre les esprits, faire apparaître des phénomènes qui ne seraient pas visibles à l'œil nu (comme des corps astraux, sortes de silhouettes plus ou moins évanescentes, qu'on voit sur ces clichés anciens au contact de sujets bien vivants posant en costume ou robe longue). Ce type de photographies dites « spirites » apparaît aux États-Unis vers 1860, mais n'arrive en France qu'une dizaine d'années plus tard, avec Théodore Buguet comme chef de file (avec une fin de carrière assez dramatique puisqu'il devra affronter un procès pour trucage !). Dans les albums de famille, les photographies spirites trouvaient une place de choix, d'autant qu'elles présentaient un caractère transgénérationnel indéniable. Il était devenu possible de poser avec le fantôme de son « cher disparu »...

Camille Flammarion meurt en 1925, terrassé par une crise cardiaque. On ignore si, avant de trépasser, il a utilisé l'avatar moderne de la photographie, à savoir le cinématographe, mis au point un quart de siècle plus tôt par les frères Lumières, pour servir le spiritisme. *A priori*, non, sous réserve du dépouillement complet de ses archives de Juvisy-sur-Orge. Mais d'autres enquêteurs, des chasseurs de fantômes notamment, à partir de 1880, en France et surtout en Grande-Bretagne et aux États-Unis, vont essayer d'utiliser des machines et d'en inventer d'autres, dans une quête frénétique et technologique. Les travaux d'anthropologues actuels qui s'intéressent aux croyances en l'au-delà et aux fantômes ont montré que celles-ci s'étaient multipliées autour de certaines technologies domestiques, comme le lecteur de cassette VHS, le lecteur DVD, etc., des objets qui s'agiteraient sous l'impulsion d'entités surnaturelles[2]. À n'en pas douter, les fantômes 2.0 se cachent dans nos téléphones portables...

10

# Théosophie

D'autres scientifiques, des linguistes, des philologues, des spécialistes de l'histoire des religions, vont également être séduits par le spiritisme et la « chasse aux esprits », allant jusqu'à utiliser cette voie dans des syncrétismes religieux et des démarches ésotériques comme la théosophie.

Le siège de ce mouvement est en Inde, mais une antenne existe à Paris, dans un immeuble à côté du musée du quai Branly-Jacques-Chirac, au 4, square Rapp (VIIe arrondissement). Un beau corps de bâtiment en pierre taillée et briques, avec de grandes baies vitrées et une inscription en mosaïque au-dessus du péristyle d'entrée : « Société théosophique de France ». La crise financière est passée par là, et la moitié de la surface (notamment le grand amphithéâtre) a été vendue pour constituer un théâtre comique. Les locaux sont ouverts l'après-midi, du jeudi au samedi exclusivement. Je m'y rends entre deux cours, franchissant le porche d'entrée, qui donne sur un vestibule étroit et sombre. Au mur de droite, surmontant une table où traînent quelques prospectus, les trois buts de la Société théosophique sont peints sur un ancien cadre en bois :

1. Former un noyau de Fraternité Universelle de l'Humanité sans distinction de race, credo, sexe, caste ou couleur ;
2. Encourager l'étude comparée des Religions, des Philosophies et des Sciences ;
3. Étudier les lois inexpliquées de la Nature et les pouvoirs latents dans l'homme.

Une porte vitrée, à gauche, s'ouvre sur un local d'accueil et une petite librairie. Une jeune Estonienne, Krista Umbjarv, reçoit le visiteur avec une gentillesse inouïe, une voix calme et posée, un charmant accent balte et une écoute attentive. Elle me décrit la création, en 1875 à New York, de la Société théosophique, cette organisation mondiale chargée de faire se rencontrer sagesses orientales et occidentales, par l'entremise d'Helena Petrovna Blavatsky et du colonel Olcott. Quatre années plus tard, le quartier général déménage en Inde du Sud, près de Madras (précisément à Adyar), et n'a pas bougé jusqu'à présent. La théosophie, dont la devise est « Il n'y a pas de religion supérieure à la vérité », correspond à la traduction littérale d'un concept hindou, *brahmavidya*, c'est-à-dire « sagesse divine ». Dans cette philosophie, pas de dogme, pas de révélation, pas de croyance. Juste une juxtaposition et une analyse de textes saints visant à mieux comprendre la constitution et le fonctionnement du monde (espèce humaine comprise, mais pas exclusivement), et cherchant à établir une grande « fraternité humaine ». Elle croise d'innombrables influences – Inde, Chine, Arabie, Égypte, Grèce, Proche-Orient, etc. –, et accepte comme base ces principes simples tenant en quelques lignes :

> Il y a une réalité vivante, non matérielle, créative, embrassant tout, soutenant tout, homogène, ou une vie transcendante existant par elle-même, de laquelle tout l'univers a jailli. Tout ce qui existe vit, se meut, et a son être en elle. Pour notre monde, cette Vie est immanente, et se manifeste comme le Logos, le Verbe, *Shabda Brahma*, adoré sous différents noms dans différentes religions, mais toujours reconnu comme l'unique Créateur, Préservateur et Régénérateur. Une importante proposition de la philosophie théosophique déclare qu'il y a des manifestations périodiques de cette Vie-Une : à des niveaux macrocosmiques aussi bien que microcosmiques [...]. Les êtres humains forment un ordre de créatures évoluant sur cette terre et chaque être humain évolue par périodes de vies successives, rassemblant des expériences et les édifiant en caractère, moissonnant toujours ce qu'il sème jusqu'à ce qu'il ait appris les leçons enseignées par la vie. Le plein épanouissement de l'homme n'est pas possible en une seule vie. La Théosophie soutient que l'homme n'est pas limité au court espace de temps d'une seule vie dans son dessein à longue portée d'actualisation du soi essentiel. Chaque âme humaine traverse des cycles d'incarnation en accord avec la loi de cause à effet [...]. La doctrine de la renaissance ou réincarnation est une des principales clés pour la compréhension de la base spirituelle de l'existence[1].

Sur les rayons de la petite librairie, très logiquement, on trouve des titres en rapport avec le bouddhisme, l'hindouisme, la franc-maçonnerie, les rose-croix, le mouvement New Age, le spiritisme, le yoga, la kabbale, etc. Un programme de cours, ouverts aux adhérents, propose des enseignements le samedi autour du *karma*, du destin, de l'analyse de *La Doctrine secrète* (l'ouvrage clé de la fondatrice du courant philosophique, Helena Blavatsky) ; ils sont précédés de sessions de méditation et de repas végétaliens bios.

Mais quel est donc le lien entre la théosophie et le spiritisme ? Dans la période historique des tout débuts de la Société théosophique, une telle pratique a eu sa place mais, désormais, elle n'en fait plus du tout partie… C'est ce que m'explique Krista Umbjarv, qui m'a accueilli à l'entrée :

> Quand tout a commencé avec Helena Blavatsky, le spiritisme était vraiment la chose à faire dans le monde. Et au début, elle a essayé d'expliquer le phénomène, pas juste le décrire, mais tenter de le comprendre : pourquoi la table bouge, pourquoi le verre va d'une lettre à une autre sur le Ouija, etc. Certains au sein de la théosophie ont voulu aller dans la direction du spiritisme, mais Madame Blavatsky a préféré penser qu'il fallait laisser les morts tranquilles. Parce que quand on sollicite les morts avec les sciences, ça les dérange plus que ça ne leur est utile, ou que ça n'est utile aux vivants. Alors mieux vaut les laisser partir pour de bon.

En quittant le bâtiment, je remarque un détail. Sous l'embrasure des fenêtres de la façade, des caches en papier recouvrent des svastikas sculptés dans la pierre. Il faut dire que les nazis, à la recherche d'un bâtiment pour y stocker leurs archives pendant l'occupation de Paris, avaient eu des vues sur celui-ci, notamment en raison de ces symboles déjà présents (même si l'orientation est inversée par rapport à la croix gammée des nazis). Peut-être était-ce un moyen de faire oublier ce qui n'est qu'un rapprochement symbolique, et éviter toute ambiguïté totalement infondée ?

## 11

# Caodaïsme

Autre ambiance, autre contexte chronoculturel : le caodaïsme. De façon comparable à la Société de théosophie (qui ne se présente pas *stricto sensu* comme une religion), ce courant spirituel va fonder la révélation de ses premiers préceptes, puis de ses grandes avancées dogmatiques, sur la pratique du spiritisme. Et pour le coup, la pratique ne s'est pas arrêtée après les premières années fondatrices, même si elle n'est pas réservée à tous les fidèles.

Si le siège se trouve au Viêt-Nam, point n'est besoin d'aller si loin pour rencontrer ses adeptes, le principal temple français se trouvant en banlieue parisienne… Après deux changements de bus et plus d'une heure vingt de trajet, j'arrive enfin près d'un petit pavillon de banlieue à Alfortville. C'est un dimanche, il est environ quinze heures, et une dizaine de personnes habillées de blanc sortent par la porte principale. Au-dessus de celle-ci, un panneau de bois peint annonce : « THANH-THAT PARIS. Église Cao-Dai de Paris ».

L'endroit est très simple. Quach-Hiep, un homme âgé d'une soixantaine d'années, me reçoit avec force civilité. Il s'apprête à partir avec son épouse, dentiste à Alençon. Une consœur médecin généraliste, établie près d'Évry, nous rejoint. Le culte a lieu tous les quinze jours (premier et quinzième jours lunaires, en théorie), et j'arrive un peu après la bataille, mais sa gentillesse est telle qu'il me fait asseoir au rez-de-chaussée dans une grande salle communautaire où s'alignent quatre tables, et m'explique les rudiments de cette religion :

> La doctrine consiste en l'absence de distinction entre les diverses croyances. Le caodaïsme intègre trois anciennes doctrines : bouddhisme, confucianisme et taoïsme. Chacun a sa propre décision spirituelle, tout vient d'un dieu créateur (Cao-Dai). Bouddha, Confucius, Lao-Tseu, et les prophètes sont des messagers envoyés par la divinité pour dispenser sa parole et son enseignement pour sauver le monde. Le caodaïsme constitue la synthèse de ces différentes transmissions. Cao-Dai est ce dieu universel.

Les autres religions (y compris le bouddhisme, le confucianisme ou le taoïsme) ont-elles alors mal interprété la parole divine ? Non, la faute revient aux hommes : il s'agit plutôt de mauvaises transmissions de génération en génération qui ont fini par dénaturer la parole divine initiale. Au début du XXe siècle, le dieu universel est revenu pour délivrer une synthèse et remettre l'humanité sur le droit chemin (amour et harmonie entre les peuples).

La religion positiviste, notamment pratiquée à la chapelle de l'Humanité à Paris (Ve arrondissement), reconnaissait déjà comme « divinités » des personnages historiques ou littéraires comme Dante, Shakespeare, Gutenberg, Descartes, Bichat ou Héloïse. Le caodaïsme, directement dérivé du spiritisme, réalise le pont entre de nombreux courants religieux et philosophiques (confucianisme, taoïsme, bouddhisme, christianisme), notamment en intégrant des guides spirituels chronologiquement et culturellement très dispersés : Moïse, Jésus, Mahomet, Jeanne d'Arc, Nguyên Binh Khiêm (lettré vietnamien du XVIe siècle), Shakespeare (encore lui !), Louis Pasteur, Victor Hugo, Lénine, Sun Yat-Sen (premier président de la République populaire de Chine en 1912), etc.

En 2020, nous sommes dans la Troisième ère universelle du salut divin du Dai-Dao (année 94 du caodaïsme). Cette religion a donc moins de cent ans. C'est en 1921, au cours d'une séance de spiritisme, que Ngô Van Chiêu, un fonctionnaire vietnamien, entre en contact avec un esprit nommé Cao-Dai Tieng Ong (« Cao-Dai » signifiant « Être suprême ») qui va lui intimer l'ordre d'instituer un nouvel ordre religieux : le caodaïsme.

Reconnue officiellement en 1926 par l'autorité administrative coloniale de l'Indochine française, cette nouvelle église s'installe principalement à Tây Ninh où fut bâti le Grand Temple. Celui-ci, majestueux, consiste en une immense salle soutenue par dix-huit piliers-dragons multicolores, précédée par deux clochers aux toits de pagode. L'assemblée assiste aux offices, assise en tailleur sur le sol. Calquée sur le clergé de l'Église catholique romaine, la hiérarchie comporte un pape (*giào tông*) à sa tête, dont le premier ne fut pas Ngô Van Chiêu, mais Lê Van Trung. Cette religion compterait plus de cinq millions d'adeptes dans le monde, principalement au Viêt-Nam, mais aussi dans le XIIIe arrondissement de Paris et à Alfortville ! Sa devise : « Justice, amour universel, miséricorde ».

À quoi ressemble le culte, et quand les « fantômes » interviennent-ils ? Quach-Hiep Long m'emmène à travers un petit escalier en colimaçon jusqu'au premier étage. On passe à côté d'un tableau auquel sont punaisées les annonces des prochaines réunions, l'annuaire des membres et un calendrier vietnamien. Dans un coin, des chaises empilées. À travers les vitres d'une véranda, une femme – tout en blanc, comme à l'accoutumée – arrache les mauvaises herbes dans les plates-bandes de la petite cour. Tout, ici, est d'une extrême simplicité.

Au premier étage, hormis un débarras où des robes blanches impeccablement repassées sont pendues à des cintres en bois, deux salles s'ouvrent sur des fenêtres au nord et au sud. La grande salle comprend deux autels qui se font face. Une petite salle compte un autel des ancêtres avec des photographies encadrées d'anciens adeptes (certains sont prestigieux : on reconnaît un ancien Premier ministre du Viêt-Nam ou un missionnaire de la religion mort à Versailles !). J'interroge mon hôte sur l'organisation du temple, car cela ne semble pas évident de prime abord…

Dans la grande salle, le premier autel est celui d'un dieu, avec un immense œil (gauche) encadré, trônant au sommet de la structure, figurant l'esprit divin. Rien n'est laissé au hasard : un grand pot de fleurs, en haut à droite, garni de roses et de glaïeuls, représente la quintessence. De petits bols remplis d'alcool blanc (au centre, alignés par trois) symbolisent le souffle ; ils jouxtent une tasse d'eau plate (à droite), et une tasse de thé noir (à gauche). « Ces trois objets sont les trois joyaux de l'homme : quintessence physique, souffle, esprit. Quant à l'opposition eau/thé, transparence/noir, c'est la représentation du *yin* et du *yang*. » Dans un support en bronze rempli de sable, cinq baguettes d'encens ont été fichées en ligne droite : « Ce sont les cinq éléments changeants de l'univers (métal, bois, feu, air, eau). » Ici, le gauche est positif, et le droit est néfaste (soit l'inverse des valeurs « traditionnelles » en Occident) : ainsi est-ce l'œil gauche qui figure Cao-Dai sur la grande peinture de l'autel divin. Et c'est l'œil qui a été choisi pour identifier la divinité d'abord parce que rien ne pourrait la figurer, elle qui est immanente, non représentable ; ensuite « parce que l'œil est la fenêtre de l'âme. Ainsi, on sait qu'on doit se regarder soi-même pour progresser ». Sur l'autel divin, le vase de fleurs à droite et la coupelle de fruits à gauche (majoritairement des poires, quelques pommes et mandarines) symbolisent également ce progrès, cette amélioration, ce « mûrissement ». Deux grands bougeoirs de chaque côté, pour le *yin* et le *yang* à nouveau. Au centre, au pied de l'œil divin, est une lampe qui ne doit jamais s'éteindre. C'est la conscience de l'homme, qui doit toujours être vigilante, mais aussi la conscience de l'univers, qui doit briller sans s'arrêter (chaque homme portant en lui une étincelle de la lumière divine).

En se retournant vers l'autel qui lui fait face, à l'autre bout de la pièce, on voit une grande calligraphie chinoise (en symétrique de l'œil de Cao-Dai) : c'est le mot *qi* (le souffle) : « Cette calligraphie représente un maître restant debout sur un serpent à sept têtes, comparable à un homme qui maîtrise les sept sentiments. » De part et d'autre de cet autel, de grands drapeaux rappellent le rôle fondateur des deux grands missionnaires dont sont conservés, au temple principal (à Tây Ninh, le Saint-Siège de la religion caodaïste), les préceptes de méditation et des sciences de spiritisme permettant d'établir le lien de communication avec le monde invisible… jusqu'à Cao-Dai lui-même.

L'organisation même de la salle est donc métaphysique, puisqu'un autel est consacré au divin, l'autre au souffle, et la quintessence est constituée par les fidèles qui se placent entre les deux, femmes d'un côté, hommes de l'autre. La prière débute à midi pile, en vietnamien[1], suivie par le repas végétalien, puis par des séances d'enseignement (catéchisme et discussion collégiale de textes révélés).

Retour dans la petite pièce du premier étage, devant l'autel des ancêtres : femmes à gauche (*yin*), hommes à droite (*yang*), selon les préceptes du *Yi King* (*yin*/*yang*). Certains sont en costume orange ou rouge de dignitaire. À leur mort, tous retournent auprès de l'Être suprême, mais continuent à guider les fidèles à l'aide des séances de spiritisme. Ces séances n'ont pas lieu à Alfortville, ni même ailleurs en France : « On n'a pas le droit, disent à voix basse mes hôtes... On n'est pas aptes, ce n'est réservé qu'aux missionnaires ou aux dignitaires, aux plus hauts grades. » C'est-à-dire au Viêt-Nam actuellement... Quand le médium est saisi, il parle différemment, généralement en vietnamien, mais parfois même dans une langue qu'il ne connaît pas, pour répondre à celui qui l'interroge de la façon la plus directe. Sa voix est changée, et il ne s'exprime qu'en vers. Ses paroles sont des poèmes[2].

Les séances de spiritisme étaient beaucoup plus nombreuses au début du caodaïsme, quand il y avait un besoin de chercher, de compléter, de corriger les textes fondateurs, mais aussi clairement pour impressionner les indécis et les convaincre d'entrer dans les rangs (c'est-à-dire pour recruter les premières générations d'adeptes). Désormais, les séances de spiritisme se font rares, uniquement destinées à l'enseignement, dans le palais de l'Alliance divine. Tout est très réglementé, car les abus sont possibles de la part de faux médiums se présentant comme missionnaires caodaïstes :

> Le spiritisme caodaïsme est une méthode spirituelle de communication entre les esprits supérieurs du monde invisible et les dignitaires de l'Église caodaïsme. [...] Il existe deux techniques de communication : la corbeille à bec est un instrument spécial tenu par un ou deux médiums qui, en recevant le fluide invisible des esprits supérieurs, écrivent sur une table les saintes paroles que le lecteur médiumnique lit à haute voix. La plume médiumnique est un autre instrument en bois, sculpté en forme de plume. [...] Il arrive que le(s) médium(s) tenant la corbeille à bec parle(nt) et/ou écrive(nt) les messages divins à la fois. Le médium est

une personne qui acquiert une faculté spéciale, capable de recevoir les fluides sacrés du monde invisible après avoir médité et atteint la profonde quiétude intérieure dans un milieu de calme absolu. Le médium se meut dans un cadre de vie serein, pur et paisible. Il ou elle ne doit pas se marier pendant la durée de sa fonction. Le médium pratique régulièrement la méditation afin de pouvoir recevoir intégralement et sans faute les fluides sacrés du monde invisible. Le comité de spiritisme est sous la responsabilité du « Palais de l'Alliance Divine » qui observe des règles très sévères dans l'exercice de sa fonction[3].

La dentiste avec qui je m'entretiens cet après-midi a changé de nom. Plus précisément, son nouveau nom, « Kim Quyen », un « nom saint », lui a justement été donné lors d'une séance de spiritisme par la divinité elle-même. Sa signification ? « Source d'eau pure », en remerciement de ses progrès et de son action pour la religion.

Une cinquantaine de personnes fréquentent ce temple d'Alfortville (d'ailleurs, on ne devrait pas dire « temple », mais « sainte maison » !), quasi exclusivement vietnamiennes ou d'origine vietnamienne. Leurs points communs ? Une gentillesse (et une patience) inouïe, et une grande simplicité aussi. Et pour cause, Cao-Dai enseigne qu'on ne trouve pas le chemin dans l'apparence, mais bien dans la simplicité, comme me dit Kim Quyen : « Il faut retirer le faux pour voir le vrai, pour découvrir l'être. Notre local est très simple, presque délabré, parce que notre dieu a dit qu'il n'a pas besoin de palais. Il a dit que chaque piastre doit être utilisée pour aider les pauvres, les faibles et les nécessiteux. Il ne faut pas abuser de l'argent des adeptes. D'après la description qu'on a reçue, notre dieu est déjà dans un palais où il réside pour gérer l'univers, mais c'est un palais à la fois solide et en permanence en mouvement, duquel émane une incroyable lumière. Pas besoin d'un second palais, les adeptes feraient mieux de construire un palais à l'intérieur d'eux-mêmes. Seule est nécessaire la propreté, dans le respect de celui qui est accueilli dans la sainte maison. »

Le caodaïsme n'a pas de prophète. Mais il a un premier disciple, puis douze autres disciples. Plusieurs dates sont des fêtes importantes. Par exemple, le 10 novembre 2019 (14e jour du 10e mois lunaire) commémore la présentation officielle de la religion par Ngô Van Chiêu ; ce fut l'occasion de pratiquer des baptêmes caodaïstes chez de petits enfants qui en avaient fait la demande (on ne fait pas partie de cette religion par naissance, même s'il y a des traditions familiales). En août (8e mois lunaire), il s'agit du souvenir de la légalisation devant le gouvernement français, réalisée à la demande expresse de Cao-Dai lui-même : reconnue comme une vraie religion, elle n'était dès lors pas considérée comme une « association fermée » à but subversif et politique. Ainsi, elle a pu vivre.

## 12

# Au-delà de l'art

Revenons un peu en Europe… Hors de tout contexte religieux, le milieu artistique va lui aussi « récupérer » les théories, les codes et les méthodes de contact avec l'au-delà. Ainsi, dans le nord de la France, au début du XX$^{e}$ siècle, trois artistes sortis de nulle part vont illuminer comme des météores l'art spirite. Leurs noms : Augustin Lesage, Victor Simon et Fleury-Joseph Crépin[1]. Sous l'influence directe d'esprits leur intimant l'ordre de prendre un pinceau, ceux qui n'étaient alors que mineur de fond, plombier ou cafetier vont littéralement changer de vie. C'était peut-être aussi une façon opportune (opportuniste ?) de sortir de leur milieu, et de passer à une notoriété bourgeoise.

Pour ces trois néoartistes, les toiles vont s'enchaîner à un rythme rapide, caractérisées par des symétries et des tendances à « fractaliser » les architectures. Les influences hindoue, russe et orientale (on pense à l'Égypte, notamment pharaonique, et au Maghreb) sont évidentes. Même si ces toiles sont dorénavant considérées comme de l'art brut, elles constituaient à l'origine des visions de l'Autre Monde évoquées par les esprits pénétrant l'artiste-médium. Les amateurs ne s'y sont pas trompés et ces peintures ont très vite été récupérées par le courant surréaliste, qui y trouvait non seulement un intérêt esthétique mais était aussi attiré par leur caractère extra-humain. André Breton et Victor Brauner, parmi d'autres, en ont ainsi collectionné, tout comme Jean Dubuffet.

### *Augustin Lesage*

Chronologiquement, Augustin Lesage est le premier de ces trois hommes à *sombrer* dans le spiritisme. En 1911, alors âgé de trente-cinq ans, ce mineur de fond entend un jour dans une galerie une voix lui disant : « Tu seras peintre », mais décide de ne pas y prêter attention, de ne pas donner suite, par peur d'être pris pour un fou. Peu après, au cours d'une séance de spiritisme menée par ses collègues mineurs, un esprit guide sa main et il exécute ses premiers dessins automatiques (des formes enroulées sur elles-mêmes), certains signés du prénom « Marie » (peut-être en référence à sa sœur décédée en 1883 à l'âge de trois ans). Pour lui, la prédiction est en train de se réaliser. Très vite, il est sommé de passer du dessin à la peinture :

> Aujourd'hui il n'est plus question de dessin mais de peintures. Sois sans crainte, et suis bien nos conseils. Oui, un jour tu seras peintre et tes peintures seront soumises à la science. Tu trouveras cela ridicule dans les débuts.

> C'est nous qui tracerons par ta main. Ne cherche pas à comprendre. Surtout suis bien nos conseils. Tout d'abord, nous allons te donner par l'écriture le nom des pinceaux et des couleurs que tu iras chercher chez M. Poriche à Lillers [Pas-de-Calais]. Tu iras chercher là et tu trouveras tout ce qu'il te faudra[2].

Il met alors presque deux ans à réaliser, dans sa modeste habitation ouvrière, une immense toile de trois mètres de côté, fourmillant de microdétails, qui finira exposée à l'Institut métapsychique international (IMI) de Paris. De 1913 à 1918, il interrompt sa création « artistique », d'abord pour s'installer à temps plein comme guérisseur (peut-être cette activité était-elle plus lucrative et moins pénible), puis en raison de sa mobilisation pendant la Première Guerre mondiale. Revenu aux mines de houille après le conflit, il reprend son pinceau et passe dès lors littéralement ses soirs et ses nuits à couvrir des toiles (près de huit cents au total !), d'abord fondées sur un système de symétrie et de monumentalisme (première période), puis plus figuratives, reprenant des compositions historiques ou exotiques (deuxième période). Les titres de ses œuvres sont emprunts de mysticisme : *Tombeau XVIII* (1914-1925) – une œuvre qui lui aurait été « dictée » par Léonard de Vinci –, *Composition symbolique sur le monde spirituel* (1923), *Les grandes œuvres ne s'élaborent que dans le recueillement et le silence* (1925), *L'Esprit de la pyramide* (1926), etc. « C'est de l'art de l'au-delà, ça ne vient pas de moi ! », répond-il à qui le félicite sur sa production artistique. Lesage se dit pénétré par l'esprit d'Apollonios de Tyane (ce philosophe néopythagoricien du Ier siècle ap. J.-C., originaire d'Asie Mineure) ! En 1923, il abandonne définitivement les galeries souterraines et se consacre exclusivement à l'art spirite, commence à voyager et à présenter ses œuvres inspirées en Europe, au Maghreb (au Maroc et en Algérie) et même en Égypte. Là se produit l'épisode de la fausse reconnaissance d'une fresque antique, qui va fendiller sa médaille…

En 1922, un esprit aurait prévenu Augustin Lesage : « Lorsque tu peindras la moisson des blés en Égypte, ton voyage sur le Nil sera proche »… Seize ans plus tard, il réalise une peinture, *La Moisson égyptienne*, et – la prévision s'est-elle réalisée ? – l'artiste embarque l'année suivante pour un périple égyptien sous l'égide de l'association Guillaume-Budé. Sur le paquebot en route vers Alexandrie, Lesage prévient que les voix vont lui permettre de retrouver la fresque antique dont est issue sa propre peinture automatique. Le « miracle » se produit dans la vallée des Nobles, à Gournah, précisément dans la tombe de Menna. Là, certaines fresques agricoles sont, il est vrai, totalement superposables à des éléments majeurs de sa toile. Pour Lesage, ce sont ses « guides » qui lui ont fait réaliser cette peinture et ce voyage pour lui faire comprendre que, dans une vie antérieure, il a été cet artiste égyptien créateur des fresques originelles vers 1400-1390 av. J.-C. Pourquoi pas ? Mais il existe une explication bien plus cartésienne. La tombe a été dégagée en 1905 par Robert Mond, pour le Service des antiquités, puis photographiée et publiée en 1910 par d'autres archéologues[3]. Lesage n'aurait-il pas pu avoir accès à ces photographies et monter de toutes pièces cette fausse reconnaissance ? Nombreux sont ceux qui doutent, non pas de la sincérité de Lesage, mais de son objectivité, à commencer par l'artiste Jean Dubuffet, qui lui achète ses premières toiles :

> Quant à cette affaire de médiumnité, non pas que Lesage ait cherché à tromper son monde (il était trop épris de probité et de véracité pour le faire), mais il avait besoin de se persuader lui-même. Chacun sait bien comment s'opèrent les complexes enchaînements psychologiques plus ou moins inconscients et les brassages de ce qui est avec ce qu'on souhaiterait qui soit[4].

Les esprits fournissaient surtout à Lesage une explication sur l'apparition de ses talents initialement cachés, une explication certes surnaturelle, mais une explication quand même. Les scrupules pouvaient être grands, en effet, à s'affranchir de sa condition ouvrière pour s'ouvrir à d'autres milieux plus aisés. Il fallait un « truc » pour faire passer la pilule auprès du grand public, mais aussi auprès de la bourgeoisie, lui permettant d'accueillir en son sein, sinon Lesage lui-même, du moins ses créations artistico-médiumniques :

> Lesage a eu l'astuce inconsciente de faire passer sa vocation picturale par le biais de la médiumnité spirite et de trouver ainsi une brèche dans le barrage socioculturel. Fallait-il que la confiscation de l'art par la bourgeoisie fût rédhibitoire pour que la prétention d'un ouvrier de communiquer avec Léonard de Vinci apparaisse moins insensée que celle de

> devenir peintre ! […] De même qu'il travaille dans la mine sous la direction de Ferfay-Cauchy, de même il peint sous la direction des esprits […] et lorsqu'il vend ses tableaux, il les facture au prix exact des factures et d'un salaire horaire équivalent à celui du houilleur[5].

La bourgeoisie et le milieu de l'art s'étonnent, en effet, qu'un homme issu d'un milieu défavorisé et inculte, sans maître, puisse produire de telles toiles. Sa chance a été que la communication avec les esprits était rapidement devenue un phénomène de société qui passionnait autant les anonymes au bas de l'échelle sociale que les grandes personnalités de l'époque. Le spiritisme fournissait alors une explication plus crédible que cette incongruité sociale. Malgré tout, c'est contraint par la maladie (troubles ophtalmologiques) qu'il abandonne la peinture en 1952, avant de mourir deux ans plus tard…

### *Victor Simon*

Victor Simon est, lui aussi, issu de la mine, dans laquelle il travaillait, enfant. Amateur de spiritisme, œuvrant à ses heures perdues comme guérisseur-magnétiseur, il est saisi par une voix alors qu'il tient un café à Fouquières-lès-Lens, dans le Pas-de-Calais : « Il te faut peindre ! » Se rapprochant d'Augustin Lesage, il crée sa première toile, *Résurrection*, absolument monumentale (près de 2 × 4 m), qui sera exposée au salon des indépendants de 1935. Dès lors, Victor Simon va devenir l'égérie de la communauté spirite, notamment sous l'impulsion d'un article (quasiment publicitaire, sinon hagiographique) paru dans *La Revue spirite* en mars 1935 :

> Un nouveau médium-peintre : Victor Simon. Ce fut une heureuse surprise pour le monde spirite que la découverte de cette manifestation nouvelle de la médiumnité inconsciente chez un sujet dont nous nous plaisons à reconnaître à la fois la haute probité et la bonne volonté à l'égard des forces invisibles agissantes. M. Paul Courquin, après notre rédacteur en chef, a rendu visite à ce remarquable médium-peintre qu'est M. Victor Simon et, pour les lecteurs de *La Revue spirite*, il a écrit cette page d'histoire qui contient de si précieuses instructions que nous ne devons pas oublier. Les productions de Victor Simon ont déjà fait un certain bruit en France, dans le Nord, particulièrement, et à Paris, où sa première et belle toile a figuré au Salon des Indépendants (salle 23) où elle a été remarquée en attendant de recevoir l'hommage des spirites, que nous invitons, dès à présent, à venir à la Maison des Spirites, où se trouve exposée, pour plusieurs semaines, cette œuvre médiumnique d'une si impressionnante luminosité[6].

Mobilisé en 1940, fait prisonnier puis libéré en 1941, il continue à peindre des toiles immenses pendant la guerre. Très investi dans l'art spirite, il cumule les titres ronflants : nommé président d'honneur du Cercle de spiritualisme expérimental de Paris (1947), puis président du Cercle d'études psychiques d'Arras (1949), président de la Fédération spiritualiste du Nord (1951), président de la Renaissance spirituelle française (1951), délégué de l'Union spirite française (1954), etc., il crée le journal *Forces spirituelles* qu'il dirige jusqu'à sa mort, en 1976. Ayant été de multiples fois exposé, Simon n'aura jamais voulu vendre la moindre de ses toiles, comme il l'expliquait dans une interview à René Lefebvre, pour *La Voix du Nord* en 1957 :

> – J'aurais l'impression de commettre un sacrilège, dit-il.
>
> [...] Depuis vingt ans, Victor Simon a exécuté de cette manière plusieurs centaines de toiles. Il les compose, dit-il, comme une page d'écriture : de haut en bas et de gauche à droite. Ainsi naissent sous le pinceau, selon un procédé qui s'apparente au pointillisme, des figures géométriques, des arabesques, des hiéroglyphes multicolores, parfois des têtes humaines, des motifs d'art byzantin, hindou ou égyptien, d'une asymétrie parfaite. Les œuvres de M. Simon procurent au visiteur plus de stupéfaction que d'émotion pure : les messages que le peintre-médium affirme recevoir de l'au-delà ne paraissent pas accessibles au profane. La barbe noble, le regard profond et la parole sincère du « messager de l'invisible » auront peut-être raison de votre scepticisme ou de votre incompréhension. Il ne craint pas de dire que le peintre ou le compositeur subissent tous l'influence de forces surnaturelles.
>
> – Qu'est-ce que l'inspiration, ajoute-t-il, cette inspiration qui vient d'on ne sait où, sinon de la médiumnité ?
>
> [...] Et il y a aussi, au milieu de ses œuvres étonnantes, un homme simple et modeste, qui raconte sans mystère l'inexplicable : « Moi, je ne suis rien. Tout me vient d'ailleurs. Nous avons autour de nous des forces qui nous emportent. Je pense qu'elles sont sans doute là pour nous aider. Et si j'expose ce que j'appelle des “messages”, c'est parce que je crois que je n'ai pas le droit de les garder pour moi. » Victor

Simon, messager d'un art de l'au-delà ? Peut-être. Un cas ? Certainement.

## *Fleury-Joseph Crépin*

Quant à Fleury-Joseph Crépin, qui fut tour à tour plombier-zingueur, quincailler, musicien et guérisseur-radiesthésiste, c'est encore un esprit qui s'empare de lui alors qu'il recopie de la musique, et le pousse à dessiner, partant à la rencontre de Lesage et Simon. On est alors fin 1938, il a déjà soixante-trois ans. L'année suivante, quand débute la Seconde Guerre mondiale, la voix lui fait savoir : « Quand tu auras peint 300 tableaux, ce jour-là, la guerre finira. Après la guerre, tu feras 45 Tableaux merveilleux et le monde sera pacifié. » Promu ambassadeur de la paix par l'au-delà, il peint sans relâche : chacune de ses toiles porte d'ailleurs sur le bord un numéro et une date, par exemple « Le Temple des Fantômes, n° 77, 3-1940 » (pour mars 1940). Et force est de constater que les esprits ne s'étaient pas trompés, puisque Fleury-Joseph Crépin termine sa 300e toile… le 7 mai 1945 ! Si son œuvre créatrice (et inspirée) a mis fin au conflit armé, elle n'aura en revanche pas réussi à faire la paix dans le monde, Crépin ayant laissé deux toiles inachevées de sa seconde série (« Tableaux merveilleux ») à sa mort en 1948. Dommage, il s'en est fallu de peu. Ses esquisses sont enfermées avec lui dans son cercueil, suivant ainsi ses ultimes volontés.

Mais que ces trois Ch'tis hauts en couleur ne viennent pas éclipser d'autres artistes médiumniques. En voici trois autres qui défrayèrent aussi la chronique.

*Vers l'infini et au-delà…*

De l'autre côté de la Manche, une femme présente un parcours comparable à nos trois Nordistes : Madge Gill. Initiée très jeune au spiritisme par sa tante, elle épouse en 1907, à vingt-cinq ans, son propre cousin dont elle aura une fille mort-née et trois fils. Aveugle de l'œil gauche à la suite de la naissance de son premier enfant, elle réalise dans la plus grande discrétion d'innombrables productions artistiques (dessins, broderies, textes) en travaillant seule, dans une atmosphère très sombre, la nuit, guidée par un esprit qu'elle appelle *Myrninerest* (peut-être pour « *My inner rest* », « Mon moi intérieur »). Dans beaucoup de ses créations apparaît un visage féminin dont il n'a pas été possible de déterminer s'il s'agissait de celui de Madge Gill elle-même, ou de sa défunte fille. L'ensemble n'a été mis au jour qu'après la mort de cette peintre-médium, en 1961.

Un autre artiste spirite (bien qu'il ne s'agît vraisemblablement pas de sa seule influence métaphysique) fut Moindre l'Égyptologue au début du XX^e^ siècle. De son vrai nom Joseph-Albert-Alfred Moindre, ce marchand de fonds né en Normandie en 1888 est à l'origine d'une production artistique très originale inspirée des églises catholiques et des mythes pharaoniques, dont certaines œuvres sont désormais conservées au musée d'Art moderne de Villeneuve-d'Ascq. Il semble n'avoir été atteint d'aucun trouble psychologique ou psychiatrique, hormis une personnalité despotique et autoritaire, notamment vis-à-vis de son épouse particulièrement soumise. Reconnu comme appartenant au courant de l'art brut par Jean Dubuffet, Moindre aura créé, dès 1940, de nombreuses gouaches très colorées à motifs architecturaux (colonnades, palais fantastiques, etc.) et figuratifs (portraits de pharaons, de personnages bibliques, de prêtres, etc.). Son œuvre la plus connue est peut-être un Moïse… avec lequel Moindre affirme être entré en relation grâce au spiritisme, comme on peut le lire dans son *Registre* tenu avec assiduité de 1939 à 1952 : « Je te demande de bien vouloir utiliser sur ma route Aménophis II pour me guider sur les sentiers divinisés du Sphynx [*sic !*] et des pyramides, qui, à tes côtés, deviennent mes guides pour terminer ma mission actuelle[7]. »

Un autre, encore : Fernand Desmoulins (1853-1914), qui met en jeu sa réputation de portraitiste et graveur (proche des célébrités littéraires et politiques de la IIIe République) au service de la production de « dessins automatiques » à la suite d'une séance de spiritisme. Les esprits interfèrent avec lui, le poussant à créer de façon compulsive, avec des techniques diverses (crayon, mine de plomb, aquarelle, fusain), des tracés complexes au sein desquels peuvent être identifiées des formes humaines, souvent des visages. Leurs noms sont indiqués au cours du même processus : Astarté, l'Instituteur, le/ton Vieux Maître, etc.

Mais l'expérience sera fugace, ne durant qu'entre 1900 et 1902. Aussitôt après, Desmoulins retrouve le confortable chemin d'un académisme bourgeois bien plus rémunérateur.

Une dernière : Hélène Smith. De son vrai nom Catherine Élise Müller. Cette médium suisse née en 1861 a découvert le spiritisme vers l'âge de trente ans, et dit communiquer avec Cagliostro et Victor Hugo, qui lui auraient révélé qu'elle était la réincarnation de l'esprit de Marie-Antoinette. Quelque temps plus tard, elle se met à communiquer avec des esprits martiens. Elle noircit ainsi d'innombrables feuilles avec une écriture d'abord archaïque du XVIIIe siècle, puis martienne qu'elle seule peut comprendre et traduire (mais que l'on interprète dorénavant plus comme une sorte d'écriture automatique ou de relexicalisation n'obéissant à aucune règle véritable, respectant le rythme du français). Cette mode martienne n'est pas étonnante, en cela qu'elle survient dans un contexte de découverte de canaux réguliers à la surface de la planète rouge par l'astronome (et spirite) Camille Flammarion : des preuves indubitables, selon lui, de la présence d'autres formes de vie sur Mars. Ses ouvrages sur le sujet (*La Pluralité des mondes habités*, 1862, et le plus récent *La Planète Mars et ses conditions d'habitabilité*, 1892), très diffusés dans les cercles spirites européens, ont vraisemblablement joué un rôle dans l'orientation et l'influence des « communications » d'Hélène Smith. Et les informations pleuvent. Elle est capable de dessiner des habitations et des palais martiens, mais aussi des objets de la vie quotidienne, puis elle est pénétrée par l'esprit d'un savant (Astané) qui lui révèle les avancées technologiques de cette autre civilisation, etc. Un temps sous la protection de Théodore Flournoy, un psychologue genevois à qui l'on doit une première observation neuropsychologique de cette femme[8], elle est ensuite mise à l'abri du besoin par Mrs Jackson, une richissime spirite américaine : là, elle peut donner libre cours à sa nouvelle façon d'exprimer le besoin qu'ont les esprits de se manifester. On lui doit ainsi, quasiment jusqu'à sa mort à l'âge de soixante-sept ans, une suite de peintures naïves, d'inspiration très ésotérique et d'influence chrétienne, ayant également fait l'objet d'une évaluation médicale spécialisée[9].

Comme le résume si bien Philippe Baudouin, « la rencontre de l'art brut et de la vieille tradition spirite est probablement l'événement dans l'histoire de l'art le plus représentatif d'une telle porosité entre la technique et l'occultisme[10] ».

Une photographie spirite par William H. Mumler :
John J. Glover et le « fantôme » d'une femme âgée (1862-1875).

13

# Naissance de la photographie spirite

D'autres techniques artistiques – précisément au croisement des avancées technologiques et de l'art – vont également être saisies par cette « fièvre de l'au-delà », notamment la photographie, apparue de façon concomitante avec le spiritisme, qui va permettre de fixer sur les plaques – du moins, c'était le résultat espéré – la réalité de ces entités surnaturelles. Pour reprendre la belle expression de Jaguaribe et Lissovsky, « la photographie a été l'héritière du projet des Lumières, dans leur souhait inlassable d'annihiler l'obscurité du monde[1] ». Sauf que la photographie spirite débute sur une grossière erreur… et se poursuit par une succession de mystifications.

## *Une mauvaise manipulation*

Tout commence aux États-Unis, en 1861, chez un certain William H. Mumler, établi à Boston. Alors qu'il développe un autoportrait, il découvre que sur la photographie figure aussi son cousin, mort depuis douze ans. Même s'il se rend très vite compte qu'il s'agit d'un défaut de nettoyage de sa plaque plutôt que d'une réelle apparition spectrale, le sens du commerce est plus fort que tout : il y a là un nouveau marché à conquérir ! Avec l'aide de son épouse, il va désormais enchaîner les « portraits spirites », permettant au modèle de se faire photographier aux côtés de son fantôme, en réalité un modèle plus ou moins grimé comme l'individu disparu, fixé sur la plaque par une double exposition[2]. Un de ses clichés les plus célèbres est sans conteste celui de Mary Todd Lincoln, encore en noir de deuil, assise les bras croisés, tandis que son célèbre époux, Abraham Lincoln, sous la forme d'une silhouette spectrale blanchâtre, au visage bien reconnaissable, une main posée sur chacune des épaules de sa veuve, apparaît au second plan[3]. Comme on peut s'en douter, l'entreprise est très vite devenue lucrative, avec plusieurs milliers de clients cherchant à obtenir un contact visuel avec leur défunt disparu peu après la fin de la guerre de Sécession… Mais l'affaire se gâte en 1869 lorsque Mumler doit faire face à un procès pour fraude. Le célèbre entrepreneur P. T. Barnum l'accuse – à juste titre – de profiter de la faiblesse des éplorés et de créer de faux clichés, tandis qu'un autre client le confond en lui faisant réaliser des clichés spirites figurant les spectres… d'individus encore bien vivants[4] ! Bien qu'il soit acquitté, sa carrière est stoppée net, et il meurt en 1884, ayant continué bien plus discrètement (et pauvrement) son activité photographique[5].

Allan Kardec se méfie de la photographie spirite, et il a raison ! Suspectant des fraudes, il craint que ces subterfuges n'affaiblissent la « doctrine spirite » en la ridiculisant. Jusqu'à la mort de Kardec en 1869, le spiritisme français n'a donc jamais succombé à l'usage de cet outil. L'arrivée de Pierre-Gaëtan Leymarie, son successeur à la tête de la Société spirite, va tout changer. Celui-ci a en effet une opinion inverse, et compte sur les avancées technologiques pour prouver la réalité des esprits. Mais la malédiction – si l'on peut dire – de Mumler va se répéter… Dans le numéro de juin 1874 de *La Revue spirite*, Leymarie va faire la publicité de Jean Buguet, un photographe établi à Paris, qui s'est spécialisé dans ce type de clichés, avec un certain succès :

> Une photographie spirite. M. C***, officier supérieur, et M. Leymarie faisaient une expérience chez M. Buguet, sans avoir le parti pris d'évoquer spécialement un esprit. Ils avaient eux-mêmes fait toutes les manipulations préliminaires. Entre M. Leymarie, qui est à gauche, et M. C***, qui est recouvert par un voile fluidique, est venu un personnage que M. Leymarie a reconnu : c'est M. Édouard Poiret, son ami, mort il y a douze ans, à Pimprez (Oise).

Buguet réalise même un cliché d'Amélie Boudet, la veuve d'Allan Kardec, dont le spectre apparaît devant elle… C'est dans ce contexte que le ministère public, peut-être assez méfiant – pour ne pas dire mal disposé – vis-à-vis de la communauté spirite, instruit un procès pour fraude et mystification, ce qu'on a appelé à l'époque le « Procès des spirites ». Si Leymarie plaide la bonne foi, Buguet, dès le début, reconnaît sa filouterie, expliquant son mode opératoire (une double exposition, un usage de mannequins et d'objets personnels du défunt lorsque cela est possible). La réaction ne se fait pas attendre : Leymarie et les spirites sont aussitôt et copieusement moqués pour leur crédulité… Quant à Buguet, il s'est remis au travail après avoir purgé sa peine, en créant un atelier de photographie « anti-spirite » humoristique. Son cliché de l'*Esprit de Paganini* est resté célèbre[6]. Il s'agit d'un autoportrait assis, sur lequel il lit en costume de ville près d'un crâne posé sur un bureau tandis que vole près de lui la forme évanescente d'un être diabolique tenant un archet…

Dans certains contextes de spiritisme *borderline* (par exemple en Amérique du Sud, où les pratiques spirites sont parfois mélangées à celles de *macumba*), la photographie spirite peut elle-même faire partie du rituel comme objet sacré, émanation visible et palpable d'entités surnaturelles devenues accessibles par la révélation argentique, aux adeptes[7].

Même si, à nos yeux, il s'agit d'une supercherie manifeste, l'image était trop belle pour qu'en ce milieu spirite de la fin du XIX^e^, début du XX^e^ siècle, on n'y croie pas. On dispose ainsi d'innombrables tirages de ces photographies spirites, dont la disposition est assez stéréotypée. Un couple ou un personnage seul, assis, fixant l'objectif, sur lequel la mise au point est nette, surmonté ou recouvert par une forme évanescente blanchâtre, généralement floue, aux traits plus ou moins reconnaissables.

Techniquement, il s'agit d'une double exposition. Mais l'avis d'un spécialiste s'avère nécessaire pour mieux comprendre le trucage.

### *Autopsie de la photographie spirite*

Il faut sortir de Paris, rouler plusieurs dizaines de kilomètres, admirer les champs de blé de la plaine beauceronne défigurée par ces gigantesques éoliennes, puis s'arrêter le long d'une route de campagne pour trouver Vincent Gauvreau. Ce photographe quinquagénaire s'est installé dans une ancienne grange, et y a posé son matériel et son studio. Son objet d'étude : les clichés d'objets d'art premier (ou « extra-occidental[8] »). Il est spécialisé en lumières, contrastes et reflets ; c'est l'homme qu'il me faut pour mieux comprendre la photographie spirite, pour, littéralement, « autopsier » ces clichés...

Je suis venu avec une vingtaine de tirages noir et blanc : certains sont issus d'un album de 128 photographies spirites d'origine américaine, conservé au musée d'Orsay, portant comme titre en lettres gothiques or et couleurs : *Mors Janua bitar* (ou *vitae ?*) et, en clôture de couverture, le premier couplet de *Ce n'est qu'un au revoir* de Robert Burns[9]. Vincent Gauvreau les étale sur une table basse, fait jouer la lumière dessus, les rapproche de ses yeux en ôtant ses lunettes, compare un cliché avec un autre, en superpose certains devant une lampe, puis m'explique :

> La double exposition (ou surimpression) est un procédé qui permet de superposer deux images prises à deux moments différents pour n'en faire qu'une seule. La double exposition peut se faire soit à la prise de vue, soit dans la chambre noire (laboratoire photographique). Dans le cadre de la photographie spirite, il s'agit de faire apparaître sur une photographie de portrait l'image « fantomatique » d'une personne (l'être cher disparu par exemple).

En 1861, le procédé le plus utilisé est le collodion humide sur plaque de verre. La plaque est un négatif et permet une photographie unique lors de la prise de vue. Il faut ensuite passer dans la chambre noire pour développer la plaque et faire le tirage. Cette plaque ne peut pas se conserver comme les négatifs argentiques que nous connaissons actuellement ; les photographes doivent donc laver la plaque pour pouvoir la réutiliser. Souvenons-nous que, William Mumler ayant mal lavé sa plaque, une image fantomatique était apparue sur le portrait suivant : c'est ainsi qu'il avait créé, involontairement, la double exposition. Dans le cas des photographies spirites, pour Vincent Gauvreau, il est difficile de savoir si la double exposition est pratiquée lors des prises de vues ou bien lors du tirage :

> En cas de double exposition à la prise de vue, le principe est d'exposer deux fois ou plus le même négatif. Pour les plaques, on peut exposer une première fois la plaque avec

la personne qui sera la « silhouette fantôme », puis faire la prise de vue avec la personne du portrait. Le temps d'exposition n'est pas le même pour les deux prises (il peut être très long...). La plaque n'est pas forcément nettoyée entre les deux. Le plus compliqué dans cette méthode reste le positionnement des personnages entre eux.

L'appareil utilisé en pareil cas est une chambre photographique, la visée se faisant par un verre dépoli et non par un viseur comme sur un reflex classique. L'autre particularité est que l'image projetée est inversée. Pour faciliter le positionnement des personnages, il est possible de dessiner sur le verre dépoli la silhouette de la première personne :

En cas de double exposition au tirage, après avoir fait les deux photographies, on commence à faire l'exposition du personnage principal. À l'aide de l'agrandisseur, il est possible d'adapter et de positionner la taille de la silhouette fantomatique. L'artiste peut aussi maquiller la photographie, c'est-à-dire la rendre plus claire ou plus sombre en masquant plus ou moins la lumière de l'agrandisseur.

Passons en revue quelques-uns de ces clichés comme s'il s'agissait d'autant de pièces à conviction...

*Photo n° 1* : un homme vivant posant assis sur une chaise, les mains jointes, en costume, sur un fond noir. Sur sa gauche se trouve une forme fantomatique légèrement floue (une figure féminine voilée). Chaque détail a son importance : le fond noir ou sombre permet d'incruster plus facilement la deuxième image. L'image incrustée est toujours sous-exposée pour accentuer l'effet fantomatique. Si l'on regarde attentivement la composition de la photographie, elle permet de supposer que la femme a été ajoutée lors du tirage. Les personnages de la photographie ne se chevauchent pas. Les visages ont sensiblement la même taille. La photographie, très classique, est composée comme le portrait officiel d'un couple avec l'homme assis et la femme debout.

*Photo n° 2 : M. Stainton Moses (M. A. Oxon) et un fantôme inconnu.* L'homme barbu, en costume, assis sur un fauteuil est assoupi et pose sa tête sur sa main droite, le coude droit posé sur le genou du même côté ; sur le fond sombre, une forme fantomatique enturbannée, légèrement floconneuse, domine cet homme. Le procédé est le même que le précédent.

*Photo n° 3* : un couple âgé, assis de part et d'autre de la photographie, sur un fond sombre, duquel émerge une femme aux yeux noirs, fixant l'objectif avec un regard pesant et insistant, et dont le voile couvrant partiellement le visage descend jusqu'au niveau du couple, réalisant une surimpression. À nouveau, c'est le même procédé, l'effet est probablement voulu, avec cette intention de lien presque physique entre les générations (lien familial).

*Photo n° 4* : un homme et une femme, à la verticale, en costumes sombres, se tiennent contre un cadavre embaumé allongé dans un suaire blanc, environné de fleurs et d'un crucifix. L'homme pose sa main gauche sur l'épaule droite de la femme, la femme pose sa main gauche sur le front du mort. Une forme fantomatique (tête humaine) se profile dans la zone sombre des costumes, juste sous la main gauche de l'homme. Cette image est un bon exemple pour montrer que la double exposition est faite en chambre noire. La taille de la tête isolée est proportionnée à l'ensemble de l'image. Il existe aussi un travail lors du tirage pour surexposer la tête, mais laisser de la densité au noir des vêtements du couple et de l'homme fantomatique. On appelle cela « faire des masques de tirage », le plus souvent des mains de celui qui réalise le tirage.

*Photo n° 5* : un groupe de trois personnes vivantes (deux assises et une debout, en arrière), sur un fond sombre, tandis qu'une forme fantomatique féminine couverte d'un long voile se superpose à l'ensemble des individus. Dans cette photographie, le travail au tirage est très présent sur le voile de la jeune femme fantomatique (celui-ci jouant à nouveau le rôle symbolique de lien entre tous les membres de la famille).

Sur ces trois derniers exemples, il serait très compliqué de faire de tels positionnements et expositions lors de la prise de vue. Il faut rappeler qu'au début de la photographie, les temps de pose sont très longs. Pour les portraits, il existe des sortes d'« appareils de torture » qui permettent de ne pas bouger. La complexité de la création de plaques et de leur traitement laisse supposer que toutes ces photographies spirites sont faites en laboratoire lors du tirage. Il faudrait faire beaucoup d'essais pour obtenir de tels résultats à la prise de vue.

*Photo n° 6* : deux hommes se tiennent de part et d'autre d'une voiture garée à l'ombre près d'un arbre. Derrière la porte avant droite se tient une forme fantomatique féminine, légèrement vaporeuse. Cette photographie va encore plus loin, puisqu'on peut parler de véritable photomontage (une technique fréquemment utilisée pour ajouter ou faire disparaître des individus sur des photographies de groupe). La femme est littéralement rajoutée dans la voiture. Son côté évanescent lui confère la qualité de photographie spirite.

*Photos n° 7 à 11* : à chaque fois des personnages assis (seuls ou en couple), devant un rideau sombre ; au-dessus d'eux flotte une sorte de nuage clair duquel émerge une tête fantomatique. Ces cinq photographies sont similaires, seuls les visages sont présents en surimpression, entourés d'un halo blanc qui pourrait être réalisé avec un produit chimique de type ferricyanure de potassium (ayant la propriété de corriger les tirages noir et blanc).

*Photo n° 12* : un homme est assis sur une chaise, souriant, avec un rideau noir derrière lui. Juste au-dessus de sa tête, un cercle lumineux émerge, avec une tête masculine orientée à 90° de la position anatomique. Sur ce cliché, la tête n'est pas orientée dans le bon sens ; si la double exposition avait été faite au moment de la prise de vue, on aurait eu le visage dans le bon sens. Cet exemple renforce l'hypothèse de surimpression au moment du tirage et confirme le caractère frauduleux du cliché.

*Photo n° 13* : un homme est assis devant un tissu sombre, les mains croisées sur les cuisses. Le recouvrant totalement, une forme fantomatique féminine voilée apparaît surexposée (et donc plus présente que le portrait vivant).

Ces deux dernières photographies sont l'exemple de surimpression ratée qui entraîne un doute sur le côté fantomatique des personnes rajoutées.

*Photo n° 14* : une séance de spiritisme au cours de laquelle cinq personnes sont assises autour d'une table quadrangulaire. Elles sont toutes en costume sombre, devant un rideau également sombre. Tous les personnages du cliché ont une main sur la table, et une main fantomatique monte du sol vers la table comme pour entrer en contact avec eux. Le halo blanc, qui donne une sensation de mouvement, est sans doute réalisé à partir d'un masquage manuel, qui a pour effet de blanchir la zone de la main spirite.

*Photo n° 15* : une assemblée de dix-huit personnes en costume sombre, dans un lieu pareillement sombre. Devant le groupe du centre, un discret halo clair d'aspect fantomatique est présent, aux limites floues. Pour cette photographie, il semblerait qu'il y ait juste un halo fait à l'aide d'un masquage manuel.

*Photo n° 16* : un homme est assis en costume clair sur un fond noir. Derrière lui, une traînée lumineuse serpentine occupe tout l'espace sombre. Dans ce cliché, on a l'impression qu'une lumière circule derrière le portrait. Il est possible que le photographe ait utilisé une méthode de *lightning*, c'est-à-dire qu'un aide (en costume noir) bouge une source lumineuse sur le fond noir, de telle sorte que seule la trace de lumière est captée sur le négatif.

*Photo n° 17* : une petite fille habillée en blanc, les mains derrière le dos, se tient dans un cimetière (deux monuments funéraires sont visibles au second plan) sur le bord d'une étendue d'eau qui renvoie deux reflets (la petite fille et une forme jumelle, habillée de la même façon, mais dont les mains sont croisées sur le ventre). Il semble ici s'agir d'une surimpression, à nouveau, mais avec un problème de perspective pour la forme fantomatique.

*Photo n° 18* : trois personnes vivantes assises, en costume sombre, sur un fond noir. Deux formes fantomatiques sont visibles (la première, circulaire, formée uniquement d'un visage, entre deux individus assis ; la seconde, sur le fond noir du second plan, avec un visage flou et un long voile vaporeux). Il s'agit ici de multiples surimpressions. La technique reste toujours la même mais les équilibres sont plus compliqués à trouver.

*Photo n° 19* : une femme se tient assise, en costume noir, devant un fond sombre. Son voile recouvre totalement sa tête, de telle sorte que son visage n'est pas visible. À sa droite, en retrait, se tient une forme fantomatique, très nette, en robe sombre, dont la tête légèrement penchée sur le côté droit présente un visage cauchemardesque grimaçant avec deux orbites vides et une bouche grande ouverte. Il s'agit vraisemblablement d'une photographie sans surimpression, le visage du spectre semblant être constitué d'un masque. On ne sent pas dans l'image le côté fantomatique, floconneux, des autres clichés : c'est plus le portrait de deux femmes prises en même temps, le fond de la photo reste homogène, avec mise en scène et rien de plus.

Que de complexité… mais surtout, que de crédulité, car parfois certains clichés sentent vraiment la supercherie lorsque c'est un dessin grossier qui est placé juste à côté du sujet vivant. L'ambiance, la suggestion, la mauvaise connaissance de l'art photographique ont joué un rôle majeur dans l'acceptation et la diffusion de cet « art du faux ».

14

# Des fées dans le jardin…

D'autres types de clichés existent en contexte spirite, ne figurant pas forcément des spectres : il s'agit des figurations d'ectoplasmes matérialisés[1], de médiums en transe, de tables tournantes, et même… de rêves ! La nuit du 4 août 1893, deux hommes, l'écrivain Bogdan Petriceicu Hasdeu à Bucarest, et le physicien Constantin I. Istrati à Câmpina, tentent d'impressionner des plaques photographiques situées à près de cent kilomètres de distance. Et le résultat est là ! Des traces blanches, et un portrait miniature d'un des deux participants de cette expérience étonnante. S'agit-il d'un trucage ? Difficile à dire. La période est propice, les sciences s'emparent de tout. D'un côté, la découverte des ondes radios par l'ingénieur allemand Heinrich Rudolf Hertz (1886), puis des rayons X par le physicien allemand Wilhelm Röntgen (1895), pourrait servir de substrat « physique » à la transmission des pensées et/ou des paroles des défunts. D'un autre, le développement de la microscopie permettrait à des médecins de mettre en évidence des hiéroglyphes dessinés dans les structures les plus infimes de coupes histologiques d'un cerveau d'égyptologue[2] (!)... Bref, on est en plein fantasme scientiste réalisant ce prodige de ridiculiser, *a posteriori*, autant les manifestations surnaturelles que la science elle-même !

Et puis il y a les fées... les fées de Cottingley. Tout est parti de cinq photographies prises par deux cousines, Elsie Wright et Frances Griffiths, respectivement âgées de dix et seize ans, dans un village isolé du Bradford (Yorshire, Angleterre) au tout début du XX^e^ siècle. Sur les clichés, on les voit en pleine nature, au milieu des bois, en compagnie de « fées », « gnomes », « lutins » et autres représentants du « peuple caché ». D'abord deux clichés pris par les jeunes filles en juillet puis septembre 1917 pour « prouver » qu'elles jouent avec des êtres merveilleux sur le bord de la rivière. Si la famille est enthousiaste, ce n'est pas le cas d'Arthur Wright, le père d'une des fillettes, pour qui les photographies sont des faux, les fées et le gnome étant en réalité des découpages en carton... Malgré tout, c'est par l'intermédiaire de Polly Wright, son épouse, que les photographies sortent du cercle familial et arrivent à Londres en 1920, par l'entremise de la Société théosophique de Bradford. Rapidement, les photographies sont validées sans trucage par des experts, parfois contre toute logique... Ainsi, si les fées apparaissent plates et trop claires, c'est parce qu'elles ne projettent pas d'ombre !

Les photographies des deux cousines finissent par être reproduites, diffusées, et servent d'appui aux théosophes (à commencer par un de leurs responsables,

Edward L. Gardner) pour leur théorie de cycles évolutifs tendant vers la perfection. C'est dans ces circonstances qu'elles aboutissent entre les mains de Sir Arthur Conan Doyle… Sans délai, il se met en tête de rencontrer les jeunes filles et d'en savoir plus à la fois sur ces apparitions surnaturelles, mais aussi sur les êtres féeriques. Et le temps presse, car Elsie et Frances pourraient bien perdre leur « don précieux » si elles tombaient amoureuses ! En effet, selon les croyances de l'époque, seules des « innocentes » ont la capacité de voir ces êtres féeriques. Conan Doyle écrit donc aux enfants, les gratifiant au passage de quelques cadeaux :

> Chère Mademoiselle Elsie Wright, j'ai vu les magnifiques photos de fées que vous et votre cousine Frances avez prises, et je n'ai pas été intéressé à ce point depuis longtemps. Je vous enverrai demain l'un de mes petits livres, car je suis sûr que vous n'êtes pas trop vieilles pour vivre des aventures. Je vais bientôt en Australie, mais je voudrais pouvoir passer une demi-heure à Bradford avant de partir et vous parler, afin d'entendre tout cela. Avec mes meilleurs vœux, Arthur Conan Doyle[3].

À l'été 1920, Gardner confie aux jeunes filles deux nouveaux appareils photo avec plusieurs plaques, les chargeant de réaliser d'autres clichés pour finir de convaincre la communauté scientifique qui, étonnamment, doute encore. Mais leur capacité à susciter l'échange avec les êtres féeriques ne risque-t-elle pas d'avoir disparu avec l'apparition de la puberté ? Manifestement non, puisque trois nouvelles photographies sont réalisées, figurant les fées en vol, au repos, ou tenant une fleur à la main.

Le quatrième cliché des fées de Cottingley
(« Fairy offering Posy of Harebells to Elsie »), 1920.

Pour Conan Doyle, alors en Australie, l'annonce de ces nouveaux clichés est d'une extrême importance. Cette réalité du surnaturel, qui semble démontrée par l'outil photographique, annoncerait-elle l'acceptation prochaine du spiritisme et des phénomènes psychiques en général par toute la communauté ? Voici enfin venue, pour lui, la fin du scepticisme et de la défiance :

> Mon cœur s'est réjoui lorsque j'ai pris connaissance de votre note et de la publication des trois magnifiques photos qui confirment les résultats que nous avons publiés. Quand la réalité de nos fées sera admise, les autres phénomènes psychiques trouveront une meilleure acceptation… Nous avons reçu des messages de façon continue, lors de séances [de spiritisme] pendant un certain temps, nous indiquant qu'un signe visible allait se manifester[4].

Et en effet, Conan Doyle enfonce le clou dans un article paru dans *The Stand Magazine* en décembre 1920 :

> La reconnaissance de leur existence va bousculer l'esprit matérialiste du XX$^{e}$ siècle hors de ses ornières boueuses et lui fera admettre qu'il y a du charme et du mystère dans la vie. Ayant découvert cela, le monde ne trouvera pas si difficile d'accepter le message spirituel, étayé par des preuves matérielles, qui lui a déjà été présenté.

Mais l'opinion n'est pas si facile à convaincre… Même si l'identité des jeunes filles a été protégée grâce à des pseudonymes, des journalistes retrouvent leur trace, et les interrogent avec des résultats et des conclusions très variables. On crie à la supercherie, on conteste la sincérité des enfants, on s'insurge contre l'ingénuité de Conan Doyle, etc. Aucun consensus ne semble s'établir. Certains médecins, comme le major John Hall-Edwards, évoquent même le danger de provoquer une épidémie de pathologies neuropsychiatriques avec la diffusion de tels clichés :

> À l'évidence, je n'hésite aucunement à dire que ces photos pourraient avoir été truquées. Je critique l'attitude de ceux qui ont déclaré qu'il y a quelque chose de surnaturel dans les circonstances qui entourent la prise de ces photos, car en tant que médecin, je crois qu'imprégner l'esprit des enfants de ces idées absurdes se traduira plus tard par des maladies nerveuses et des troubles mentaux[5].

En août 1921, Gardner revient à Cottingley, accompagné de Geoffrey Hodson, un médium, et de plusieurs appareils de prises de vues. Malheureusement, aucun cliché d'être féerique ne sera pris ce jour-là. Le médium attestera néanmoins avoir vu des fées, des gnomes, des nymphes, des elfes « partout » ! S'appuyant sur ce qu'il considère comme une nouvelle preuve, Conan Doyle publie en 1922 *Les Fées sont parmi nous*, un ouvrage sur le petit peuple de Cottingley qui va marquer sa « descente aux enfers » critique. Et la charge est sévère. Âgé de soixante-trois ans, Conan Doyle va être conspué par la presse, moqué, et discrédité... Est-ce que le père de Sherlock Holmes sera blessé par les critiques ? Ou au contraire, les méprisera-t-il ? On l'ignore précisément. Toujours est-il que, face à cette déferlante, il restera mutique et ne reviendra plus guère sur cette affaire jusqu'à sa mort, en 1930.

L'histoire en reste globalement là jusqu'en 1983, quand, à l'occasion d'une énième interview, Elsie Wright et Frances Griffiths, qui se sont mariées, sont parties vivre en Afrique du Sud et en Inde, puis, de retour en Angleterre, avouent – enfin – la supercherie. Les êtres féeriques ont été découpés dans des livres pour enfants, modifiés (habillés avec de nouveaux accessoires, par exemple), fixés aux buissons avec des épingles à cheveux, et photographiés sans surimpression. Si les clichés sont faux, elles soutiennent en revanche la réalité de ces êtres merveilleux, qu'elles ont pu voir, approcher et toucher… Mais pas véritablement photographier, donc.

# 15

# Visite à l'Institut métapsychique international

D'autres clichés, d'autres archives, et surtout d'autres types d'artefacts se trouvent à l'IMI. Impensable de travailler dans le domaine du spiritisme et de la médiumnité sans aller passer des heures dans les cartons ou face aux rayonnages de cette institution vieille de près d'un siècle, et toujours bien active.

Près du métro aérien, dans le nord de Paris (X$^{e}$ arrondissement), se trouve au 51, rue de l'Aqueduc, un immeuble d'une grande banalité. En fond de cour se trouve l'Institut : une grande baie vitrée à l'ancienne (l'endroit fut probablement un atelier... dans une vie antérieure) s'ouvre sur une vaste pièce servant de bibliothèque, de secrétariat et de tables de travail. Dans une sorte d'antichambre, des volumes entiers de la *Revue métapsychique* s'entassent, certains reliés avec un tissu de toile grossière portant des inscriptions manuscrites. Dans un coin, un escalier en colimaçon s'enfonce vers quelques pièces souterraines dont montent des bruits de machines. L'Institut a plusieurs fois déménagé : 89, avenue Niel

(XVIIe arrondissement), puis 1, place Wagram (*idem*), et peut-être bougera-t-il encore[1] ?

Pascale Catala, la secrétaire générale de l'IMI, finit sa conversation téléphonique avec un homme qui se plaint justement que les tableaux bougent tout seuls dans sa maison… Le papier à en-tête sur lequel elle a pris des notes porte la devise de l'Institut : « Le "paranormal", nous n'y croyons pas, nous l'étudions. » Justement, si elle devait définir l'Institut, elle dirait qu'il obéit à une approche rationnelle de l'étude des phénomènes paranormaux, principalement psychologique, mais aussi technologique. Sa mission est vaste : l'analyse scientifique de potentiels encore peu explorés de l'être humain (télépathie, clairvoyance, précognition, psychokinèse… ce qui englobe des manifestations très diverses comme les apparitions et les *poltergeist*, c'est-à-dire les déplacements supposés d'objets hétéroclites)[2]. L'idée est que les progrès de la connaissance apporteront peut-être une explication rationnelle à des phénomènes auxquels nous accolons actuellement (et peut-être avec trop de facilité ou par défaut) l'étiquette de paranormal ou surnaturel[3].

Il n'y a pas que le scientisme et le positivisme qui « menacent » d'expliquer la marche du monde par les avancées scientifiques (principalement dans les domaines de la recherche fondamentale : chimie, physique, atomisme, électricité, microscopie, etc.) : le futurisme, propre à l'Italie (Filippo Tommaso Marinetti, Luigi Russolo) et à la Russie (Vladimir Maïakovski, Kasimir Malevitch) des années 1910-1920, qui exalte le monde moderne, ses avancées technologiques (machines, vitesse, civilisation urbaine), tend à réduire à sa portion congrue les territoires de l'inconnu et de l'inaccessible[4].

Fondé en 1919 par trois adeptes du spiritisme (Jean Meyer, négociant en vins, le professeur Rocco Santoliquido et le docteur Gustave Geley), et très vite reconnu d'utilité publique, l'Institut a été l'un des premiers organismes dans le monde à étudier ces phénomènes avec une approche se voulant à la fois rigoureuse et ouverte, libre de tout parti pris religieux ou philosophique. Aujourd'hui, l'IMI se compose d'une équipe pluridisciplinaire d'une dizaine de personnes : électroniciens, médecins (notamment psychiatres), informaticiens, physiciens et historiens de la « métapsychique ». Signe des temps modernes, depuis 1999, l'Institut a intégré le réseau Global Consciousness Project initialement hébergé par l'université de Princeton, aux États-Unis.

Les études réalisées dans ces lieux et par ces chercheurs se veulent donc avant tout scientifiques, et ce dès l'origine. Parmi les trois fondateurs de l'IMI, deux sont médecins. Ils s'inscrivent dans une étude systématique et raisonnée de ces phénomènes qui a commencé vers la fin du XIXe siècle avec la création de plusieurs sociétés savantes : la Society for Psychical Research (SPR) au Royaume-Uni en 1882, l'American Society for Psychical Research (ASPR) aux États-Unis en 1885, par exemple. D'illustres personnalités participent ou s'intéressent à cette nouvelle aventure scientifique, dont Camille Flammarion, Sigmund Freud, Carl Gustav Jung, William James (chef de file de la psychologie américaine), le neurophysiologue Charles Richet (prix Nobel de médecine, qui a publié en 1922 un *Traité de métapsychique* pour poser les bases d'une science nouvelle à partir d'un certain nombre d'observations), William Crookes[5] (précurseur du tube cathodique), ou encore le biologiste américain J. B. Rhine (qui a fondé en 1930 le premier laboratoire universitaire de parapsychologie, un synonyme de « métapsychique »)... Même Henri Bergson (1859-1941), titulaire de la chaire de philosophie grecque au Collège de France, prix Nobel de littérature en 1927, s'est intéressé au spiritisme et à la métapsychique de Richet : son implication prit notamment la forme de la présidence de la Society for Psychical Research et de plusieurs conférences spécialisées (par exemple, « Fantômes de vivants et recherche psychique »)[6]...

Autant d'auteurs dont les ouvrages sont conservés dans la bibliothèque riche de près de 6 000 références, certains très anciens ou réputés introuvables, dont les bulletins des autres institutions similaires, anglaises ou américaines. On lit des classifications, scandant les rayonnages à intervalles irréguliers : matérialisation, magnétisme, parapsychochimie, télékinésie, ectoplasmie, écriture automatique, pressentiment, prémonition, radiations, fantômes, médiumnité, etc. Quelques titres au hasard : *Échappées sur l'occultisme*, *Preuves médicales du miracle*, *L'Évolution de la matière*, *Lois psychologiques de l'évolution des peuples*, etc. L'IMI est la mémoire vive de la recherche en parapsychologie, et ce fonds, unique en France, représente plus d'un siècle d'archives, de publications et de documents, accessibles aux chercheurs du monde entier sur simple demande[7].

Au sein des papiers, quelques bandes magnétiques sont présentes. Témoignage de ces hommes qui se sont mis à vouloir écouter puis enregistrer la voix des fantômes, des esprits et des morts. Cette irruption de la technique dans le domaine du surnaturel et de l'occulte, tout à fait fascinante, a pris place au début du XX$^{e}$ siècle : les progrès technologiques rapides et ce contexte global d'attrait populaire pour le spiritisme ont permis de croire qu'il était possible de fabriquer des machines pour communiquer avec les morts. Et c'est Thomas Edison, le génial inventeur du phonographe, qui va travailler à la confection d'une machine destinée à communiquer avec l'au-delà, bientôt suivi par une longue suite de savants, plus ou moins scientifiques, cherchant, grâce à la technologie, à prouver l'existence des phénomènes paranormaux, dont les revenants et les fantômes[8]. Nous y reviendrons.

Si l'on s'intéresse au thème des fantômes, justement, on voit que derrière ce terme se retrouvent de nombreuses entités : apparitions, maisons hantées, *poltergeist*, esprits, etc. Le fonds de documentation regroupe ainsi tantôt des livres qui tentent d'expliquer ces phénomènes, tantôt des témoignages reçus ou collectés d'individus déclarant apercevoir ou être importunés par un revenant. Les cas sont quotidiens (un à deux par jour, parfois plus), et, vraisemblablement, ce n'est pas près de s'arrêter... Dernier récit enregistré : il y a quelques instants, au moment où je franchissais la porte d'entrée de l'Institut. À l'autre bout du téléphone, un homme inquiet, désemparé par des mouvements désordonnés de tableaux, cadres et miroirs sur les murs de son pavillon de banlieue, dans le contexte d'un décès récent, demande si « on » lui veut du bien ou du mal.

En pratique, c'est Stéphanie Baltus, secrétaire de l'IMI, qui assure l'accueil téléphonique et reçoit régulièrement les appels de ces personnes souvent anxieuses qui cherchent à être entendues. Ici, elles reçoivent une écoute attentive, bienveillante et ouverte d'esprit – c'est le cas de le dire – avec une totale liberté de parole. Pour elle, une forte proportion d'appels émane d'individus présentant des troubles psychologiques et/ou psychiatriques ; en accord avec les protocoles de l'IMI, ils sont alors réorientés vers un service d'accueil médico-hospitalier spécialisé dans ce registre. D'autres cas, des témoignages « crédibles » d'une certaine façon, peuvent rendre perplexes, et justifient alors une enquête plus approfondie. Celle-ci ne se déroule pas forcément avec une enquête au domicile de la personne concernée, mais plutôt en tentant de reproduire la survenue du phénomène ou son contexte en laboratoire. Le but : évaluer si de tels phénomènes sont possibles ou réels et, dans ce cas, trouver l'explication la plus rationnelle possible.

C'est au sous-sol, en l'occurrence, qu'œuvre Jean-Paul Bailly, un ingénieur faisant partie de l'IMI : lunettes rondes sur un visage également rond, cheveux blancs plaqués en arrière, petite moustache fine, une chemisette claire enfoncée dans un jean sombre, l'œil malicieux, l'accent volontiers gouailleur. Dans les trois pièces s'amoncellent des appareils de mesure qui lui sont familiers, mais qui n'apparaissent pour le profane que comme des fils électriques et des aimants agglomérés sur des plaques de polystyrène... Il y a aussi cette étrange machine : un cylindre sur le sommet duquel se trouve une plate-forme, et au milieu un petit engin mécanique (sorte de robot muni de roues équipées de stylo traceur). Le but de cet appareil, et de cette expérimentation ? « Savoir s'il peut exister des facultés psychiques encore ignorées chez chacun de nous, comme ici la télékinésie, c'est-à-dire la façon dont nous pourrions déplacer ou manipuler des objets sans les toucher. Peut-être que ce qui est encore inexplicable aujourd'hui, comme les apparitions de fantômes ou les *poltergeist*, pourrait en réalité être fabriqué par nous-mêmes, notre cerveau ? Un phénomène psychique et mental en quelque sorte. C'est ce que tentent de déterminer plusieurs instituts de recherche auxquels l'IMI est associé. »

Ici, le robot se déplace de manière aléatoire sur une surface plane circulaire. Des zones sont indiquées et l'appareil enregistre ses déplacements en traçant une trajectoire sur le support blanc. L'objet de l'expérience est de chercher, sans le manipuler, à ce que le robot se dirige vers une zone particulière... ce qui prouverait que l'objet a été influencé, mais d'une façon immatérielle, « télékinésique ». Je tente l'expérience avec Jean-Paul mais… faiblesse de mon esprit ou manque de fluide, les mouvements restent dans la limite du hasard et des probabilités. Je ne fais pas un bon médium.

## 16

# Vrais et faux médiums

En 1924, le docteur Geley publie, à Paris, chez Alcan, *L'Ectoplasmie et la clairvoyance. Expériences et observations personnelles*. Un compte rendu est aussitôt publié dans la *Revue métapsychique*, sous la forme d'une introduction à l'étude pratique de la médiumnité. Autrement dit une sorte de *vade-mecum* ou de *modus operandi* des séances d'expériences médiumniques :

> La phase « héroïque » de la métapsychique semble toucher à sa fin. Sans doute, la réalité des phénomènes médiumniques n'est pas encore acceptée sans discussions ni réserves ; mais elle n'est plus niée systématiquement[1]. [...] Il faut s'attendre à une généralisation prochaine des études métapsychiques, généralisation que seule peut retarder désormais la rareté de bons médiums[2]...

Geley oublie de dire que beaucoup de « médiums » se sont fait prendre la main dans le sac en pleine tricherie. Un bon médium est-il donc celui qui ne se fait pas attraper par les expérimentateurs ou les spectateurs, ou plutôt celui qui a le plus d'affinités avec les esprits pour les faire intervenir ? Mais d'abord, qu'est-ce qu'un médium ? Geley répond : « Le médium est un être dont les éléments constitutifs (mentaux, dynamiques, matériels) sont susceptibles de se décentraliser momentanément[3]. »

Autrement dit, le médium établit un pont entre l'humanité matérielle et le monde des esprits, ce lien pouvant être de l'ordre du visible/palpable ou de l'ordre du spirituel (idée, concept, etc.). Il peut aussi permettre à l'énergie de l'esprit de se manifester sur des objets initialement inertes :

> Le sujet ou médium entre en extase et, sur la seule expression de sa volonté, une table à laquelle il ne touche point se soulève, une chaise placée hors de sa portée vient par un chemin aérien se poser sur cette table, une sonnette vole dans les airs en faisant entendre des tintements, un piano joue, touché par des mains invisibles, etc.[4].

Pour être efficace, le médium doit remplir plusieurs critères : être en bonne santé, de bonne humeur, avoir confiance dans les expérimentateurs, et être à son aise lors de la séance. Quant aux expérimentateurs, dont le nombre idéal varie de quatre à sept, ils doivent être relativement jeunes et en bonne santé, pour « créer une harmonie collective favorable[5] », rester passifs (ne surtout pas intervenir, par exemple ne pas saisir la main matérialisée, au risque de la voir disparaître comme une fumée qui se disperse...), être patients (parfois en attendant plusieurs heures, le temps de « laisser le phénomène se développer librement, acquérir toute son importance[6] »), et contrôler efficacement (ne sont-ils pas présents avant tout pour éviter toute fraude et confirmer la véracité des faits observés ?). Le contrôle des séances passe par un éclairage maîtrisé (la lumière étant néfaste à la matérialisation des ectoplasmes, mais nécessaire à leur visualisation, il faut composer pour ne pas gêner la transe du médium) et des mesures empêchant toute prestidigitation (salle sécurisée sans cachette, fouillée préalablement ; tenir le médium par les deux mains et si possible aussi par les deux pieds, en permanence ; l'éloigner de toute tierce personne pour qu'aucun compère ne puisse réaliser un trucage).

Les précautions pour lutter contre les fraudes de la part du médium (qu'elles soient « conscientes » ou « inconscientes », pour reprendre la terminologie de la métapsychie) sont extrêmes. En 1923-1924, le médium Erto se mettait totalement nu et tous ses orifices étaient examinés, rectum compris ! Pendant les séances, il était affublé d'un maillot plombé au niveau des ouvertures des poignets et de l'ouverture du dos. Sa tête était couverte d'un voile de tulle cousu au col du maillot et dont l'ouverture était également plombée, puis ses mains étaient emprisonnées par des gants de boxe, plombés aux poignets ! À l'issue des séances au cours desquelles des manifestations survenaient, des examens radiographiques pouvaient être réalisés, centrés sur les voies digestives et aériennes, notamment à l'Institut du radium où exerçaient Pierre et Marie Curie, particulièrement impliqués dans la métapsychie. Malgré tout, dans le cas du (faux) médium Erto, un produit éclairant, du ferrocérium, aurait été caché sous son prépuce, qu'il passait à travers un minuscule trou de sa combinaison en tissu extensible, et dont il se débarrassait après la séance dans la canalisation d'un lavabo... Raison pour laquelle ce fameux Erto avait refusé de se faire examiner les parties génitales par le non moins fameux professeur Lacassagne, un des grands noms de la médecine légale de l'époque[7]. D'autres plaçaient des objets cachés sous leurs paupières, dans une fausse plaie ou une fausse croûte, dans la bouche (arrière-gorge, langue, poche confectionnée dans l'épaisseur de la joue), dans une cigarette truquée, etc.

Voici un exemple des précautions prises en 1923 par l'IMI pour dépister toute éventuelle supercherie lors d'une démonstration de médium (on verra plus loin que certaines de ces précautions se sont hélas révélées inutiles, en raison, soit de la présence d'un complice parmi les personnes chargées de ce contrôle, soit d'une extrême ingéniosité du médium pour déjouer ces stratagèmes) :

> *Contrôle du médium.* Le médium était déshabillé en présence d'au moins deux de nous, avant d'entrer dans la salle des séances, et revêtu d'un pyjama sans poches. Pendant les séances, il était tenu par les deux mains, le petit doigt de chaque main passé en crochet au petit doigt de la main correspondante de chacun des deux contrôleurs. De plus,

un ruban très court (longueur juste suffisante), doublement plombé (balle de plomb écrasée par une pince portant les initiales de l'IMI), unissait le poignet droit et le poignet gauche du médium aux poignets gauche et droit des contrôleurs. Cette ligature était inviolable (il fallait nécessairement couper le ruban pour libérer les mains du médium) et rendait impossible l'usage de ses mains, alors qu'elles n'eussent pas été tenues. Les contrôleurs assuraient le contact étroit et permanent de leur corps, spécialement de leur pied et de leur jambe, avec le corps, les jambes et les pieds du médium.

Nous avons tous constaté que, pendant toute la durée des séances, le médium restait absolument passif. Quand il se produisait un phénomène important, son corps et ses mains frissonnaient ; mais jamais il n'esquissait de mouvement, même de faible amplitude. Par exception, il lui arrivait, de temps en temps, de porter en arrière, aussi loin que possible de lui, la main de l'un ou de l'autre contrôleur pour lui permettre de constater certains phénomènes décrits plus loin.

*Contrôle des expérimentateurs.* Tous les expérimentateurs se tenaient par la main et étaient joints, poignet à poignet, par des chaînettes cadenassées aussi courtes que possible.

*Contrôle de la salle.* Les portes des salles où ont eu lieu les séances étaient fermées à clef, en dedans, et scellées par des bandes collées signées de l'un de nous. Le tablier de la cheminée était également scellé au parquet. Quelques expérimentateurs ont même collé les fenêtres. Il n'y avait dans ces pièces aucun meuble ou placard susceptible de cacher un compère éventuel. L'hypothèse de trappes, placards dérobés, panneaux tournants, etc. ne peut être mise en avant pour les raisons suivantes :

> a/ un rapport très complet de M. Legros, architecte diplômé, 26 bis, avenue Daumesnil, qui a visité à fond les locaux de l'IMI, déclare formellement que les murs, le plancher et le plafond sont tout à fait normaux ;
>
> b/ à plusieurs reprises, le plancher a été, avant la séance, entièrement recouvert de sciure de bois, de sorte que le soulèvement d'une trappe eût été dévoilé inévitablement. Il est à noter que dans ces conditions nous n'avons pas observé de traces de pas humains ;
>
> c/ des séances positives ont eu lieu dans l'appartement privé de quatre d'entre nous (Professeur Richet, Dr Cunéo, Dr Bord, Dr Bour)[8].

Certains des témoins (dénommés « expérimentateurs ») se révèlent prestigieux : les chimistes et prix Nobel Pierre et Marie Curie, le physicien Édouard Branly, le philosophe Henri Bergson, l'anatomiste Bernard Cunéo, le physicien Armand de Gramont, président de l'Académie des Sciences, ou encore Edmond Bayle, le chef du service de l'Identité judiciaire à la Préfecture de police de Paris, etc.[9]. En Italie, le criminologue Cesare Lumbroso, resté tristement célèbre pour ses théories sur l'usage de l'anthropologie physique et de la craniologie pour la classification des criminels, fait lui aussi l'apologie du spiritisme, et participe à de nombreuses séances comme scrutateur.

La recherche scientifique (notamment menée par l'IMI) a pour but la manifestation de la vérité. Des innovations technologiques sont créées, imaginées, développées, améliorées, aux fins de tester la fiabilité des médiums, de rechercher ou démasquer l'éventuelle escroquerie. Des évaluations sont faites, dans une démarche qui se veut la plus objective possible (mais l'est-elle ?) :

Les médiums répudiés la veille prennent leur revanche au congrès métapsychique. Lundi, au congrès métapsychique, nous avions entendu les techniciens qui affirment que seul l'enregistrement par le laboratoire des phénomènes métapsychiques permettra leur étude avec une rigueur scientifique suffisante. Hier ont défilé à la tribune ceux qui gardent leur confiance aux observations faites par l'intermédiaire des médiums lorsque, bien entendu, elles sont soumises à un sévère contrôle. Plusieurs auteurs ont prétendu que, lorsqu'un médium entrait en état de transe, la température ambiante s'abaissait sensiblement. Nous ne serons pas encore fixés cette année sur ce point, pourtant important, car si le phénomène est reconnu vrai, il est la preuve matérielle de l'émission par le médium de radiations physiques intenses.

Mais deux expérimentateurs, M. Harry Price et le docteur Weltz, de Munich, sont arrivés à des conclusions diamétralement opposées. Le premier, reprenant les études de Crookes, s'est servi d'un thermomètre enregistreur ultra-sensible construit spécialement. Au moment où le médium Stella est entré en transe, il a constaté que la température s'élevait, pour baisser ensuite au-delà de ce qu'elle était au début de l'expérience. Les graphiques sont là, raccordés à des photographies du médium, pour le démontrer. Le second, par contre, en se servant d'une pile thermoélectrique de quarante-huit éléments, capable de déceler des changements infimes de température, à ce point que la simple approche de la main la fait monter de huit ou dix échelons, n'a pu constater au cours des sept séances, avec trois médiums différents, aucun abaissement de température. Les assistants déclaraient cependant sentir distinctement du froid[10]...

Malgré toutes les précautions, d'innombrables fraudes sont constatées[11]. Et quand la psychologie se mêle d'analyser les séances de spiritisme, il semble qu'en l'absence de trucage, ce soient des phénomènes d'hypnose, de suggestion, d'hallucinations collectives qui expliquent les observations dites « spirites », si l'on en croit Albert Moll :

> [Pour Moll], l'atmosphère hypnotique des salles sombres de séance de spiritisme et le caractère prestigieux social et scientifique des expérimentateurs pourrait expliquer pourquoi les personnes *a priori* rationnelles accordent un tel crédit aux phénomènes occultes[12].

C'est la lumière qui va faire disparaître les médiums ou, du moins, éliminer les plus mauvais, les moins talentueux. L'amélioration des techniques de prise de vue dans la plus grande obscurité permet désormais de voir les mains se délier, les trucs sortir des manches, les fils mobiliser des objets, etc. :

> Jusqu'à la fin du XIXe siècle, il y eut un véritable raz-de-marée de médiums et de voyants. Beaucoup n'étaient que de pâles escrocs. Mais quelques-uns possédaient un talent authentique et parfois prodigieux. Assez curieusement, la disparition des grands médiums coïncida, au début du XXe siècle, avec la découverte du rayon infra-rouge et la possibilité de filmer dans l'obscurité[13].

Ainsi, toute tricherie devient plus difficile, voire totalement impossible. Faute de pouvoir poursuivre ce qui n'est finalement que des tours de magie bien ficelés, les médiums finissent par être démasqués ou par quitter la scène. Le spectacle est fini. *Acta est fabula.*

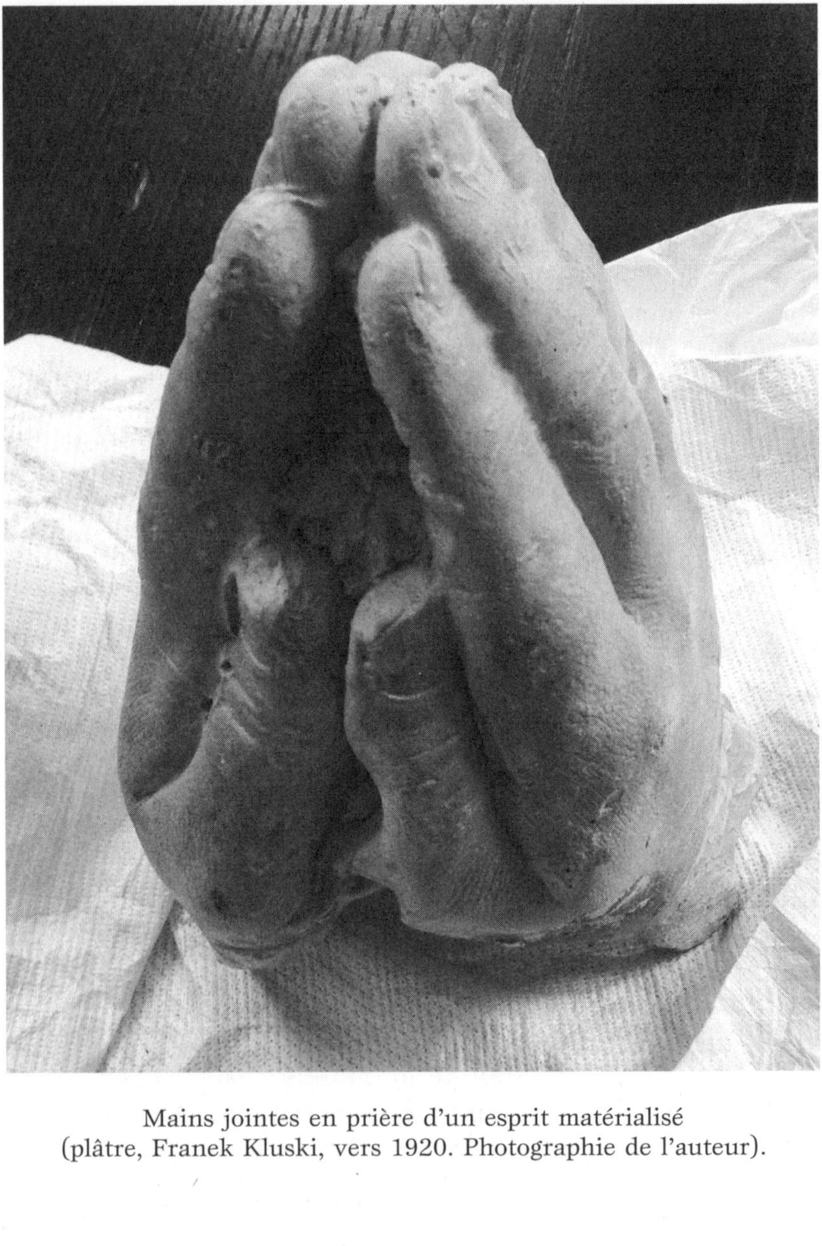

Mains jointes en prière d'un esprit matérialisé
(plâtre, Franek Kluski, vers 1920. Photographie de l'auteur).

## 17

# Matérialisations spirites

La survenue de fantômes, la manifestation des esprits, l'existence d'un *poltergeist*[1], etc. sont autant de remises en question d'un ordre établi, avec un monde parallèle et des lois également parallèles. Le fantôme lui-même se place à la frontière du matériel et de l'immatériel en laissant des traces physiques de son passage en ce bas monde…

Dans certains cartons de la bibliothèque de l'IMI, on ne trouve pas des livres, mais des mains ! Elles sont d'une taille un peu plus petite que celles de mains adultes, en cire ou en plâtre, souvent jointes en prière, fines, élégantes, aux ongles bien coupés. Des mains bourgeoises, pourrait-on dire. Des mains d'outre-tombe, en réalité, non humaines, mais spirituelles, si l'on en croit Franek Kluski. De son vrai nom Teofil Modrzejewski (1873-1943), ce médium polonais avait été invité à l'IMI en 1920 par le docteur Geley afin de présenter au public ses « matérialisations ectoplasmiques », selon le procédé suivant : Kluski dispose un grand récipient rempli d'eau chaude sur une table, recouvre la surface du liquide par une couche de cire ou de paraffine fondue, et le place devant lui tandis que deux observateurs tiennent ses mains. Pendant la séance, le médium sollicite les esprits pour qu'ils plongent certaines de leurs parties anatomiques (mains, pieds, visage, etc.) dans le récipient, puis les ressortent, obtenant une forme dans laquelle du plâtre est coulé immédiatement pour obtenir un positif.

Ces mains, dont seulement plusieurs dizaines d'exemplaires ont été conservés, sont de taille modeste. Un des membres de l'IMI (Edmond Bayle, chef de l'Identité judiciaire à la Préfecture de police de Paris) en a réalisé l'examen sans y trouver la moindre supercherie apparente : les esprits ont, eux aussi, des empreintes digitales, parfois même des cicatrices. Kluski reproduira un tel phénomène à Varsovie, en 1921 et 1922, réussissant même à obtenir d'un esprit qu'il croise ses deux « mains » dans la solution qu'il utilise ! Il sera *a priori* le seul. L'IMI conserve aussi dans ses archives le lourd dossier constitué par le docteur Ménager, convaincu d'une fraude de Kluski, suspectant l'usage de gants en paraffine, ou d'un trucage au bicarbonate de soude… Mais le médecin ne put jamais confondre le médium.

Par quel processus de telles formations sont-elles produites ? Pour le docteur Geley, « les esprits empruntaient au médium une portion de sa substance organique, dans le but de se manifester un instant, en chair et en os, comme de leur vivant[2] ».

Ces matérialisations manuelles (« mains fluidiques ») apparaissent donc lorsqu'on demande à l'esprit de plonger ses mains dans de la cire chaude, et qu'on retire aussitôt l'empreinte pour y couler un positif de plâtre. La taille sensiblement plus petite que l'adulte s'expliquerait par la « petitesse relative » des esprits... Quant aux imperfections anatomiques, voici comment elles sont expliquées de façon très lyrique (et objectivement partiale) par le docteur G. Geley :

> Les défectuosités de certaines matérialisations ne prouvent nullement la fraude, tout au contraire. Quelle est donc la cause de ces défectuosités ? Nos connaissances acquises en métapsychique nous la font saisir immédiatement. Puisque l'ectoplasme est fonction a/ d'une extériorisation dynamique et sensorielle du médium ; b/ de l'organisation idéoplastique des éléments extériorisés ; on comprend combien rares doivent être les matérialisations achevées. Constituer, en quelques secondes, un organe ou un organisme biologiquement complet, créer la vie, est un tour de force métapsychique formidable, et qui ne peut que rarement aboutir à un résultat parfait. C'est pourquoi l'immense majorité des matérialisations présentent un caractère incomplet, fragmentaire, lacunaire ou défectueux. Les formations sont rarement autre chose que des ébauches plus ou moins réussies, ébauches de mains, de visages, d'organismes. Mais, dans ces ébauches, on retrouve, presque toujours, la marque du génie créateur, la signature de la vie. Dans ces ébauches, se dévoile à nous, dans sa splendide beauté, l'énigme de la vie universelle, des rapports de l'Idée et de la matière. Dans la science et dans la philosophie de l'ectoplasmie, résident le grand secret et le grand mystère, la révélation de la connaissance suprême ; fruit divin jusqu'à présent interdit aux mortels[3].

Les matérialisations sont par nature très ténues, très limitées. Lors d'une séance de spiritisme qui se tient à Turin en 1907, dans une salle de la clinique de psychiatrie de l'université, sous la direction du professeur Cesare Lumbroso, la célèbre médium Eusapia Palladino va provoquer plusieurs matérialisations. D'abord une main, « petite, fermée, le bras couvert d'une manche foncée, rosée, potelée et fraîche », qui va caresser certains des expérimentateurs, puis une tête qui va émerger d'un rideau et embrasser un membre de l'assistance :

> En attendant, le rideau se meut encore et se gonfle ; la table frappe trois coups pour dire « Attention ! ». L'ingénieur Pomba est gratifié d'une visite de l'inconnu. Comme dans la séance précédente, la tête entourée du rideau s'approche de lui et le baise, pendant que deux mains que nous ne voyons pas lui tiennent la tête d'un geste affectueux. Cela se renouvelle plus d'une fois [...]. J'observe que la dimension de cette forme humaine est variable, que son volume augmente et diminue visiblement, à tel point de paraître tantôt un adulte, tantôt un petit enfant. Elle subit et suit évidemment les variations de l'émission de la force médiumnique. Quand l'effort est plus intense, la matérialisation est plus complète ; le médium apparaît plus fatigué alors que la tête a un volume plus fort[4].

Mais ces productions de mains, de pieds et de visages spirites sont rares. Généralement, les médiums parviennent plutôt à une « extériorisation de la substance amorphe primordiale » caractérisant les manifestations ectoplasmiques des esprits[5]. Cette « substance amorphe » prend autant l'aspect d'une sorte de coulée comparable à un tissu de crème très dissocié issue des mains, du nez, de la bouche de la médium ou, d'une façon très érotique, attachée à la pointe d'un ou des deux tétons. Dans les collections de l'IMI, des clichés noir et blanc immortalisent de telles matérialisations, avec des cadrages très suggestifs dont on peut très bien imaginer qu'ils ont pu influencer les surréalistes, à commencer par Man Ray… Le visage de la médium apparaît très fréquemment crispé, en sueur, avec un sourire presque sardonique, les cheveux volontiers défaits (et gras) couvrant en partie son visage, les mains serrant très fort un pan du rideau ou de ses vêtements.

La « papesse des matérialisations » est sans conteste Marthe Béraud (1886-1969), dite « Eva C. » ou « Eva Carrière ». Au cours de sa longue carrière de médium, cette véritable « fontaine ectoplasmique » aura produit des litres et des litres de cette substance gluante, visqueuse, friable, blanchâtre, émise par ses orifices (narines, bouche, nombril), ou à travers sa peau, et parfois des émanations mieux « construites » comme des visages ou éléments de membres. Une de ses spécificités était sa nudité. L'IMI conserve de nombreux clichés d'Eva seins nus, des filets ectoplasmiques reposant sur la pointe de ses tétons ou sur la surface rugueuse de ses mamelons, de façon très sensuelle… tant et si bien qu'on se demande si l'artiste a voulu immortaliser l'anatomie intime d'Eva ou ses productions médiumniques. La même question se pose pour ceux qui assistaient à ses séances (Arthur Conan Doyle et Harry Houdini, notamment), dans une relative obscurité et une promiscuité qui rajoutaient encore plus à la sensualité du moment.

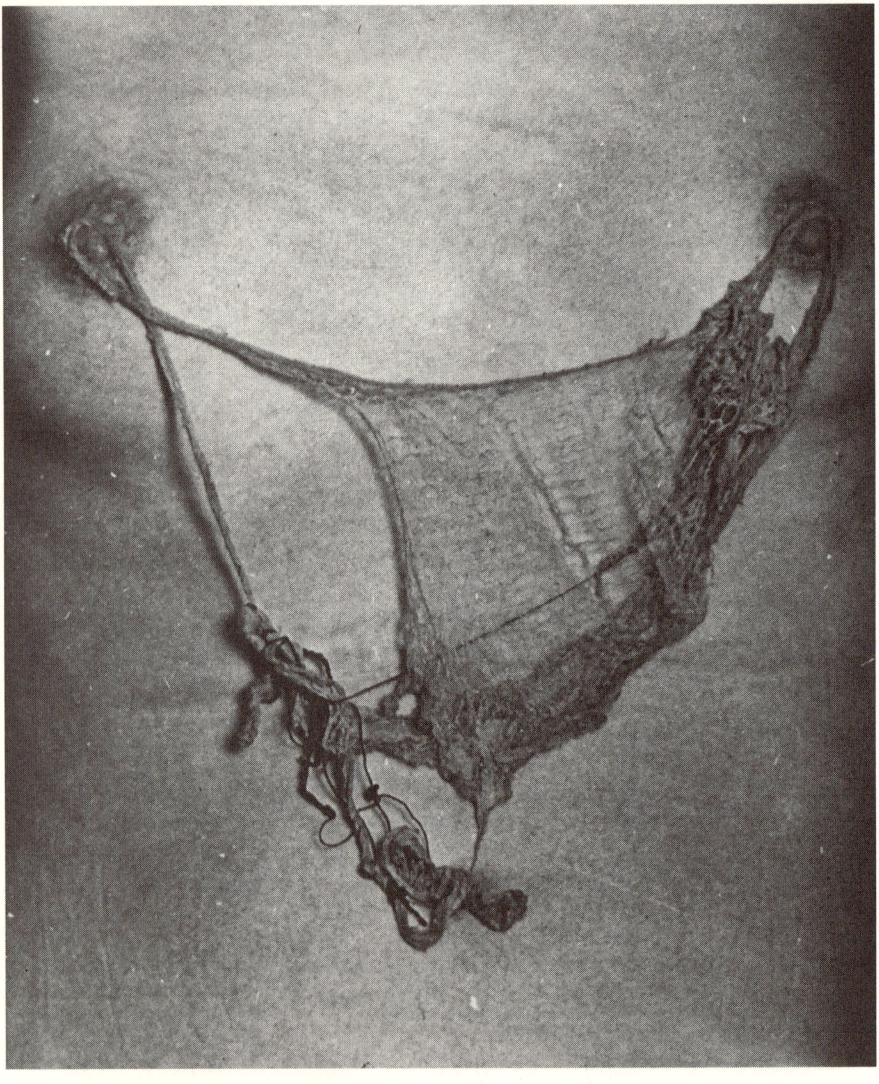

Matérialisation de filets ectoplasmiques
sur la poitrine d'Eva Carrière, entre 1900 et 1920.

Le dépouillement des archives de l'IMI m'en apprend plus sur cet érotisme spirite, avec d'autres cas étrangers, par exemple en Grande-Bretagne, où six morsures apparaissent sur la poitrine d'une petite « possédée » de quinze ans (!) :

> Samedi dernier, on a procédé, au Laboratoire psychique de Londres, à l'examen d'un étrange sujet, Eléonore Zugun, cette petite Roumaine, âgée de 15 ans, que l'on appelle déjà la « possédée ». Les expérimentateurs ont constaté l'apparition de six empreintes blanchâtres sur la poitrine de la jeune fille. Ces stigmates prenaient, en se précisant, l'apparence de morsures. Pendant la durée de ce phénomène, Eléonore se débattait, en poussant des cris, comme si elle était entre les mains d'un bourreau invisible. Le directeur du Laboratoire psychique, M. Harry Price, déclare avoir observé d'autres phénomènes aussi inexplicables. C'est ainsi que des lettres métalliques, soigneusement enfermées dans un coffret, en présence d'Eléonore, sont tombées, on ne sait comment, sur le parquet. Fait plus surprenant encore, pendant qu'un expérimentateur maintenait les poignets de la patiente, sa bague s'échappa de son doigt et roula dans le couloir voisin[6].

On note la forte connotation sexuelle avec ces morsures au sein. Toujours cette notion de « divertissement coquin », très présente dans la bourgeoisie adepte de spiritisme. Toujours cette envie irrépressible de « reluquer » les femmes médium, que l'*intelligentsia* masculine, entretenant maîtresses et fréquentant prostituées des faubourgs interlopes, vient observer sous toutes les coutures. Eusapia Palladino ne déroge pas à la règle. Lors de séances spirites à Gênes en 1907, à l'âge de cinquante-trois ans, elle se présente tantôt quasi déshabillée pour matérialiser un esprit féminin, tantôt attachée à un lit comme dans une séance de *bondage* underground :

> Eusapia quitte le cabinet, se déshabille de tous ses vêtements blancs, jette même son mouchoir, ne gardant que sa jupe et son corsage, et reprend ensuite sa place sur le lit de camp. Vingt minutes après, les rideaux s'ouvrent encore et on voit apparaître un visage de femme, tout entouré de bandages. Mme Palladino avait été complètement déshabillée et fouillée, au début de la séance. [...] Cette fois, Eusapia est attachée au lit d'une manière originale. Les expérimentateurs se sont pourvus d'un certain ruban très fort dont on se sert dans les asiles d'aliénés pour lier les furieux – un ruban gros, large, d'une couleur verdâtre, qui permet de serrer beaucoup sans danger de couper la chair comme il arrive avec la corde, et de multiplier les nœuds les plus compliqués et les plus extravagants. L'opération est confiée au professeur Morselli qui, en sa qualité d'aliéniste, a une compétence spéciale à ce sujet. Il assure les poignets et les chevilles du médium de façon à ce que ses mains et ses pieds ne puissent pas glisser dans les liens et attache les nœuds aux anneaux de fer introduits dans les barres latérales[7].

En avril 1923, lors d'une séance chez le professeur Cunéo, une forme « passe entre les jambes de Mme V. par-dessous ses jupes, et lui lèche les genoux[8] ». Les exemples de ce type sont nombreux...

L'IMI conserve un autre cliché pris par Juliette Alexandre-Bisson lors de la séance du 19 janvier 1913 à Paris. C'est cette même photographe qui dirige la

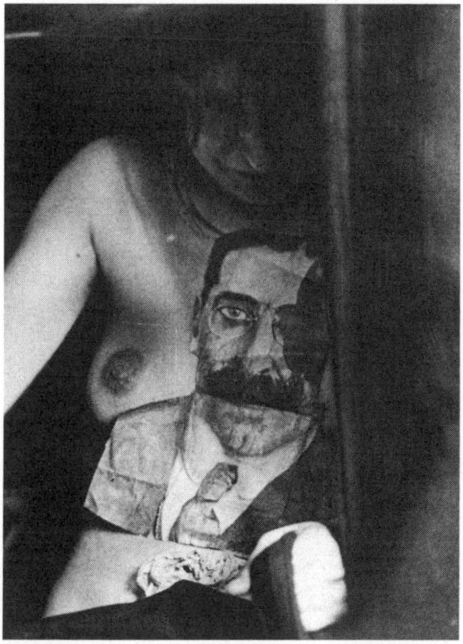

Matérialisation de Woodrow Wilson sur la poitrine d'Eva Carrière lors d'une séance spirite en 1913.

séance. Comme à l'accoutumée, Eva Carrière est torse nu, le visage à demi dissimulé dans l'ombre du rideau du cabinet secret. Un tissu noir (sa robe ?) affleure la naissance de son bassin, et l'on constate un amas d'ectoplasme remontant de son pubis, blanchâtre et fibreux, puis la substance prend forme entre ses seins, et finit par dessiner un visage d'homme avec de larges et épaisses moustaches, une paire de bésicles et une coiffure avec la raie sur le côté. C'est à ce moment que la photographie est prise. À qui appartient ce visage ? C'est celui de Woodrow Wilson, tout récemment élu président des États-Unis, et dont le portrait (quasiment semblable) a été publié dans *Le Miroir*. L'examen du cliché d'Eva Carrière montre toute la difficulté à considérer cette « émanation » comme un véritable ectoplasme, puisqu'on visualise très précisément le pliage du papier (au niveau du nœud de cravate, à l'horizontale) sur lequel était reproduit ce portrait officiel…

En 1923, le célèbre médium hongrois Ladislas Lasslo est démasqué. Toutes les matérialisations (téléplasmes) qu'il a pu avoir lors de séances publiques étaient fausses, avec des mouvements contrôlés par un fil qui pendait de sa bouche. Des photos sont prises, qui montrent ces formations blanchâtres coulant entre ses lèvres et tombant sur son torse :

> Dès le début de la séance [du 27 décembre], Lasslo tomba en « transe ». Violents soubresauts, et, comme toujours, trois états distincts dans la transe. De même qu'au commencement de l'année précédente, il se forma à la lumière rouge un ectoplasme de 35 centimètres de longueur sur huit à dix centimètres de largeur, sortant de la bouche du médium. Immobile, il conserva sa forme et sa structure, et cela sous une lumière croissante, et même un moment dans la pénombre d'une claire lumière blanche. Plusieurs assistants, dont moi-même, touchèrent le plasma avec précaution. Il donnait l'impression de quelque chose de froid, humide (glissant). Il était blanc grisâtre. La masse disparut assez vite dans la bouche. Je demandai le contrôle immédiat et rapide de la bouche. Le médium ferma les rideaux et promit de matérialiser à l'instant une tête produite non par la bouche, mais loin de lui. Entre-temps, une demi-minute s'était écoulée. Alors le professeur B. tenta le contrôle de la bouche, contrôle qui fut naturellement négatif.

Ainsi qu'on pouvait s'y attendre, la tête promise ne parut pas. Lasslo eut une crise spasmodique. Tordai et moi nous le conduisîmes jusqu'au divan, à travers la chambre, à quatre mètres de distance. Il paraissait dans un état de demi-somnolence. Il n'était revêtu que d'un caleçon de bain en jersey. Pendant qu'il traversait la chambre d'un pas traînant, quelques assistants remarquèrent entre les doigts d'un de ses pieds, deux petits points blancs. Il ne se coucha pas sur le divan, mais au pied du divan, il recroquevilla ses mains et ses pieds pendant quelques secondes. Sorti de cet état spasmodique, il parut entièrement réveillé. Sans être contrôlé, il fut envoyé dans la chambre voisine pour se rhabiller, sous le prétexte que la chambre des séances devait être aérée.

Aussitôt que Lasslo fut sorti, F. leva le divan et trouva, au pied, à la place où Lasslo s'était tenu, une bande de gaze de pansement roulée, de l'épaisseur d'un crayon. Elle était mouillée, visqueuse, et, déroulée, mesurait un mètre. Quelques minutes plus tard, Lasslo, à moitié vêtu, vint chercher son alliance qu'il avait soi-disant perdue. Nous avions remis le corps du délit à la place où nous l'avions trouvé et nous nous efforcions de cacher notre découverte. Lasslo chercha la bague près du divan dont il souleva aussi le pied ; puis il quitta la chambre. Le divan fut immédiatement soulevé par nous : le corps du délit avait disparu. Il avait été enlevé pour être dissimulé. Lasslo était donc tombé dans le piège et démasqué[9].

Charles Richet renverse alors la fraude de son côté, avec un sophisme un peu affligeant car, pour lui, ce n'est pas que la science métapsychique s'appuie sur des affabulations, mais que ses ennemis tentent de la décrédibiliser. La meilleure défense, c'est l'attaque :

> [L'affaire du faux médium Lasslo] révèle et démontre qu'un vaste complot, méthodique, avec organisation minutieuse, complicités stupéfiantes... et ressources inattendues, a été monté contre nos études, dans le but avéré de les déconsidérer et de les stériliser[10] !

Même ligne de défense avec cette autre médium ayant été confondue de fraude face à de prétendues émissions ectoplasmiques (on livre ci-après l'intégralité de ce texte savoureux) :

> La mystification extraordinaire d'un médium anglais. Cette femme avait la rare faculté de ramener de son estomac dans sa bouche des objets solides et de paraître ainsi émettre des ectoplasmes. Depuis que le spiritisme est à l'ordre du jour, nombre d'imposteurs ont été confondus. Peu, cependant, ont eu la possibilité, avant d'être découverts, de bafouer d'aussi sensationnelle manière et pendant si longtemps un public prêt à accepter de bonne foi les phénomènes auxquels on le fait assister que celui dont je vais vous conter la vraiment curieuse histoire.
>
> Pendant des mois, le médium qui vient d'être démasqué a pu mystifier des centaines de gens des mieux avertis, puisqu'ils sont membres de l'Alliance spiritualiste de Londres. C'est à M. Harry Price, directeur du Laboratoire national de recherches psychiques, que revient l'honneur de la découverte véritablement remarquable de cette supercherie colossale. Rappelons à ce propos, pour expliquer l'intervention de M. Price, que si le Laboratoire national tient, comme nous l'avons déjà expliqué ici même, à présenter au public les rapports véridiques d'expériences dûment contrôlées faites sous ses auspices, il s'efforce de plus de dévoiler la fraude, afin d'épurer le spiritisme des faux médiums, des charlatans et des farceurs.

Le médium en question, une femme, était donc parvenu, au cours de 45 séances consécutives, lesquelles ont coûté aux organisateurs des centaines de livres sterling, à se faire décerner des témoignages d'admirateurs pour les phénomènes qu'elle produisait, en pleine lumière il est vrai, mais en se maintenant à distance respectueuse de son public. Pour le malheur de ce médium, M. Harry Price vint un jour à l'une des séances. Observateur avisé, il étudia de sa place les phénomènes consistant à émettre des ectoplasmes et des téléplasmes, et qui comportaient, dans certains cas, l'apparition d'un visage ou d'une main. Et il fut pris d'un grand doute.

Il décida donc de proposer au médium et à son manager, qui n'était autre que son mari, de venir au Laboratoire national pour y reproduire les manifestations spirites qui leur avaient valu, depuis leur arrivée d'Écosse, l'automne dernier, des succès retentissants ainsi qu'un avantageux contrat avec l'Alliance spiritualiste de Londres. Ce ne fut pas sans peine que M. et Mrs Duncan – je peux bien citer leur nom, puisque celui-ci va être publié d'ici à peu de temps dans le rapport volumineux dont M. Price vient de terminer la rédaction – acceptèrent de se soumettre à l'expérience, non sans avoir réclamé pour cela un beau cachet.

La première séance eut lieu dans les locaux du laboratoire, le 4 mai dernier. Il y avait là un petit comité composé de personnalités fort connues, telles que William Bacon, le célèbre analyste ; le docteur William Brown, un des principaux psychothérapeutes de Londres ; les professeurs MacDougall et J. C. Flügel, les psychologues renommés et, enfin, le professeur D. F. Fraser-Harris, l'éminent physiologiste. M. Price, s'étant rendu compte au premier abord que la tâche qu'il s'était imposée avait un intérêt aussi bien psychique que médical – et on va voir qu'il avait parfaitement raison –, tenait beaucoup, en effet, à avoir comme témoins des sommités de la science que, naturellement, le médium ne connaissait pas.

Toutes les précautions furent prises pour que, au cours de cette première séance, comme d'ailleurs pendant les quatre autres qui ont suivi, toute supercherie fût rendue impossible. Mrs Duncan se prêta de bonne grâce à une fouille médicale des plus minutieuses, laquelle ne donna aucun résultat. Elle avait été dépouillée de tous ses vêtements, qui furent emportés dans une pièce voisine, et avait revêtu une longue blouse noire fournie par le laboratoire. Entrée en transe, elle produisit, pendant une heure et demie et à la clarté du jour, toute une série de phénomènes téléplasmiques. De sa bouche sortirent de longs festons blancs qui s'enroulaient tantôt autour de son corps, s'allongeaient, se raccourcissaient, changeaient de forme, dessinèrent la tête d'une jeune fille dont elle donna le nom, puis disparurent éventuellement par où ils étaient venus.

Des photos avaient été prises au cours de la séance. On décida que, pour les suivantes, le médium, après l'examen habituel, serait attaché sur son siège. Il renouvela cependant avec facilité les mêmes phénomènes et son « contrôle » resta en conversation constante avec les assistants pendant toute la durée de l'expérience. Une autre fois, au milieu du téléplasme, apparut une main informe. L'examen des photographies renforçait les doutes de M. Price. Mais il lui fallait encore une preuve. Aussi n'hésita-t-il pas, durant l'état de transe de Mrs Duncan, à couper tranquillement, avec des ciseaux, divers morceaux d'ectoplasme.

Ces échantillons d'un nouveau genre, examinés par les personnes plus haut citées, leur causèrent une vive surprise. L'un des prélèvements était, purement et simplement, de la gaze légère, comme celle qui sert à envelopper le beurre. Un autre fut reconnu mélange de pulpe de bois et de blanc d'œuf. De plus, l'agrandissement des photographies démontra que les visions apparues dans le prétendu téléplasme n'étaient que des photographies grossièrement découpées, que la main informe, aperçue une fois, était un de ces gants de caoutchouc très mince dont se servent les chirurgiens. La preuve de la fraude était faite. Mais le comité d'hommes de science ne parvenait pas encore à comprendre comment le médium, malgré la fouille systématique qui préludait aux séances, parvenait à cacher un métrage considérable de gaze à beurre, des photographies, de longues bandes de papier et un gant en caoutchouc.

C'est alors que l'on eut recours à la radiographie et que tout s'expliqua. Les savants, à leur profonde stupéfaction, s'aperçurent qu'ils étaient en présence d'un sujet qui tient du phénomène, d'un être comme il n'en existe peut-être qu'un seul pour dix millions d'individus, bref, d'un organisme humain doué d'extraordinaires facultés de « régurgitation ». C'est grâce à cette particularité si rare de pouvoir ramener dans la bouche, sans le moindre effort de vomissement, des matières solides absorbées par l'estomac et l'œsophage, que Mrs Duncan avait pu mystifier des milliers de gens de bonne foi, un peu trop prompts peut-être à accepter la réalité des phénomènes enregistrés.

Le mari-manager fut alors soumis à un sévère interrogatoire par les membres du comité. Il tenta d'abord de le prendre de haut, proposant même de donner trois nouvelles séances au cours desquelles il garantissait qu'« Albert », le contrôle du médium, produirait cette fois du véritable téléplasme. Mais, devant les preuves concrètes des supercheries de sa femme qui lui furent soumises une à une, il fut obligé d'avouer et, dès le lendemain de cette confession, le couple Duncan quittait Londres. On n'en a plus entendu parler depuis.

– Je n'ai pas le moindre doute, me disait M. Harry Price après m'avoir relaté les faits ci-dessus, que nous avons

> découvert la fraude la plus sensationnelle qui ait jamais été pratiquée dans l'histoire du spiritisme. La méthode du faux médium était unique en son genre et c'est certainement la première fois que cette faculté peu commune de « régurgitation » a été exploitée dans nos milieux. Sans les méthodes scientifiques que nous employons dans notre laboratoire et sans l'aide précieuse que nous ont apportée avec tant de spontanéité des médecins et des analystes fameux, il eût été impossible, dans ce cas, de démêler le vrai du faux[11].

Même Eusapia Palladino, fréquentée par Pierre et Marie Curie, n'échappera pas à cette vague de charlatanisme. Née en 1854 dans les Pouilles, près de Bari, celle qu'on présente comme une paysanne totalement inculte va occuper le devant de la scène spirite pendant presque une génération. De 1892 jusqu'à sa mort en 1918, elle multiplie les apparitions dans les cercles privés ou sur les scènes publiques. On la voit en Italie, en France, en Allemagne, en Pologne, en Russie, etc. Certains se ruinent pour assister à ses démonstrations au cours desquelles elle réussit à léviter, à matérialiser des fleurs, à faire jouer des instruments de musique à distance, et bien entendu à communiquer avec les défunts. Son succès est immense… À ce détail près que les commissions d'enquête vont finir par trouver le truc : elle parvient toujours à libérer une de ses mains ou un pied, provoquant bruit et/ou déplacement de table. Ailleurs, c'est à l'aide d'un de ses longs cheveux qu'elle attrape de petits objets. Même si elle est confondue, ses proches, solidaires, argumentent en attestant que les fraudes ne sont pratiquées que lorsqu'elle n'arrive pas à réellement produire une manifestation spirite, une sorte de solution de secours, une falsification « à l'insu de son plein gré », en quelque sorte : « Au cours de la troisième séance, s'est vérifié un cas très caractéristique de fraude, qui peut servir à faire mieux comprendre les supercheries, vraisemblablement inconscientes, d'Eusapia[12] »...

Arguments bien spécieux. Le mal est fait, la confiance perdue ne se récupère jamais.

## 18

# Les médecins s'emparent du spiritisme

> Quelle explication donner de ces faits ? Il semble, n'est-il pas vrai, que le plus logique soit de s'adresser au médium qui les produit. Ce médium est une femme, une malade, sans instruction. Elle donne une explication fantaisiste à laquelle il n'y a pas lieu de s'arrêter, car scientifiquement, elle n'a aucune valeur. Elle parle d'un être mystérieux, qui à son appel revêt une forme humaine tout en restant invisible, et transporte les chaises, soulève les tables, etc.[1].

Les médiums sont-ils des malades pas comme les autres ? Sont-ce des troubles psychiatriques ou somatiques qui expliquent leurs capacités hors du commun ? La réponse à ces questions n'est plus du ressort des amateurs, mais d'un corps professionnel bien précis : les médecins.

Dès le tournant du XX^e^ siècle, la Faculté s'empare littéralement du domaine paranormal. À Paris, l'IMI est tenu par des médecins (le professeur Charles Richet, puis le docteur Geley, le docteur Osty, le professeur Michaux, le professeur Rocco Santoliquido, le professeur Cunéo, le docteur Calmette, etc.). Figure de proue de la médecine de l'époque, Charles Richet, tout en menant ses travaux de physiologie – sa mise en évidence du phénomène d'anaphylaxie lui vaudra le prix Nobel de médecine et physiologie en 1913 –, va fréquenter le Grand Orient de France, présider la Société française d'eugénisme (avec ses théories raciales et racistes) et être à l'origine de ce nouveau champ disciplinaire dès les années 1890 : la métapsychique, c'est-à-dire l'étude scientifique des phénomènes paranormaux. C'est dans cette suite qu'il va fonder à Paris, en 1919, l'IMI, et publier en 1922 chez Alcan son *Traité de métapsychique*.

La science biomédicale sert ainsi de caution (morale ? scientifique ? peut-être les deux ?) à des explications anatomo-physiologiques de certains phénomènes constatés par les chercheurs. Par exemple, en 1929, un praticien tente de confirmer la possibilité biologique d'un dermographisme de la pensée chez Olga Kahl, une médium russe établie à Paris. Les objets auxquels elle pense se dessineraient sous la forme de silhouette ou de mots écrits sur son avant-bras ou d'autres zones de son corps. Avec différents schémas anatomiques, l'auteur explique que oui, il est possible que la force de la pensée agisse directement ou indirectement sur le réseau vasculaire situé dans l'épaisseur de la peau, et réussisse à dessiner ou tracer des formes fines et identifiables sur les téguments :

> Il se passe que Mme Kahl, pour réaliser le dermographisme de la pensée, selon les conceptions classiques,

> doit, par une action finement sélective des cellules pyramidales de son cortex, agir avec une telle précision sur la hiérarchie des centres cellulaires du système nerveux végétatif – centres échelonnés dans les noyaux gris sous-corticaux, la protubérance, le bulbe, la moelle épinière, les ganglions de la chaîne vertébrale, etc. – qu'il en résulte finalement une turgescence des corps capillaires portée au maximum pour être visible à travers l'épiderme, et si bien distribuée que n'entrent en turgescence que les corps capillaires devant servir au tracé de ce qui doit être inscrit, toute la circulation voisine continuant de s'effectuer dans les artérioles et les capillaires sans modification du tonus normal[2].

Pour d'autres, il existe des perturbations biologiques permettant d'expliquer les capacités de médiumnité. Ainsi, en 1954, le docteur Assailly, un endocrinologue, effectue une étude statistique sur une série de médiums : le but est de décrire au mieux les processus pathologiques et physiologiques pouvant conduire à un état propre à devenir un intermédiaire entre les humains et les esprits. On y retrouve quelques poncifs tenant à l'hystérie et aux troubles de la sexualité, tant masculine que féminine… mais aussi des anomalies physiques rencontrées très fréquemment (d'après ce médecin) chez ses patientes médiums : gonflement prémenstruel de l'abdomen, nette fragilité capillaire (« se faisant constamment des bleus et marquant pour rien »), hyperlaxité ligamentaire (et « se tournant constamment les chevilles »), et système pileux nettement plus développé que la moyenne des femmes[3]. Ces observations portent sur un échantillon de quarante-trois femmes, et montrent, d'après ce médecin, des anomalies d'ordre endocrinien (hormonal). De tels troubles sont-ils également observables chez les médiums masculins ?

> Il ne nous a pas été donné d'en étudier plus que de trois [...], mais il est tout de même intéressant de préciser que sur ces trois, un était adiposo-génital, l'autre un homosexuel caractérisé, et le troisième un célibataire aux allures quelque peu féminines. La médiumnité serait-elle favorisée par une certaine virilité chez la femme et une certaine féminité chez l'homme, un certain rapport entre les androgènes et les œstrogènes étant nécessaire ?

Très nettement, la parapsychologie (ou la métapsychie) tourne autour du sexe...

Cherchant toujours une cause somatique des capacités du médium, les médecins se penchent sur leurs constantes biologiques, réalisant de véritables check-up physiologiques sur ces cobayes paranormaux. Les seules découvertes probantes sont une accélération des pulsations cardiaques et quelques sécrétions amplifiées au moment des transes. Autrement dit, les signes d'une décharge d'adrénaline. Rien d'exceptionnel :

> À défaut de signes absolument probants qui nous permettraient d'attribuer le déclenchement du paranormal à tel ou tel processus physiologique, on peut se demander si les phénomènes *psi* ont ou non besoin de véhicules biologiques pour se manifester. Chez tous les grands

sujets (médiums, voyants, etc.) on a pu observer la manifestation d'un état organique qui semble être une condition indispensable à l'apparition des phénomènes paranormaux. Les parapsychologues ont baptisé cet état « transe ». Il assure la mise en jeu et l'émergence, au niveau conscient, de la majeure partie des informations paranormales ; cette transe peut s'exprimer, psychologiquement, par un léger obscurcissement de la conscience ou, au contraire, par une totale inconscience pouvant déboucher sur de véritables crises convulsives. Les symptômes physiologiques de cet état sont autant inconstants que variés. Citons : le refroidissement des extrémités, l'extrême pâleur ou rougeur du visage, l'accroissement des pulsations cardiaques qui passaient chez Ossowiecki de 90 à 100 par minute, et de 70 à 120 chez Eusapia Palladino. Parmi les autres signes physiologiques, il faut mentionner l'augmentation des sécrétions et de l'activité génésique. Chez Kluski, la transe s'accompagnait de palpitations, d'une soif intense, de douleurs parfois intolérables dans diverses régions du corps et de l'apparition de plaies sanguinolentes[4].

Le spiritisme fait aussi son entrée dans le domaine de la psychiatrie avec Carl Wickland, un praticien américain d'origine suédoise. Dans ses mémoires, *Trente ans parmi les morts*, publiés en 1924 (il a alors soixante-trois ans), cet homme qui aura exercé à Chicago puis à Los Angeles décrit sa méthode très particulière de prise en charge des malades mentaux : considérant que ses patients sont sous l'emprise d'esprits mauvais, il provoque un dialogue avec ces entités néfastes par l'intermédiaire de son épouse, jouant le rôle de médium, et parvient – avec plus ou moins de succès – à la guérison du patient. Guérison correspondant à l'abandon du malade par ces « intelligences désincarnées » :

> Dépourvus de corps physique à travers lequel ils pourraient satisfaire leurs basses tendances, beaucoup d'êtres désincarnés sont attirés vers la lumière magnétique qui émane des mortels et, consciemment ou non, ils s'attachent à l'aura magnétique de ces derniers [...]. Cette intrusion altère les facultés de la personne envahie résultant en un changement apparent de personnalité... Il peut en résulter une véritable folie, variant en degrés de la simple aberration mentale à tous les types de démences ainsi qu'à la dépression, l'hystérie, l'épilepsie, la mélancolie, la schizophrénie, les phobies, et les manies, aussi bien qu'à l'amnésie partielle ou totale, la débilité psychique, l'alcoolisme et la dipsomanie, l'immoralité et la bestialité et toutes les formes de criminalité.

Autrement dit : *ce n'est pas ma faute, c'est celle de l'esprit qui habite en moi.* On n'est pas loin d'une possession sauf qu'elle n'est pas diabolique, mais spirite. Et c'est par accident qu'il a fait cette découverte ! Lors d'une séance, le praticien a envoyé un léger choc électrique sur un patient et a aussitôt constaté que les troubles psychologiques et physiques ont brutalement disparu pour réapparaître chez son épouse, présente dans la même pièce. Ainsi, en « recueillant dans son corps ces âmes perdues qui venaient d'être éjectées », le docteur Wickland pouvait en profiter pour dialoguer, échanger avec elles, leur expliquer la situation (bien souvent ignorée, certaines âmes ne s'étant pas rendu compte de la mort de leur premier corps), afin de les aider à passer dans l'au-delà. Pour le docteur Wickland, « le monde spirituel et le monde physique interagissent constamment ; le plan spirituel n'est pas vaporeux et inconsistant, il est réel et naturel ».

## 19

# La voix de son mort

« Les esprits se servent des instruments qui leur offrent le plus de facilité[1]. » Comme l'annonçait le philosophe Carl du Prel en 1908, technologie et occultisme n'allaient pas tarder à se rencontrer, à travailler ensemble, et à (tenter de) produire des résultats (plus ou moins) fiables :

> Si nos techniciens, au lieu de confondre le mystère avec l'impossible, analysaient et étudiaient, s'ils se disaient que l'occultisme ne sera appelé ainsi qu'autant que ses phénomènes à bases physiques, aux processus encore cachés, demeureront voilés, nous serions en possession d'appareils où les fonctions magiques des hommes seraient aussi nettement expliquées que la télépathie par la télégraphie sans fil. Les fonctions magiques n'attendent pas seulement leur explication scientifique, mais encore leur projection technique et, à conditions d'ailleurs égales, l'inventeur le plus fécond sera celui qui sera le plus versé dans l'occultisme[2].

Premiers champs disciplinaires touchés par cette vague technologique : la psychologie et la psychiatrie, en marge de la neurologie « classique ». Des instruments particulièrement complexes voient alors le jour, destinés à enregistrer ou à démontrer le fonctionnement de la pensée humaine, mais aussi ses dérèglements tant somatiques que fonctionnels : pendule à complication de Wundt (1880), pendule à interstice de Wundt (1893), horloge complexe de Wundt (1903), sphygmographe direct de Marey (1859), chronoscope de Hipp (1889), chronomètre d'Arsonval (1886), dynamomètre de Collin (1890), ergographe de Mosso (1888) ou à ressort de Binet et Vaschide (1898), dynamographe à transmission de Féré (1885), esthésiomètre de Binet (1901), aiguilles haphi-esthésimétriques de Toulouse et Vaschide (1900), myo-esthésiomètre de Toulouse, Vaschide et Piéron (1904), acousi-esthésiomètre de Toulouse et Vaschide (1900), appareil à suggestion de Korsten et Binet (1901), tachistoscope à chute de Cattell (1885), fusil chronophotographique de Marey (1882), enregistreur optique de Bull (1904), etc. Beaucoup de ces machines – aux noms incompréhensibles si l'on n'a pas fait du grec ancien – sont désormais conservées au musée d'Histoire de la médecine de l'université de Paris (collection de l'Institut de psychologie)[3].

## *Thomas Edison*

C'est dans ce contexte que Thomas Edison entre en scène. Pour ce grand chercheur américain, la science doit s'emparer de ce sujet qui lui a échappé depuis trop longtemps : ceux de l'au-delà. Il écrit ainsi au tout début de son maître ouvrage, *Le Royaume de l'au-delà* :

Thomas Edison et son phonographe, vers 1877.
© Coll. Library of Congress

Il m'a toujours paru particulièrement absurde d'espérer que les « esprits » veuillent bien perdre leur temps à faire joujou avec des objets aussi grossiers, aussi peu scientifiques que des tables, des chaises ou des jeux de lettres. Pour ma part, je crois seulement ceci : si jamais nous devons arriver à résoudre la question d'une survie éventuelle après la mort ou, d'une manière plus générale, le problème des manifestations de l'au-delà, il faudra placer le spiritisme sur une base scientifique, comme nous l'avons fait, par exemple, pour la chimie, et écarter définitivement les charlatans et les « médiums »[4].

Edison ne croit pas un seul instant à la fiabilité ni à la réalité des rapports prétendument tenus entre médiums et esprits. Pour lui, ces manifestations médiumniques sont une farce ridicule. S'il croit que la personnalité survit à la mort (et donc que l'homme continue d'exister au-delà de la tombe), les manifestations fournies par les tables tournantes, les Ouija et les photographies spirites ne sont que de risibles témoignages :

> Le spiritisme est, en ce moment, le sujet de nombreuses discussions et d'écrits de toutes sortes, mais les méthodes et les appareils utilisés par ses adeptes ne forment qu'un fatras d'inepties. Je ne veux pas prétendre que tous les soi-disant médiums soient de vulgaires charlatans qui emploient tous les moyens pour leurrer le public et se remplir les poches. Certains sont peut-être sincères. Il est possible qu'ils se soient mis eux-mêmes dans un état d'esprit tel qu'ils s'imaginent être en communication avec les esprits[5].

Pour Edison, l'affaire est tranchée : arrêtons les puérilités, fini de jouer, maintenant place à la Science, avec un grand « S ». Dans ce contexte, la voix d'outre-tombe, sa perception, son enregistrement, sa signification sont, outre-Atlantique, l'objet d'âpres débats dans les années 1870. Allant à l'encontre de l'idiome d'Aristote selon lequel la voix est « un certain son de l'être animé », et « qu'aucun des êtres inanimés en effet ne possède la voix »[6], certains ont essayé d'utiliser les technologies les plus récentes pour capter ces sons venus de l'au-delà. Si les fantômes parlent, alors ont-ils une âme ?

Il est bien difficile de répondre. Mais une chose est certaine, c'est que l'instrument phonographique, mis au point par Edison, et qui se présente initialement comme une véritable « machine à fantômes », s'inscrit dans une étape technologique de la chasse aux spectres. Après tout, ces nouvelles techniques de reproduction (photographie, télégraphe sans fil, phonographe, etc.) ne peuvent-elles pas aussi être utiles pour le spiritisme et les recherches psychiques ? En réalité, la technologie va autant servir à démystifier les « faux fantômes » (comme les usurpateurs de la médiumnité) qu'à traquer, visualiser, capter, fixer les « vrais fantômes ». C'est bien ce que décrit Auguste Villiers de l'Isle-Adam dans l'*Ève future*, un des premiers romans de science-fiction (1886) :

> La Science a multiplié ses découvertes ! Les conceptions métaphysiques se sont affinées. Les instruments de décalque, d'*identité*, sont devenus d'une précision parfaite [...]. Il nous est permis de RÉALISER désormais de puissants fantômes, de mystérieuses présences-mixtes dont les devanciers n'eussent même jamais tenté l'idée, dont le seul énoncé les eût fait sourire douloureusement et crier à l'impossible.

Dans ce roman d'anticipation, l'auteur décrit ainsi un scientifique (Thomas Edison lui-même !) capable de capturer l'image photographique de l'âme d'un rossignol… Le phonographe mis au point par le savant participe de ce but : capter les bruits émis par les défunts, enregistrer le « royaume des morts[7] » (pour reprendre la belle expression de Philippe Baudouin).

Baudouin décrit ainsi les étapes successives dans la mise au point du phonographe moderne, mais aussi le contexte de création de cet appareil. Déjà en 1874, Alexander Graham Bell et Clarence J. Blake avaient imaginé une machine faite d'une oreille prélevée sur un cadavre humain reliée à un tube puis à un stylet posé sur une vitre couverte de noir de fumée où venaient s'inscrire les vibrations de la voix ; dans ce cas présent, le défunt était utilisé pour combler la difficulté technique de reproduire la complexité du pavillon de l'oreille humaine, et améliorer les propriétés sonores de l'appareil.

La fonction de l'appareil d'Edison va varier au fur et à mesure du temps, probablement sous l'influence de la Société de théosophie, dont il est très proche. Initialement, il s'agissait d'enregistrer les paroles du futur défunt qui seraient diffusées lors des funérailles. C'est à ce moment que l'on voit dans la célèbre iconographie de « La voix de son maître » (initialement un tableau de Francis Barraud, *His Master's Voice*, 1899) un chien qui écoute avec stupeur la voix de son défunt maître, dont le phonographe, posé sur le cercueil, diffuse l'enregistrement. Mais l'obsession d'Edison pour la mort va le faire évoluer dans la conception, mais aussi dans la finalité de cet objet.

Il faut préciser qu'Edison est véritablement un ingénieur morbide, un scientifique au service de la Grande Faucheuse. C'est lui qui met au point la première chaise électrique de l'État de New York, dont les premiers essais, en août 1890, sont catastrophiques puisque William Kemmler, le condamné, met plusieurs heures à mourir, le temps que l'énergie électrique suffisante soit délivrée par la machine ! Edison s'essaie aussi à perfectionner des appareils destinés à prévenir les ensevelissements précipités (c'est-à-dire les inhumations d'individus bien vivants). Toujours « hanté » par l'électricité, en janvier 1903, il fait procéder à la mise à mort publique de Topsy, une éléphante, pour montrer la dangerosité du courant alternatif… Enfin, alors qu'il est âgé de soixante-treize ans, il annonce qu'il cherche à modifier son phonographe et à en faire un « nécrophone[8] ». Peu de temps avant, son collaborateur William Walter Dinwiddie était décédé et, dans le cadre du « pacte électrique » contracté entre eux deux, il devait contacter Edison d'outre-tombe par tous les moyens appropriés…

> Je voudrais fournir aux chercheurs spirites un appareil qui leur permettrait de travailler d'une manière strictement scientifique. Cet appareil est basé sur le principe de la valve. [Il] amplifie énormément toute force ou énergie […] par laquelle un esprit pourrait se manifester […], dès qu'il l'intercepte, nous donnant ainsi la possibilité d'étudier cette énergie et sa source. Pour l'instant, je ne tiens pas à en dire davantage. Je travaille déjà depuis un certain temps à la mise au point des détails ; d'ailleurs, un de mes assistants dans cette tâche vient de mourir, il y a seulement quelques jours. Comme il connaissait exactement le but que je poursuis, je

suppose qu'il sera le premier à se servir de mon appareil – à condition, bien entendu, qu'il soit en mesure de le faire[9].

Tant ce pacte que cette utilisation de la technologie aux fins de dialogue *post mortem* ne sont pas sans rappeler les travaux menés par les inventeurs du téléphone : Alexander Graham Bell et Thomas Watson. Mais l'apparition de nouveaux outils ne provoque pas l'enthousiasme de la communauté spirite. Pour eux, point n'est besoin d'outils, seul l'esprit humain est nécessaire pour établir cette communication entre esprits et vivants. Camille Flammarion se fait ainsi critique vis-à-vis des travaux d'Edison, comme il l'explique au journaliste Maurice de Waleffe :

Ils ont en Amérique une sorte de *Docteur Miracle* des contes d'Hoffmann, qui a réalisé le téléphone, le phonographe et trois ou quatre jouets plus ingénieux les uns que les autres. Le voici qui se flatte d'avoir mis au point un appareil de conversation avec les *esprits*. Grande rumeur dans le monde ! Car le monde est plein d'esprits forts qui ne croient pas aux *esprits*. Qu'un savant, aussi positif qu'Edison, ait l'air d'admettre l'hypothèse spirite – puisqu'il se donne la peine de construire un appareil pour l'expérimenter –, les sceptiques s'en étonnent, les crédules s'en réjouissent et les douloureux, tous ceux et celles qui ont perdu un être cher, dressent l'oreille…

C'est pour ces douloureux que je suis allé visiter hier matin, dans son observatoire de Juvisy, l'astronome Camille Flammarion. Le grand explorateur du ciel est présentement occupé à explorer *la Mort et son mystère*. En dehors des religions et des philosophies, il assemble et contrôle humblement, depuis cinquante ans, les petits faits qui permettront de répondre à cette question effrayante : *Est-ce que l'âme existe* ? J'ai bien le droit d'appeler effrayante une question de vie ou de mort pour chacun de nous ! Certes, les gens qui nous répondent que l'âme existe parce que Jéhovah l'a révélé à Moïse ou parce que l'humanité l'a toujours cru, ou parce que ce serait trop injuste qu'il en fût autrement, ne nous ébranlent pas beaucoup. Mais si un savant nous dit : « L'âme existe parce que je l'ai vue ! », c'est une autre surprise. Je viens d'avoir cette surprise avec le maître de Juvisy.

– Oui, prononça-t-il lentement en pesant ses paroles, notre âme survit à la mort. Remarquez que je ne prétends pas qu'elle soit immortelle ! Mais notre personnalité persiste après le dernier soupir, après l'enterrement, après la décomposition de nos organes. Voilà le fait, voilà le phénomène dont j'ai recueilli des manifestations sincères et contrôlées.

– Des manifestations spirites ?

– Si vous voulez. Je ne suis pas spirite, je me refuse à conclure et à bâtir un système philosophique sur des expériences où la crédulité et l'autosuggestion interviennent trop souvent. Mais il y a des revenants. Il y a eu et il y a encore des fantômes, des maisons hantées, des apparitions. Les dialogues avec les morts, cela existe. Il n'est pas d'hallucination collective qui puisse expliquer certains bruits, certains déplacements d'objets et surtout certaines révélations précises, inconnues de tous les assistants. La Société psychique de Nancy m'en communiquait hier encore une très saisissante. Voyez cette pile de documents qui me sont envoyés de tous les coins de la France. Je ne publierai que ceux qui présentent un caractère d'autorité scientifique. Ils sont probants. Je crois, non pas à l'immortalité (je n'en sais rien), mais à la survie de l'âme, au moins pendant un certain temps, à l'état flottant autour de sa dépouille...

– Vous ne seriez donc point partisan des fours crématoires et de l'incinération des cadavres ?

– Non. C'est une destruction excessive, peut-être même, qui sait ? douloureuse... Car nos morts survivent. Ils nous voient. Ils nous entendent. Dans certains cas, ils s'intéressent encore à leurs affaires terrestres, ils révèlent aux vivants des détails connus d'eux seuls, auxquels ils attachent de l'importance, de l'angoisse. Il semble que la mort les change très peu. Pour les esprits forts, c'est un sujet de raillerie. Pour les cœurs tendres, c'est une consolation. Si vous saviez le nombre de lettres que je reçois depuis la guerre ! Certaines épouses de soldats, frappées en pleine lune de miel, sont inconsolables ! J'ai pu en détourner quelques-unes du suicide par la conviction qu'au lieu d'aller rejoindre le disparu, elles risquaient de perdre, au contraire, le dernier contact.

– Alors, l'appareil d'Edison ne vous semble pas une chimère ?

– Ceci est une autre affaire. À quelle substance peut-il faire appel ? Je ne vois pas. Il y a le sélénium, métalloïde encore peu connu et très curieux. Mais le moindre cerveau humain, le moindre cerveau de chien ou de chat, sera plus sensible que tous les appareils de métal. L'instrument de communication avec les morts, nous l'avons, il existe là, sous notre crâne ! On ne fera jamais mieux. Un jour viendra où nous saurons nous en servir.

Le savant qui me parle avec cette sérénité est debout devant sa fenêtre, devant son parc qu'éclaire un doux soleil d'automne, sous la coupole astronomique construite à ses frais. Là, depuis trente ans, il scrute chaque nuit les abîmes du ciel, abîmes où sa pensée n'a jamais connu le vertige, où elle a partout retrouvé l'ordre et l'harmonie.

– C'est en étudiant la musique que Kepler, me dit-il doucement, Kepler, garçon de cabaret allemand et le plus grand astronome qui ait jamais existé, trouva les lois de l'harmonie des mondes ! À leur tour, ceux-ci nous enseignent à ne pas douter de la vie. La matière n'est que le vêtement de l'esprit. Rien ne meurt, tout se transforme[10] !

*Guerre des spectres, guerre des sexes*

Ces innovations technologiques sont aussi révélatrices de tout autre chose : la frustration masculine. Pour une fois, socialement, les femmes ont l'avantage. Ce sont elles qui, préférentiellement, occupent le rôle de médium (à quelques rares exceptions près), et permettent d'avoir accès au monde des esprits. Cette prééminence des femmes médiums arrange bien les hommes par leur dévêtissement (qui n'existe presque jamais chez les hommes médiums, d'ailleurs)… Mais les hommes vont, avec les appareils « scientifiques » et l'installation de ces « sociétés savantes » (quasi exclusivement masculines), reprendre l'avantage. Les femmes médiums vont redevenir de simples objets passifs, soumis aux instruments de mesure psychique mis au point et gérés par la communauté masculine[11].

Très clairement, Edison « casse » le marché des spirites. Il brise leur monopole. Avec sa technologie, il rend futiles et inutiles les médiums, qui n'auront de cesse de critiquer cette prétendue avancée qui n'en est pas une à leurs yeux. Edison s'inscrit dans un mouvement global initié dès la fin du XIX^e^, début du XX^e^ siècle :

Plusieurs sociétés de savants s'organisent pour réfléchir notamment sur l'interaction mutuelle des esprits – ceux des morts et des vivants. Préfigurant les recherches parapsychologiques des années 1930, les sciences psychiques s'efforcent alors d'analyser les phénomènes inexpliqués par la science positive : sont alors étudiés les cas de télépathie, de clairvoyance (perception d'objets et de personnes sans recourir aux sens communs), de prémonition (perception d'un événement futur), de rétrocognition (perception d'événements passés), de psychokinésie (faculté d'agir sur la matière par la seule force de l'esprit), de phénomènes de *poltergeist* et d'apparitions d'ectoplasmes, des expériences de mort imminente, sans oublier les récits de guérisons miraculeuses. Plusieurs sociétés psychiques voient ainsi le jour à partir des années 1880 : la Society for Psychical Research de Londres (1882) et l'American Society for Psychical Research (1885)[12].

Pour certains, d'ailleurs, ces percées technologiques sont trop tardives, la guerre est déclarée… Si l'on en croit l'écrivain Franz Kafka, une lutte entre les vivants et les morts a déjà lieu, ces derniers se nourrissant de la tendresse des humains :

> Les baisers écrits ne parviennent pas à destination, les fantômes les boivent en route, c'est grâce à cette copieuse nourriture qu'ils se multiplient si fabuleusement. L'humanité le sent et lutte contre le péril ; elle a cherché à éliminer le plus qu'elle le pouvait le fantomatique entre les hommes, elle a cherché à obtenir entre eux des relations naturelles, à restaurer la paix des âmes en inventant le chemin de fer, l'auto, l'aéroplane ; mais cela ne sert plus à rien (ces

> inventions ont été faites une fois la chute déclenchée) ; l'adversaire est tellement plus calme, tellement plus fort ; après la poste, il a inventé le télégraphe sans fil. Les esprits ne mourront pas de faim, mais nous, nous périrons[13].

Pour la petite histoire, si le « nécrophone » ne verra finalement jamais le jour, certains chercheurs vont malgré tout reprendre le flambeau des enregistrements de la voix des morts en décrivant les « phénomènes de voix électronique ». Il s'agit, pour eux, et en l'absence de toute reproductibilité scientifique, de la présence sur des enregistrements audio d'un message linguistique très bref, isolé au sein du bruit blanc de la bande sonore. Dans les années 1950, les Américains Attila von Szalay et Raymond Bayless affirment avoir capté plusieurs voix à l'intérieur d'une garde-robe isolée sur le plan acoustique… À la même époque, Friedrich Jürgenson, un Suédois, croit isoler une voix humaine en écoutant à l'envers l'enregistrement de chants d'oiseaux ; l'idée n'est pas nouvelle que les défunts s'expriment en effet à travers ces vocalises animales, mais un peu plus tard, Jürgenson dit être parvenu à enregistrer la voix de sa défunte mère à son propre domicile. En réglant son appareil sur la fréquence de 1 484 kHz, il aurait réussi à capter les voix occultes de Staline, d'Einstein et de Van Gogh[14] ! Son collaborateur, le Letton Konstantins Raudive, réalisera près de 80 000 enregistrements de voix d'outre-tombe… Sauf qu'on n'y comprend strictement rien parce que les voix parleraient plusieurs langues en même temps, n'obéiraient plus à un rythme de parole d'humain « vivant », useraient d'innombrables néologismes et n'utiliseraient plus aucune règle grammaticale. L'aboutissement de ces multiples recherches – aux conclusions assez discutables – sera la création, en 1982 (!), de l'American Association of Electronic Voice Phenomena, chargée de colliger et d'analyser l'ensemble de ces observations « scientifiques[15] ». Résultats définitifs toujours en attente…

## 20

# Le Muséum d'histoire surnaturelle

Que reste-t-il de ces étonnantes créations artistiques au service de l'au-delà, et autres objets « marqués » par leur interaction avec les esprits ? C'est à Bruxelles, dans un drôle d'endroit, qu'il faut aller si l'on veut approcher de tels artefacts, plus précisément au Surnatéum, une sorte de « cabinet de curiosité 2.0 », également appelé « Muséum d'histoire surnaturelle ». Cette étrange institution concentre en son sein des objets hétéroclites provenant d'Europe, d'Afrique, d'Asie, autour de dix départements : reliques sacrées et profanes, antiquités hantées, artefacts inconnus, connaissances oubliées et livres maudits, cryptozoologie et tératologie, prophéties et apocalypses, sorcelleries et invocations, oracles et instruments divinatoires, ethnologie, démonologie. Tout un programme !

Un objet, justement, témoigne (ou témoignerait ?) de la dangerosité des esprits... Il s'agit d'une « main spirite », en bois et cire, partiellement couverte de tissu, aux ongles vernissés de rouge, et dont l'index tendu porte une bague au chaton en tête de mort (*memento mori*)[1]. Très utilisées par les médiums qui se produisaient dans les théâtres ou les salles de spectacle à la fin du XIX^e^, début du XX^e^ siècle, ces mains répondaient aux questions du public en tapant du doigt sur un plateau ou sur une vitre. Cette main féminine (elle porte le joli nom de « Martinka ») appartenait à Eva Fay, l'épouse de John Cummings (lui-même fils d'une célèbre médium américaine). Au fur et à mesure des représentations, l'esprit qui interagissait au travers de cette main devint jaloux du mari d'Eva jusqu'au jour où John Cummings fut retrouvé mort, victime d'un tir par balle au niveau de la tête. Au sol reposait l'arme et la main spirite, l'index cassé. L'enquête a finalement conclu à un « accident de manipulation d'arme », même si certains préfèrent envisager une autre hypothèse…

Un autre objet du Surnatéum mérite d'être décrit : il s'agit d'une valise de chasseur de fantômes[2], dont la composition est directement inspirée des préceptes du Ghost Club de Cambridge, une sorte de club élitiste réservé à l'*intelligentsia* britannique éprise de spiritisme. Créé en 1862, le Ghost Club compta dans ses rangs Charles Dickens, William Crookes, William B. Yeats, Oliver Lodge, Sir Arthur Conan Doyle, bien sûr, ou encore le fameux magicien Harry Price. C'est ce dernier qui, dans ses *Confessions of a Ghost Hunter* (narrant notamment son étude sur les lieux du Borley Factory, « la maison la plus hantée d'Angleterre »), a donné un inventaire détaillé de l'attirail du chasseur de fantômes[3].

Cette valise bruxelloise, datant des années 1920-1930, suit de façon très précise ces indications, à ce détail près qu'elle est centrée sur les apparitions de spectres d'enfants. On y trouve un attirail très divers : carnets de notes, crayons et stylos ; stéthoscopes (pour écouter derrière les portes, les tableaux ou les murs ?) ; lampes ; thermomètres à alcool et à mercure (pour constater les – classiques – abaissements de température caractéristiques des présences fantomatiques) ; boussole (l'apparition de fantômes perturbant – normalement – les champs magnétiques) ; divers instruments de mesure (mètres pliants, compas, cordes et ficelles, etc.) pour lever des plans ou calculer les déplacements d'objets (*poltergeist*) ; des tournevis, marteaux, pinces (pour sonder les parois, murs, plafonds et sols) ; abécédaire enfantin (*ABC des jouets*, maison Alfred Mame) servant de planche Ouija pour communiquer avec les esprits infantiles ; boîtes de talc (Poudre bambin) et des brosses (pour repérer les empreintes, traces de pas et éventuels déplacements humains dissimulés) ; cire à cacheter, plombs et papiers collants (pour condamner les issues et toutes parois coulissantes) ; sifflets (pour appeler au secours en cas de danger) ; appareils photo et caméras Speedgraphic 1938 (pour prises de vues en guise de témoignage) ; ampoules de rechange (en cas d'éclatement) ; pendule et jeu de tarot ; un livre de prière et un autre pour démasquer les supercheries (*Spook Crooks!*, par Julien J. Proskauer) ; nombreuses photos d'adultes et d'enfants décédés, et masque mortuaire infantile en plâtre (soit pour interpeller les esprits, soit pour leur signifier leur état postcadavérique) ; machine à écrire Corona Typewriter 1914 (pour taper les rapports d'activité) et machine à café (pour tenir lorsque les nuits sont longues... ou que la température s'abaisse trop !) ; trousse à pharmacie tropicale (on n'est jamais trop prudent avec les esprits exotiques !)...

Associé à cet ensemble hétéroclite (mais dont chaque élément a été mûrement choisi par les professionnels des fantômes), on trouve un protocole d'étude dactylographié sur papier, le protocole COQ[4], pour « Comment ? Où ? Quand ? ».

En voici le début, montrant que rien n'est laissé au hasard dans cette gestion de l'inconnu :

> INVESTIGATION : Phase I. Interroger les témoins dans un climat d'écoute et de sympathie, isolément.
>
> COMMENT se manifeste le phénomène ?
>
> Manifestations visuelles, auditives, olfactives, tactiles, autres (malaise, etc.)
>
> OÙ se manifeste le phénomène ?
>
> Adresse du lieu ; manifestation extérieure – intérieure
>
> QUAND se manifeste le phénomène ?
>
> Jour – heure – minute ; durée de la manifestation,
>
> Cycle régulier, répétitif, apparitions spontanées ; fréquence
>
> Rapport avec la saison, la température, la lune ou certaines conjonctions planétaires
>
> Rapport avec des tensions familiales
>
> INVESTIGATION : Phase II. Recherche sur le terrain
>
> Autorisation d'enquête
>
> Conditions du lieu : plan du site, source ou rivière cachée, route à proximité, plomberie, égouts...

Présence de rats et nuisibles ou oiseaux dans les murs
Enquête de voisinage : travaux locaux, relations voisins
Enquête sur les précédents : morts ou violences dans le lieu
Enquête de famille : troubles psychiques ou autres
Repérages des lieux et isolation du phénomène
Usage du cadran pour estimer la prochaine manifestation
Fouille minutieuse, sondage, repérage des trucs possibles
Utilisation du pendule, baguette, clé
Relations animaux, *poltergeist*, isoler l'espace de la hantise, sceller le lieu
Effectuer les mesures : température, odeurs, présence
Préparer objets et pièges éventuels
Tenter de photographier le phénomène
Etc.

On comprend mieux l'usage qui est fait de chacun des composants de cette valise de *ghost hunter*, cherchant d'abord à éliminer tout faux ou toute arnaque, puis à enregistrer de la façon la plus scientifique possible le phénomène dans les moindres détails et dans sa globalité. Le but escompté : comprendre et analyser ce qui semble vrai. Un but toujours poursuivi par certains chasseurs de fantômes et phénomènes paranormaux, avec des protocoles de plus en plus sophistiqués[5].

Figuration d'un *yurei* (Japon, vers 1700, Brigham Young University).

## 21

# Les fantômes du Soleil Levant…

Et la littérature dans tout ça ? Est-ce que les fantômes écrivent ? Certains auteurs décédés se servent-ils de leur spectre pour délivrer *post mortem* des pages entières de leurs créations littéraires ? Les revenants eux-mêmes sont-ils source d'inspiration ? Force est de constater que le thème du fantôme, tantôt amoureux, tantôt vengeur, tantôt justicier, n'est pas propre à l'Occident, et que sa présence en Asie est ancienne et particulièrement forte. Son retour en grâce, à la toute fin du XIXe siècle, sur l'impulsion de voyageurs et de philologues, va renforcer le caractère universel de la doctrine spirite en montrant l'ancienneté et la réalité des rapports étroits entretenus entre vivants et fantômes. Ils serviront notamment la Société de théosophie dans sa volonté de montrer l'antiquité des pratiques occultes et la continuité de grands initiés d'Orient en Occident.

En 1899, Patrick Lafcadio Hearn, un écrivain voyageur irlandais, publie *Fantômes du Japon*, chez Little, Brown and Co (Boston)[1]. Cet ouvrage, qui révèle au public occidental tout l'imaginaire japonais des spectres et revenants (*yurei*), va très vite devenir un succès d'édition, et être suivi par d'autres recueils de contes et anecdotes historiques : *Kotto, Being Japanese Curios* (1902), *Kwaidan, Stories and Studies of Strange Things* (1903), etc.

Le Japon de l'ère Meiji avait fait son « apparition » en Occident en 1900 grâce à l'Exposition universelle de Paris, ainsi qu'à certains peintres collectionneurs (Vincent Van Gogh, Claude Monet, Henri de Toulouse-Lautrec, etc.), mais aussi grâce aux écrits de cet Irlandais installé au pays du Soleil Levant, qui avait changé son nom en celui de Koizumi Yakumo et s'était converti au bouddhisme. Voici quelques-uns des fantômes qu'il a popularisés auprès de ce nouveau public :

*Onryo*, l'esprit d'une femme lésée dans la vie, n'ayant de cesse de se venger, tuant tout ce qu'elle peut, et suffisamment puissante pour provoquer des catastrophes naturelles.

*Yamauba*, l'esprit d'une vieille femme marginalisée par la société, contrainte de vivre dans la montagne, aidant les femmes enceintes à accoucher pour voler puis dévorer les nouveau-nés.

*Ame-onna*, l'esprit d'une femme folle de chagrin de la disparition de son bébé, reconnaissable à son sac noir, ses cheveux défaits, et sa façon animale de lécher la pluie sur son corps, guettant les cris des enfants pour les enlever et en faire des spectres comparables à elle.

*O-Tsuyu*, l'esprit d'une femme portant une lanterne de pivoine rouge, attirant un jeune homme esseulé la nuit pour faire l'amour avec lui, jusqu'à ce qu'un voisin curieux se faufile secrètement dans la chambre du couple pour les observer et découvre que le jeune homme a été ensorcelé et qu'O-Tsuyu est une femme-squelette.

*Nure-onna*, l'esprit à tête de femme et à corps de serpent, aspirant avec sa langue le sang de ses victimes, dévorant les humains, et si forte qu'elle est capable de renverser les arbres.

*Yuki-onna*, l'esprit d'une femme morte en hiver, avec de longs cheveux noirs et des lèvres bleues, apparaissant lors des tempêtes de neige pour s'accoupler avec les hommes puis les glacer jusqu'à la mort.

*Ubume*, l'esprit d'une femme morte en couches, incapable de quitter le monde des vivants en raison de son attachement à son enfant, elle apparaît les nuits de pluie en pleurant et en tenant un bébé, quémandant des prières.

*Kiyohime*, une jeune fille tombée amoureuse d'un prêtre (Anchin) qui refusait ses avances, mais elle le poursuivit alors qu'il fuyait en bateau, sautant dans l'eau et se transformant en serpent (ou en dragon, selon les traditions), puis, parvenue à terre, enserrant le religieux alors que celui-ci s'était caché sous une cloche jusqu'à fusionner avec lui et le métal.

*Jorogumo*, ce spectre araignée pouvant se transformer en une femme séduisante, attirant les hommes vers sa maison, les étourdissant en jouant de la flûte en même temps qu'elle les enveloppe dans sa toile pour les manger.

Enfin, *Oiwa*, l'esprit d'une épouse empoisonnée par son mari pour pouvoir se marier avec la petite-fille d'un riche voisin, mais la substance a provoqué une déformation du visage (œil gauche nécrosé et calvitie partielle). Morte instantanément en regardant avec effroi dans le miroir son reflet devenu monstrueux, elle a hanté son mari toute sa vie, lui apparaissant sous la forme de lanternes en papier, avec cette difformité spécifique du visage. Peut-être cette histoire d'esprit vengeur (*onryo*) trouvait-elle un écho très particulier chez Lafcadio Hearn qui avait perdu son œil gauche à l'âge de seize ans après des échauffourées scolaires : il était, depuis, obligé de porter fréquemment un cache-œil masquant son iris décoloré…

Cet engouement pour les fantômes et revenants asiatiques n'est pas propre au Japon. On le retrouve en Inde ancienne (la *Vetala-pancavimsatika* ou *Vingt-cinq histoires du Vampire*, écrite en sanskrit, remonte probablement au XIe siècle), en Chine impériale (le recueil de Pu Songling, *Contes fantastiques du Pavillon des loisirs*, en est un grand classique, daté de la dynastie Qing : XVIIe-XVIIIe siècles)[2] ou au Viêt-Nam de la dynastie des Lê (le *Vaste Recueil de légendes merveilleuses* du mandarin confucéen Nguyên Du, daté du XVIe siècle, est resté célèbre) : on y croise des histoires de renardes (femmes vampires), de fées, de génies et de spectres malfaisants taraudés par la vengeance et la frustration de désirs inassouvis. La traduction en français ou en anglais de ces histoires anciennes coïncide justement avec la mode du spiritisme et l'attrait pour le merveilleux, *a fortiori* lorsqu'il est doublé d'exotisme. À la même époque (seconde moitié du XIXe siècle) fleurissent les *Histoires de fantômes indiens* de Rabindranath Tagore (d'abord publiées dans des périodiques en langue bengali), les histoires de fantômes de Charles Dickens (*Confession trouvée dans une prison au temps de Charles II*, *La Maison hantée*, *Capitaine Meurtre et le pacte avec le diable*, *Esprits frappeurs authentiques*, *Fantômes de Noël*, etc., écrits entre 1840 et 1866), ou encore les contes de fantômes d'Henry James : *Le Tour d'écrou* (1898) est le plus célèbre, mais il ne faut pas oublier *Le Conte des vieilles robes* (1868), *Sir Edmund Orme* (1891), *Nona Vincent* (1892), *Owen Wingrave* (1892) ou encore *La Tierce Personne* (1900), où les créatures de l'ombre viennent hanter les vivants... Décidément, l'occulte et le mystérieux font recette, et la mode des fantômes tient l'Europe en effervescence. Et si, en ce XIXe siècle, les humains écrivent sur les fantômes, bientôt, les fantômes ne vont pas tarder à écrire eux-mêmes...

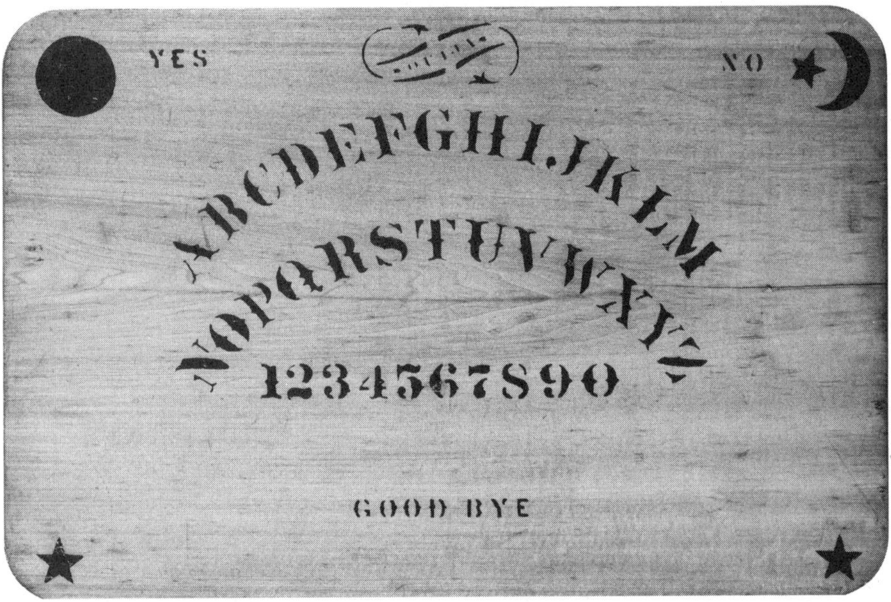


Un Ouija (1890) issu de l'usine Kennard Novelty
Company (Baltimore).

## 22

# Littérature médiumnique

> Toute histoire bien construite a un héros, et puisqu'il semble y avoir plus d'éléments concernant Jap que toute autre partie de cette histoire, nous allons lui rendre honneur. Mary Herron a sans grande conviction revendiqué ses droits sur les enfants en les nommant respectivement Fanny Maud, Jasper James et Agnesia. Jasper s'est altéré. Il est devenu Jap, et Jap est resté, malgré le fait que Fanny Maud soit devenue Fannye Maude et que Agnesia ait changé son *cognomen*, sans recours à la loi, en Mabelle. Les gens de Happy Hollow ont continué à dire « Magnesia » bien après qu'elle a quitté sa prime jeunesse[1].

Ce texte est l'*incipit* de *Jap Herron*, un roman de Mark Twain écrit en 1915-1916. Il n'a rien d'exceptionnel, à ce détail près que l'écrivain était déjà mort depuis sept ans quand ces lignes ont été écrites... Ce sont en effet deux médiums (Emily Grant Hutchings et Lola V. Hays) qui en auraient fait la transcription grâce à l'esprit de Mark Twain en usant d'une planche de Ouija ! La famille de l'auteur n'a pas été dupe de la manœuvre, et Clara Clemens, la fille de Mark

Twain, intenta un procès contre Hutchings et Mitchell Kennerley, l'éditeur de ce texte, pour fraude et non-paiement des droits auprès de Harper & Brothers (qui avait alors l'exclusivité des publications de Mark Twain)[2]. Mais l'affaire fut enterrée lorsque Hutchings, n'ayant jamais avoué la supercherie, accepta malgré tout de détruire tous les exemplaires restants de l'ouvrage.

Cet exemple illustre de façon caricaturale le rôle et la fonction des médiums et de ce qu'on a appelé l'« art médiumnique ». Concrètement, il s'agit de productions artistiques (généralement littéraires, mais le dessin, la peinture et même la musique peuvent être concernés, comme on l'a vu précédemment) par des individus qui ne se considèrent pas comme les auteurs de ces créations, mais simplement comme les intermédiaires (*médiums*) à travers lesquels agissent ou s'expriment des esprits. Cette inspiration spirite peut être facilitée par l'usage d'une planche de Ouija, ou par une production plastique au cours de « transes ».

Instrument fétiche des spirites, la planche de Ouija a fait son apparition aux États-Unis dans les années 1890. Il s'agit d'un moyen d'entrer en contact et surtout d'échanger de façon relativement précise, entre esprits et humains. En bois, de forme rectangulaire, inscrite d'un seul côté, elle comporte une lune et un soleil dans chaque coin supérieur, deux ou trois lignes de lettres en ordre alphabétique, une ligne de chiffres de 1 à 9 puis 0, les mots « oui » et « non » dans chaque coin inférieur, et « au revoir » au centre. Bien entendu, des variations peuvent exister entre modèles, mais l'organisation générale est globalement celle-ci. L'objet est en soi inerte, mais il y est associé un petit bout de bois dont un côté est effilé (la « goutte »), qui permet de pointer les réponses de l'esprit manifestant son intention en mobilisant la main d'un des participants posée dessus. Un verre renversé peut aussi remplir le même usage d'accessoire en mouvement.

Les séances de Ouija (dont le nom viendrait de la transcription en allemand des « Oui » et « Ja »... mais l'interprétation est douteuse) ne nécessitent pas absolument la présence d'un médium. En revanche, un spirite habitué à ce type de pratique est nécessaire, le « maître de séance », qui saura interpeller l'esprit, interagir avec lui, le congédier si nécessaire, rester neutre et distant (en tout cas, pas impressionnable) lors des échanges, distribuer la parole, gérer le stress et/ou l'émotion des autres participants, etc. Les questions doivent toujours être précises, claires et nettes. Mais il y a des codes, pendant les séances, qu'il ne faut pas méconnaître : si l'accessoire tombe au sol, ou se place sur « au revoir », ou s'immobilise au centre de la planche, par exemple, tout s'arrête.

Le Ouija est un « jeu dangereux » pour certains, car rien n'indique que l'esprit soit véritablement celui qui se présente comme tel. Certains signes doivent mettre en alerte : goutte animée de mouvements bizarres comme une évolution circulaire ou nodulaire au centre de la planche, ou pointant tour à tour les quatre coins, refusant de répondre sur son âge, ou encore se mettant à compter à rebours comme pour annoncer une catastrophe imminente...

Très tôt décriées par les religions monothéistes, les séances de Ouija sont considérées comme des invocations d'entités potentiellement diaboliques, se faisant passer pour des défunts. Elles sont en conséquence proscrites, comme indiqué dans le *Catéchisme de l'Église catholique* :

> Toutes les formes de divination sont à rejeter : recours à Satan ou aux démons, évocation des morts ou autres pratiques supposées à tort « dévoiler » l'avenir. La consultation des horoscopes, l'astrologie, la chiromancie, l'interprétation des présages et des sorts, les phénomènes de voyance, le recours aux médiums recèlent une volonté de puissance sur le temps, sur l'histoire et finalement sur les hommes en même temps qu'un désir de se concilier les puissances cachées. Elles sont en contradiction avec l'honneur et le respect, mêlé de crainte aimante, que nous devons à Dieu seul.
>
> Toutes les pratiques de magie ou de sorcellerie par lesquelles on prétend domestiquer les puissances occultes pour les mettre à son service et obtenir un pouvoir surnaturel sur le prochain – fût-ce pour lui procurer la santé – sont gravement contraires à la vertu de religion. Ces pratiques sont plus condamnables encore quand elles s'accompagnent d'une intention de nuire à autrui ou qu'elles recourent ou non à l'intervention des démons. Le port des amulettes est lui aussi répréhensible. Le spiritisme implique souvent des pratiques divinatoires ou magiques. Aussi l'Église avertit-elle les fidèles de s'en garder. Le recours aux médecines dites traditionnelles ne légitime ni l'invocation des puissances mauvaises, ni l'exploitation de la crédulité d'autrui[3].

Bravant les interdits (ou les ignorant copieusement), certains n'allaient pas hésiter à plonger tête baissée dans le jeu infernal du Ouija, quitte à perdre leur libre arbitre, ou toute forme de bon sens. Un homme, tout particulièrement – et non des moindres – va se lancer à corps perdu dans cette aventure. Il a pour nom Victor Hugo.

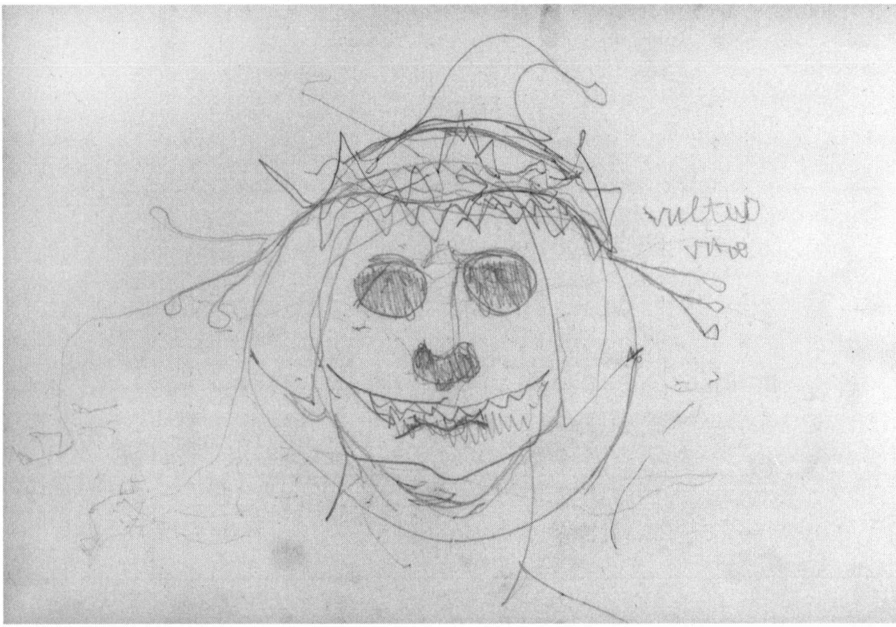

Dessin réalisé par la table lors d'une séance de spiritisme à Jersey
le 4 avril 1854. Album spirite de Victor Hugo.
© BnF Manuscrits NAF 13353, fol. 6v°

23

# Les tables bavardes de Jersey

Victor Hugo découvre les tables « parlantes » au tout début de son exil sur l'île de Jersey, entre 1853 et 1855. Initié au spiritisme dès le lendemain de son arrivée par Delphine de Girardin (qui en avait fait l'apprentissage récemment aux États-Unis... et ne resta sur l'île qu'une semaine), le poète va s'y noyer, poussé par sa propre fille, Adèle. Il le fait avec d'autant plus de vigueur que la maison où il réside est réputée hantée, et que l'environnement se prête absolument au mystérieux :

> Pour tout paysage, la mer, les rochers dantesques, un dolmen et un cimetière voisin pour égayer le tout. D'ailleurs la plage, si l'on fait foi aux habitants du pays, est hantée. On peut y voir, pendant les nuits de pleine lune, un décapité qui erre inlassablement à la recherche du repos éternel, il y a aussi la Dame blanche, jeune femme infanticide qui apparaît de temps en temps sur les rochers, une Dame noire, ancienne druidesse qui aurait immolé son père sur un dolmen au cours d'une cérémonie, et une certaine Dame grise dont on ignore les antécédents[1].

Bref, tout conspire à ce qu'une communication s'engage avec l'au-delà. Le fils de l'écrivain, Charles, joue le rôle de médium, tenant le crayon, auquel répond la table par des coups dont le nombre indique la lettre à tracer[2]. Un des premiers esprits à s'annoncer à table est sa propre fille, Léopoldine, morte noyée dix ans auparavant. Nuit après nuit, parfois même en plein jour, il va noircir des dizaines de pages, constituant ce qu'on a appelé le *Livre des tables*[3]. Dans cet ensemble manuscrit, désormais conservé à la Bibliothèque nationale de France[4], on découvre des textes poétiques, des sentences morales et politiques, généralement à charge contre Napoléon III, tandis que d'autres chantent la gloire de Victor Hugo (les esprits ont le sens des convenances...), des dessins réalisés par inspiration, mais aussi par... la table elle-même – un guéridon – à laquelle on avait fixé un crayon sur l'un des trois pieds ! Un de ces dessins a été conservé, et il est particulièrement impressionnant. On y voit une tête de cadavre, aux yeux vides, coiffée de cheveux, d'un chapeau, au sourire grimaçant et surdimensionné. Le visage de la mort. Une insoutenable vision d'horreur[5].

Hormis sa défunte fille, nombreuses sont les sommités à venir s'exprimer à travers les médiums de Jersey : Shakespeare (qui dicte un drame directement en français (!), car « la langue anglaise est inférieure à la langue française[6] »), Jésus Christ, Hannibal (qui s'exprime en latin, puis en français), Mahomet, Dante, Luther, Raphaël, Molière, Chénier (qui termine plusieurs poésies inachevées), Mozart, Galilée, Machiavel, Rousseau, Léonidas, Anacréon, Sappho, Eschyle, Aristophane, le Masque de Fer, et même des animaux comme le lion d'Androclès ou l'ânesse de Balaam ! Victor Hugo règle même ses comptes avec Napoléon III, pourtant bien vivant, en rendant visite à son âme endormie…

Les participants aux séances sont autant sa famille proche (épouse, enfants) que des amis et des familiers (hommes politiques ou écrivains ayant accompagné Hugo en exil, et même son médecin à Jersey) : Adèle Hugo, Charles et François-Victor Hugo, Victor Hugo fils, Madame Hugo, Auguste Vacquerie, Xavier Durrieu, Théophile Guérin, Paul Meurice, le docteur Léon-Émile Allix et son frère Jules Allix, etc. Beaucoup doutent, parfois, de la réalité des esprits qui s'annoncent à eux, et leur posent directement la question :

> Tu sais que nous sommes des intelligences limitées par la matière. Ne t'offense donc pas de ce que je vais dire. Aurons-nous affaire aux personnes dont les noms nous sont dits, ou bien à des esprits qui prennent un nom connu de nous pour nous mettre dans un certain ordre d'idée ? Veux-tu m'éclairer là-dessus ? Et le peux-tu[7] ?

L'esprit bottera en touche, gardant totalement sa part de mystère. C'est que, parfois, les esprits se font passer pour d'autres, tel celui qui emprunte le nom de Machiavel :

– [Madame Hugo :] Je vais le prier dans ma prière de ce soir. Viendra-t-il à la voix d'une humble femme comme moi ?

– Oui.

– Ce sera le cœur qui l'appellera. Viendra-t-il ?

– Oui.

– Il est déjà venu l'autre soir ?

– Non.

– C'était donc un autre qui avait pris son nom ?

– Oui.

– Vous mentez donc dans le monde d'en haut ?

– Le mensonge n'est pas le pseudonyme, le vol n'est pas l'emprunt. Les noms des esprits sont des noms de baptême, le nom de famille, c'est l'idée[8].

Plus tard, la petite compagnie d'expatriés spirites s'interroge sur la visite d'esprits n'ayant *a priori* rien à leur apprendre en vue d'une quelconque élévation morale ou spirituelle :

– [Durrieu :] Nous comprenons parfaitement que Jésus, Moïse, Socrate, Jean-Jacques Rousseau viennent nous parler de Dieu, de vertu, de conscience. Mais pourquoi est-il permis au marquis de Sade et à d'autres esprits de se mettre en communication avec nous pour nous dire des choses complètement frivoles ?

– Le monde des âmes est infini comme celui des corps, le rire et le cynisme y font leur grimace pendant que l'amour et la pensée y font leur prière. Triboulet y rit dans l'ombre, Socrate y rêve dans la lumière, Caïn y grince des dents, saint Augustin y tombe à genoux, le marquis de Sade y blasphème dans la nuit, Jésus y prie dans l'azur. La tombe est l'arche de Noé des âmes.

– Mais pourquoi est-il permis au marquis de Sade et aux esprits dont je t'ai parlé en dernier de se mettre en relation avec nous ?

– Pour vous montrer les âmes punies à côté des âmes récompensées[9].

Il existe une véritable progression dramatique au cours de ces séances de spiritisme, puisque des formes relativement abstraites viennent s'exprimer tour à tour, comme l'Ombre du sépulcre, le Drame, l'Idée, l'Aile blanche, la Métempsychose, etc. Elles délivrent tantôt des louanges quant à l'esprit créatif (et pour tout dire, le génie) de Victor Hugo, mais aussi des conseils et préceptes moraux propres à la philosophie spirite. L'acmé nous semble atteint au mois de septembre 1854, lorsque c'est la Mort elle-même qui se manifeste auprès du petit groupe :

– Qui est là ?

– La Mort.

– Pour qui viens-tu ?

– Pour la tombe.

– Parle.

– Les époux charmants envolés dans le fleuve [la fille de Victor Hugo et son mari] pensent à vous. Ils vous aiment, ils vous voient, ils vous attendent et vous gardent votre place dans l'immense baiser[10].

La séance est interrompue par une visite impromptue, mais on imagine sans peine l'effroi, du moins l'étonnement, à l'annonce, lettre après lettre, de l'arrivée de la Mort auprès du petit cercle des spirites.

Elle revient une quinzaine de jours plus tard, dans l'après-midi ; c'est l'occasion pour elle de délivrer un testament philosophique qui constitue certainement – avec un peu de mauvais esprit – l'une des plus belles pages de Victor Hugo :

> Tout grand esprit fait dans sa vie deux œuvres, son œuvre de vivant et son œuvre de fantôme. Dans l'œuvre du vivant, il jette l'autre monde terrestre ; dans l'œuvre du fantôme, il verse l'autre monde céleste ; tandis que le vivant parle à son siècle la langue qu'il comprend, travaille au possible, affirme le visible, réalise le réel, éclaire le jour, justifie le juste, prouve la preuve ; tandis que dans ce martyr, lui le génie, il tient compte de l'imbécillité, lui le flambeau, il tient compte de l'ombre, lui l'élu tient compte de la foule et meurt, lui le Christ, lui la dot du monde, entre deux voleurs, si vil, si bafoué et portant une telle couronne qu'un âne brouterait son front ; tandis que le vivant fait ce premier ouvrage, le fantôme pensif, la nuit, pendant le silence universel, s'éveille dans le vivant. Ô terreur, quoi, dit l'être humain, ce n'est pas tout ? Non, répond le spectre, lève-toi, debout, il fait grand vent, les chiens et les renards aboient, les ténèbres sont partout, la nature frissonne et tremble comme la corde du fouet de Dieu. Les crapauds, les serpents, les vers, les orties, les pierres, les grains de sable nous attendent, debout. Tu viens de travailler pour l'homme, c'est bien, mais l'homme n'est rien, l'homme n'est pas le fond de l'abîme, l'homme n'est pas la chute à pic dans l'horreur, c'est l'animal qui est le précipice, c'est la fleur qui est le gouffre, c'est l'oiseau qui donne le vertige, c'est du ver qu'on voit la tombe. Réveille-toi, viens faire ton autre œuvre, viens regarder l'inabordable, viens contempler l'invisible, viens trouver l'introuvable, viens franchir l'infranchissable, viens justifier l'injustifiable, viens réaliser le non-réel, viens prouver

> l'improuvable. Tu as été le jour, viens être l'inconnu, viens être les ténèbres, viens être le mystère, viens être l'infini. Tu as été le visage, viens être le crâne, tu as été le corps, viens être l'âme, tu as été le vivant, viens être le fantôme. Viens mourir, viens ressusciter, viens créer, viens naître[11].

La Mort reviendra une dizaine de fois à la table des spirites, délivrant à chaque occasion des préceptes d'élévation morale. Cette expérience vaudra à Victor Hugo l'un de ses plus beaux poèmes, *Ce que dit la bouche sombre*, mais aussi la défiance de sa fidèle maîtresse Juliette Drouet :

> Quel que soit mon peu de sympathie et d'affinité avec les esprits, pour peu que ton commerce avec l'autre monde continue, je serai forcée de me joindre à eux pour avoir la chance de te voir quelquefois. [...] Quant à vos diableries j'y vois pour l'avenir plus d'inconvénient que de plaisir, quelles que soient d'ailleurs vos convictions personnelles et collectives. Je m'explique mal, mais je sens que ce passe-temps a quelque chose de dangereux pour la raison, s'il est sérieux, comme je n'en doute pas de ta part, et d'impie, pour peu qu'il s'y mêle la moindre supercherie[12].

Devant ces tables tournantes qui révèlent des vers trop beaux pour être vrais, certains spirites se mettent à douter de la réalité des séances de Victor Hugo, supposant qu'il ait pu – inconsciemment – discuter avec lui-même, par table interposée[13]...

En 1855, à son départ pour Guernesey et Hauteville House, Victor Hugo ne pratique quasiment plus le spiritisme. Jules Allix, l'un des participants, est quasiment devenu fou, victime d'une crise de démence au cours d'une réunion, et le poète semble rassasié… ou déçu par le caractère fastidieux et épuisant des séances. Peut-être a-t-il aussi fini d'explorer ce monde, et s'est-il lassé ? Peut-être aussi s'est-il rendu compte que c'est sa propre âme qu'il visitait à travers l'écho de ces fantômes du passé, et que c'est sa propre inspiration qu'il couchait sur le papier (et non la production *post mortem* d'autrui) ?

Au même moment, en France, un autre écrivain, Victorien Sardou, va réaliser avec la même source créatrice des dessins spirites. Proche d'Allan Kardec, il considère ses figurations comme des vues de l'Autre Monde. On lui doit ainsi des représentations des maisons de Bernard Palissy, de Mozart, de Zarathoustra et de saint Paul dans la ville de Julnius, située sur la planète Jupiter. Certaines seront même publiées dans *La Revue spirite*…

Sardou (mais aussi Hugo, dont le guéridon a également produit de l'art médiumnique, on l'a vu) rejoint ainsi tous ces artistes dont la production est fréquemment rattachée à l'art brut en raison de son caractère d'abord profondément non académique, mais aussi naïf. On peut citer également Jeanne Tripier (1869-1944), dont la spécialité était la broderie spirite et qui finit ses jours en institution psychiatrique ; Laure Pigeon (1882-1965), qui traça plusieurs centaines de dessins qu'elle ne voulut jamais montrer à quiconque ; Jane Ruffié (1887-1965), qui produisit dès 1913 une quantité impressionnante d'écrits automatiques puis de dessins médiumniques sous l'influence de son fils Roger, mort quinze jours après sa naissance ; ou encore Hélène Smith, Madge Gill, Augustin Lesage, Victor Simon et Fleury-Joseph Crépin dont on a parlé plus haut, mêlant visions architecturales de l'au-delà et planètes habitées par ces mêmes fantômes (Mars, Neptune, Jupiter, etc.).

Mais justement, le spiritisme va trop loin. Non content de se monumentaliser, il occupe trop d'espace, trop de territoire. Il essaie de trop expliquer, de saisir bien plus que ce qui devrait lui être attribué, et pèche par l'outrecuidance et la malhonnêteté de certains de ses adeptes (à commencer par les tricheries de médiums). Et c'est justement cet excès qui va mener le spiritisme, sinon à sa perte, du moins à son déclin.

24

# Esprit critique, es-tu là ?

Depuis que les tables tournantes, qui amusaient de petits cercles de famille, ont fait réfléchir quelques hommes sérieux, surtout depuis qu'elles ont donné naissance à toute une science, le Spiritisme a fait des pas de géant dans les cinq parties de notre monde. Ce progrès rapide, il l'a fait par ses propres forces, non seulement sans aucun soutien étranger, mais au contraire, en dépit des antagonismes acharnés qu'il a rencontrés dans la presse de tous les pays, dans le clergé de toutes les religions, qui l'ont poursuivi avec persévérance et ne cessent de le persécuter encore. L'arme la plus tranchante, le ridicule, ne lui a même pas été épargnée. Rien, cependant, n'a pu arrêter sa marche et son développement. [...] Où le Spiritisme puise-t-il donc cette force vitale, cette énergie d'action qui lui permet de franchir tous les obstacles que ses ennemis dressent sur son chemin depuis plus de quinze ans ? C'est qu'il proclame des vérités qui émanent des lois divines, immuables, éternelles. C'est qu'il console ceux qui souffrent, donne la foi à ceux qui doutent, fait réfléchir ceux qui sont heureux et leur apprend à bien employer et à conserver leur bonheur. C'est enfin qu'il nous montre Dieu si grand dans ses œuvres, dans son amour, dans sa miséricorde et dans sa justice, que

> l'homme est forcé de tomber face contre terre pour adorer celui qui l'a créé[1].

On doit ces lignes, et ce constat d'attaques quasi permanentes et farouches contre le spiritisme, à Henri Stecki, un homme particulièrement investi dans l'usage de la médiumnité pour l'interprétation des textes bibliques. Il n'a pas tort quand il décrit ce travail de sape venant de presque tous les horizons de la planète... à commencer par l'Église elle-même. Le 9 octobre 1861, près de trois cents exemplaires d'ouvrages d'Allan Kardec sont ainsi brûlés en autodafé sur une place de Barcelone, à l'instigation de l'évêque de la ville[2]. En 1864, plusieurs œuvres du même Kardec sont officiellement mises à l'index par le Vatican[3]. Le 30 mars 1898, le Saint-Office déclare que la pratique du spiritisme, soit à titre de médium, soit à titre de curieux, doit être en toutes circonstances condamnée et considérée comme gravement illicite[4]. L'Église confirmera cette position par décret le 24 avril 1917, en insistant sur le fait qu'assister passivement à une séance de spiritisme est répréhensible :

> En séance plénière, aux Éminentissimes et Révérendissimes Seigneurs Cardinaux, Inquisiteurs Généraux de la Foi et des Mœurs, on a demandé : s'il était permis, par des médiums, comme on les appelle, ou sans médium, en usant ou non d'hypnotisme, d'assister à quelque manifestation spirite que ce soit, même présentant un aspect d'honnêteté ou de piété, soit en interrogeant les âmes ou esprits, soit en écoutant les réponses, soit comme observateur, même avec l'affirmation, tacite ou exprimée, de ne vouloir aucun commerce avec

les esprits malins. Les Éminentissimes et Révérendissimes Pères ont répondu NON, sur tous les points. Le 26 du même mois, S.S. Benoît XV a approuvé la résolution des Éminents Pères qui lui avait été remise[5].

Le philosophe chrétien René Guénon enfonce le clou en 1923 dans un brûlot intitulé *L'Erreur spirite*, suspectant l'implication des quakers dans la naissance du spiritualisme américain, et même une société secrète désignée par les initiales « H. B. of L. » (Hermetic Brotherhood of Luxor). En 1941, le *Dictionnaire de théologie catholique* se montre particulièrement acerbe vis-à-vis du spiritisme, tant sur la forme que sur le fond. Il démonte non seulement le système philosophique et moral (l'au-delà ressemblant à une vie bourgeoise de cette terre continuée dans l'autre vie, les préceptes faussant le Credo catholique et dénaturant les dogmes essentiels de la foi), et compare les séances à des démonstrations de foires ou à un cirque :

> Les manifestations spirites se sont diversifiées [...]. Toutes choses qui ont transformé nombre de séances spirites en exhibitions charlatanesques et foraines. Combien plus méritent-elles la flétrissure que portait Tertullien contre les magiciens de son temps [...] ! Ce ne sont plus seulement des magiciens, caste réservée, qui opèrent ; c'est quasi le premier venu, pour satisfaire sa curiosité. Et les procédés, en maints exemples, respirent la vulgarité, une bassesse grotesque, l'inconvenance. On fait plus que déshonorer les morts : on les avilit[6].

Il n'y a donc aucune élévation morale ? Aucune valeur philosophique propagée par la doctrine spirite ? Non, absolument rien. Spiritisme et christianisme catholique ne peuvent-ils pas se retrouver sur cette notion de Purgatoire et d'âmes en transit ? Impensable :

> La religion spirite n'est qu'un déisme vague, un protestantisme rationaliste, sans sève, sans chaleur de vie, où abondent les affirmations et les négations hérétiques, démunie de toute efficacité pour élever les âmes à Dieu, sans détestation du péché, faite non pour contenter mais aussi pour étouffer l'inquiétude religieuse, en assoupissant le sens des responsabilités et en rassurant contre la crainte des sanctions sévères. Religion sans idéal, sans flamme, sans grandeur, où tout est rapetissé à la mesure d'une humanité très mesquine et très vulgaire[7].

Pourtant, certains avaient tenté un rapprochement entre spiritisme et Église catholique[8], les médiums étant proposés comme des êtres capables de dialoguer avec le monde des défunts sans commettre de péché et en s'inspirant de la foi[9], tandis que d'autres s'accordaient sur le principe de la survie de l'âme, même si l'idée de la réincarnation restait un motif de blocage[10].

En Allemagne, un prêtre catholique, Johannes Greber, s'est intéressé aux informations obtenues par les médiums auprès des « esprits désincarnés ». C'était, pour lui, une source directe sur l'au-delà et les fondements du christianisme. Au fur et à mesure de nombreuses séances de spiritismes au cours desquelles des défunts s'exprimaient par la bouche et les mains des paroissiens (Greber n'étant pas lui-même médium), il a accumulé des notes pendant trois ans (1923-1925), pensant mieux comprendre l'organisation du monde (autant celui des vivants que celui des morts), mais aussi la vie de Jésus Christ et le sens réel des Évangiles. Pressé par sa hiérarchie qui est loin de soutenir sa démarche (!), il quitte l'ordre à la fin de l'année 1925, gagnant les États-Unis et changeant radicalement de vie. Désormais marié et père de famille, il met ses notes au propre et publie deux ouvrages qui auront un certain succès : *Communication with the Spirit World* (1932) et surtout *The New Testament, a New Translation and Explanation* (1937). Ce dernier livre est incomplet, la seconde partie ne sera jamais publiée, le manuscrit ayant été perdu à la mort de Greber en 1944 à l'âge de soixante-sept ans[11].

Face au spiritisme, on le voit, les critiques fusent de toutes parts. En 1901, le psychologue genevois Théodore Flournoy, qui a pu observer de près la médium Hélène Smith depuis 1894, ne retrouve aucun fait probant en faveur de la réalité du paranormal. Pour lui, le spiritisme ne repose que sur les troubles de conscience des médiums :

> [Mes recherches n'ont] pas peu contribué à augmenter ma méfiance à l'endroit du spiritisme en me faisant constater d'une part la richesse et l'étendue des moyens par lesquels, chez les médiums les plus sincères, le jeu subconscient des facultés mentales arrive à simuler les messages de l'au-delà, et d'autre part la prodigieuse complaisance que des gens,

d'ailleurs très cultivés, mais enclins aux doctrines occultes, mettent à se laisser leurrer[12].

L'année suivante, en 1902, Carl Gustav Jung porte lui aussi un regard critique (en l'occurrence, une explication médico-psychologique[13]) sur une jeune fille spirite, qu'il décrira dans *Psychologie et pathologie des phénomènes dits occultes. Un cas de somnambulisme chez une fille d'origine pauvre (médium spirite)*.

En 1917, un certain « professeur Dicksonn », de son vrai nom Paul-Alfred de Saint-Genois, fait paraître un pamphlet qui aura son petit succès : *La Vérité sur le spiritisme et l'exploitation de la crédulité publique*. Dans cet ouvrage, ce magicien, qui exerça ses talents de prestidigitateur au théâtre Robert-Houdin et au musée Grévin, démonte point par point tout l'édifice spirite :

> Le spiritisme ne peut pas s'imposer, parce qu'il ne repose sur rien ; parce que son édifice n'a pas de base, parce que les exemples donnés par ses pontifes ne sont que des légendes de revenants, des jeux de déséquilibrés et que toutes les preuves matérielles qu'ils ont voulu donner ne sont que de grossières mystifications[14].

Plusieurs autres ouvrages suivent, où il donne autant les trucs de ses propres tours (ou de ceux de ses concurrents…) que de nouvelles critiques vis-à-vis d'autres pratiques médiumniques ou équivalentes (ectoplasmes, esprits frappeurs, etc.) : *Médiums, fakirs et prestidigitateurs*, publié en 1927, et *Mes trucs dévoilés*, publié en 1928.

Sous certains aspects, on peut même se demander si la création de l'IMI en 1919 n'est pas une critique du spiritisme kardécien et un réinvestissement du matérialisme (par l'apport des technologies modernes) dans le champ du surnaturel.

En 1928, le docteur Robert Teutsch publie un court essai (85 pages) consacré à son expérience des envoûtements. Médecin praticien, il prend très au sérieux ces pratiques magiques, et en décrit par le menu les conséquences plus que fâcheuses sur la santé de ses patients. Ce faisant, il met « dans le même sac » les adeptes du spiritisme, les diseuses de bonne aventure, et les rebouteux qui « nouent l'aiguillette » :

> Les Évocateurs d'Entités du Mal, absolument comme les Spirites qui s'imaginent évoquer les esprits désincarnés des Morts, évoquent le plus souvent la Folie *et tous les Envoûteurs quels qu'ils soient*, s'ils ne meurent pas d'un Contre-Envoûtement ou s'ils ne deviennent pas fous, s'ils ne deviennent pas, ainsi qu'il arrive souvent, possédés de l'Amour qu'ils se sont acharnés à vouloir faire exploser chez autrui, ou corrodés par la haine qu'ils nourrissent et développent en eux, succombent après une vie maudite, maudite même si elle est en apparence brillante, heureuse, à de pénibles maladies du foie et surtout du cœur, à la tuberculose, au cancer, au suicide ou à quelque mort violente. Ils *n'échappent jamais* à une justice immanente qui bien que lente parfois à se manifester n'en est pas moins vigilante et efficace[15].

C'est ensuite Philippe Encausse, le propre fils de Papus (de son vrai nom Gérard Encausse, auteur du célèbre *Traité élémentaire de magie pratique*, en 1893), qui publie en 1943 un virulent livre dans lequel il s'interroge sur le risque mental des pratiques occultes (cet ouvrage sera d'ailleurs couronné par l'Académie nationale de médecine) :

> Un des plus grands écueils de la médiumnité, c'est *l'obsession*, c'est-à-dire l'empire que certains esprits peuvent exercer sur les médiums... [...] L'obsession présente trois degrés principaux bien caractérisés : l'*obsession simple*, la *fascination* et la *subjugation*. Y a-t-il de l'inconvénient à développer la médiumnité chez les enfants ? Certainement, et je soutiens que c'est très dangereux ; car ces organisations frêles et délicates en seraient trop ébranlées et leur jeune imagination trop excitée. La médiumnité pourrait-elle produire la folie ? Pas plus que toute autre chose lorsqu'il n'y a pas prédisposition par la faiblesse du cerveau. La médiumnité ne produira pas la folie lorsque le principe n'y est pas ; mais si le principe existe, ce qui est facile de reconnaître à l'état moral, le bon sens dit qu'il faut user de ménagements sous tous les rapports, car toute cause d'ébranlement peut être nuisible[16].

L'auteur reprend, pêle-mêle, de nombreux cas de médiums ayant plus ou moins sombré dans la folie à force de s'être frottés aux esprits et aux forces occultes. Une observation du grand Jean-Martin Charcot, professeur de neurologie à la Pitié-Salpêtrière, se révèle ainsi plutôt savoureuse, avec plusieurs jeunes gens d'une même famille qui deviennent tous « hystériques » à la suite de séances de spiritisme... Pour le docteur

Philippe Encausse, on doit distinguer trois grandes catégories parmi les médiums :

> 1) Les dupeurs et les escrocs qui sont justiciables des tribunaux ; 2) Les aliénés qui, dans un délire systématisé, font intervenir le spiritisme pour y puiser des éléments nouveaux ; 3) Les sujets, débiles mentaux pour la plupart, chez lesquels le spiritisme n'est que la cause occasionnelle de l'apparition du délire. Le spiritisme est donc une chose nuisible en ce qu'il favorise l'éclosion de ces délires[17].

En conclusion, il met en garde ceux qui ne sont que peu ou pas préparés à ces pratiques, pour lesquels le danger est réel (il reste donc dans la ligne de son père, pour lequel l'occultisme ne devait pas être accessible à tous, mais pratiqué par un petit cercle d'initiés) :

> Parfois dangereux par l'ambiance de certaines « séances », le spiritisme l'est aussi par les pratiques médiumniques qu'il comporte. Ces pratiques sont un entraînement à l'automatisme, au dédoublement de la personnalité. Si cette désagrégation devient habituelle, si elle se fait malgré le médium, l'hallucination est constituée. Les cas de transformation de la transe médiumnique en délire sont assez fréquents. Il s'agit alors d'un délire d'influence[18].

Plus tardif, un ouvrage va finir d'enfoncer le clou du cercueil du spiritisme. Il s'agit du livre de R. Imbert-Nergal, *Les Sciences occultes ne sont pas des sciences* (1959), préfacé par le biologiste et historien des sciences Jean Rostand. Le préfacier et l'auteur y pourfendent « ces encombrants produits de l'imagination humaine que sont la radiesthésie, l'astrologie, le spiritisme, la métapsychie, la parapsychologie, etc.[19] ». Rappelant les exigences de la méthode scientifique (prudence, rigueur, méthode, objectivité, contrôle et cohérence), ils démontrent l'absence de phénomènes indépendants ou fantasmagoriques, la réalité de phénomènes naturels, la multiplicité des témoignages mensongers et des affirmations abusives, l'accumulation de faits sans valeur ou non utilisables, et inventorient les expériences frauduleuses. L'auteur conclut que les différents champs de l'occultisme (à commencer par le spiritisme, mais pas exclusivement) ne peuvent en rien être considérés comme une science, et que toute tentative « scientifique » d'en étudier les phénomènes n'a pas été correctement menée, c'est-à-dire pas de façon objective, sincère et désintéressée. Pour lui, la dangerosité sociale est réelle :

> Les sciences occultes ne sont pas des sciences. Elles n'en offrent ni les garanties, ni les possibilités et bien loin de contribuer au progrès général elles font ressurgir les servitudes mentales de la psychologie primitive et constituent, pour la pensée humaine, un incontestable élément de régression[20].

## 25

# Les esprits sur le divan

Le dernier coup de scalpel de cette autopsie du spiritisme – ou de cette anthropologie des fantômes – est-il psychanalytique ? Ceux qui interagissent avec les spectres de leurs ancêtres finiraient-ils souvent sur un divan ?

De nos jours, les psychologues cliniciens sont en effet fréquemment confrontés à des patients rapportant avoir vu des fantômes. D'abord ceux qui, à la suite d'un deuil, vont avoir l'illusion de croiser dans la rue un être cher récemment disparu. Si c'est un phénomène transitoire, de l'ordre de quelques semaines ou quelques mois après le décès, ce n'est pas d'ordre pathologique. Ensuite, il y a les patients souffrant de véritable schizophrénie, ayant des hallucinations visuelles et/ou auditives, dans le cadre d'un délire chronique étendu sur des mois ou des années. Ils vont avoir l'impression non seulement de voir un fantôme ou une apparition, mais aussi de l'entendre, de dialoguer avec lui, voire d'être littéralement persécutés par la voix du mort. Il y a aussi les sujets atteints d'un certain type d'épilepsie (dite « temporale partielle »), qui peuvent avoir des hallucinations visuelles ou auditives, et donc avoir l'impression de croiser ou d'entendre un défunt dans le couloir, de voir un autre reflet dans le miroir, ou d'être suivis par une entité mystérieuse.

Que disent ces patients, par-delà la diversité des témoignages ? La difficulté à cheminer dans l'existence, savoir que tout va être perdu, que la vie est faite de séparations, de ruptures, de deuils. Comment chacun d'entre nous peut-il négocier avec ceci ? Sarah Chiche rapporte ainsi le cas de cette femme enceinte de jumeaux dont l'un va mourir, et dont le second ne va apprendre l'existence du premier que très tard dans sa vie – au moment de l'adolescence –, déclenchant alors une hyperphagie[1]. L'entretien psychanalytique a montré que ce trouble alimentaire trouvait sa source dans la volonté inconsciente de « manger pour deux », de « nourrir l'autre », sans pour autant que ce jumeau absent ne soit apparent pour lui sous la forme d'un fantôme classique.

Ou encore cette patiente de l'hôpital Sainte-Anne qui a vécu soixante ans avec son mari – c'était d'ailleurs le seul homme qu'elle avait connu – et qui, à sa mort, s'est retrouvée totalement seule, ce qui était inacceptable pour son esprit, la nature ayant horreur du vide[2]... Cette femme, plutôt que de se confronter à l'absence de son époux, a continué à vivre à ses côtés et à le laisser vivre en elle (il se superposait à elle dans le reflet de son miroir et tous les soirs elle l'entendait frapper à la porte). Dans ce cas de mélancolie très grave, la parole et l'aide thérapeutique ne suffisaient pas, et les médicaments furent nécessaires pour aider cette femme à « reprendre ses esprits » et ne plus se faire engorger par l'esprit de l'autre (le défunt tant aimé). L'aide consiste à sortir de l'état de « hantise » (on est possédé par l'autre), à permettre l'ouverture d'un état de l'ordre du « souvenir » (de l'être cher), à accepter le manque et l'absence, à faire en sorte que la vie des vivants ne soit pas entièrement liée aux disparus. Il faut aider à passer de l'hallucination à la distance. En cela, le cinéma et la littérature peuvent nous aider à faire ce cheminement sous la forme d'art-thérapie, d'ateliers d'écriture (pouvant permettre, en écrivant sur le mort, de le convoquer différemment du biais de l'hallucination, de faire un travail constructif).

En revanche, le spiritisme n'est absolument pas considéré comme un moyen thérapeutique, parce qu'il entretient ce que la médecine considère comme l'hallucination. Très pratiqué par les adolescents qui se sentent seuls, isolés, le spiritisme leur permet de faire groupe, de créer une communion, non pas avec les vivants (puisque la société ne leur fournit pas les cadres dont ils auraient besoin), mais avec les morts. Ils cherchent alors à entrer en communication avec leurs proches disparus (famille ou amis, grands-parents qu'ils n'ont jamais connus, parents partis trop tôt, etc.), mais aussi avec des célébrités admirées servant de points de repère. Comme si le spiritisme était une sorte de réseau social *post mortem* (un Twitter, un Instagram ou un Facebook d'outre-tombe…), un grand livre des visages de tous les disparus, un monde somnambule où tous ces fantômes flottants et immobiles seraient en attente de personnes qui les appelleraient à travers une planche de Ouija ou une séance d'écriture mécanique.

Au-delà de ces maladies au sens strict et moderne, les fantômes ne seraient-ils pas aussi là, sur le plan psychologique, voire psychanalytique, pour « combler une absence », comme s'ils avaient un rôle social ? Nous avons peut-être tous nos fantômes, et ce n'est peut-être pas un hasard si « fantômes » et « fantasmes » ont la même étymologie, recouvrant des sens aussi flous et hasardeux qu'« image spectrale et mentale ». L'idée est toujours d'occuper une absence face à un vide insupportable.

Les courants artistiques, qu'ils soient littéraires, pictographiques ou cinématographiques, se sont emparés de ce concept qu'est le fantôme parce qu'on a tous nos représentations mentales, nos scénarios et nos façons de négocier avec le deuil et l'absence. De cette façon, les arts répondent de toutes ces aspirations. Dans *Hamlet* de Laurence Olivier, par exemple, et dans toutes les versions ultérieures, la voix et la présence du père mort interpellent directement chacun d'entre nous sur ce qu'on fait de nos disparus : faut-il accomplir ce qu'on croit qu'ils souhaitaient eux, est-ce qu'il faut les laisser nous quitter ? Accepter un héritage ou pas ? C'est la question que nous posent tous les fantômes. Au moment où la psychanalyse s'est largement développée en Europe (dans les années 1920), Murnau tourne son *Nosferatu* (1922) et le courant surréaliste (en littérature et en peinture) s'empare de cette question du fantôme en tant que fantasme. Une phrase de *Nosferatu*, notamment, écrite sur un carton, va être considérablement reprise par les surréalistes : « Et quand il eut dépassé le pont, les fantômes vinrent à sa rencontre »... Que se passe-t-il lorsqu'on franchit tous le pont de notre inconscient et qu'on passe de l'autre côté ? Tout un tas d'images mentales surgissent, qu'on n'imaginait pas. Qu'en fait-on ? De l'art pictural, de la littérature, ou on se laisse posséder au risque de devenir malade de ses fantômes ?

De l'autre côté de la mort, avec les fantômes ; de l'autre côté du miroir, avec Alice au pays des merveilles : ce sont des mondes parallèles et des états seconds qui, pour la plupart d'entre nous, ne sont que transitoires (de courtes folies liées au chagrin et à la perte).

Le regard sur les fantômes a-t-il varié depuis les cinquante ou cent dernières années ? Même si les réseaux sociaux et Internet rendent, de fait, nos rapports à l'absence, au silence et au temps totalement différents, il existe des invariants. Quand on regarde, à la fin du XIXe siècle, comment le Tout-Paris féru de littérature décadente s'est rué dans les séances de spiritisme, on comprend que cet engouement a pris place en ce lieu et à ce moment parce qu'il existait une crise majeure où les institutions n'étaient plus en mesure d'apporter aux individus ce qu'ils souhaitaient. Dans la période de crise actuelle, on constate à nouveau un refuge, comme un retour de fuite dans l'irrationnel. Quand on ne sait plus vers qui se tourner (école, parents, institutions, gouvernement), on va chercher ailleurs les moyens d'étayer son parcours et de faire communauté, on se tourne vers les morts, « les plus nombreux » comme disaient les Grecs anciens.

On a souvent l'image du fantôme vengeur, notamment en contexte anglo-saxon. Le même schéma se retrouve en France, avec des individus littéralement hantés par la culpabilité, recouvrant de vieilles histoires de famille (pactes, alliances, trahisons, secrets) qui ne les laissent pas en paix. Plutôt que de se confronter à ce vide terrible de leur vie, ils vont se mettre à croire aux fantômes, c'est-à-dire à la présence d'un défunt théoriquement absent qui viendrait les persécuter face à une culpabilité terrible qu'ils ne peuvent pas assumer eux-mêmes. Le fantôme, c'est en réalité l'image projetée à l'extérieur d'une culpabilité intérieure insupportable. D'autres patients cheminent au quotidien avec un fantôme qui ne leur fait absolument pas peur, mais avec lequel ils tiennent conversation (délire chronique articulé autour de l'absent fantasmé, chez les patients schizophrènes, par exemple). Dans ce cas, le fantôme est une entité bienveillante parmi tant d'autres avec laquelle ils vont échanger au quotidien.

Le fantôme, c'est la représentation mentale, le scénario que chacun d'entre nous va mettre en place pour faire face au vide (la finitude de nos existences). Sur le plan psychanalytique, nos fantômes sont en nous, et on peut cheminer avec eux, paisiblement, et négocier avec eux (ceux de proches disparus ou de proches qu'on aime encore mais dont on a eu à se séparer). Les fantômes nous apprennent qu'il faut savoir les garder en nous, mais qu'il y a aussi un temps pour les laisser nous quitter pour que nous-mêmes puissions vivre autre chose. Nous sommes tous amenés à perdre un jour un être cher, mais faut-il aller jusqu'à en faire un fantôme ? Faut-il, chacun, faire un Hamlet ? Nous sommes tous de futurs morts, après tout, et peut-être de futurs fantômes aussi. Ce qui, en soi, devrait être une incitation à se hâter de bien vivre.

La psychologue et psychanalyste Sarah Chiche a récemment posé la question des rapports de l'exorcisme et des spectres, s'intéressant notamment à l'évolution des pratiques : qui voir, quand et pourquoi[3] ? De même que les fantômes, les séances d'exorcisme sont beaucoup plus fréquentes qu'on ne le pense, tout comme la croyance dans le diable et les cas de possession. Sur le plan psycho-pathologique, il peut y avoir des points de passage entre les phénomènes de vision de fantômes et d'entités démoniaques et/ou maléfiques, mais avec cette question de la damnation qui est surajoutée dans les croyances au diable (qu'on ne retrouve pas avec les fantômes), très liée à un contexte culturel. Malgré tout, le fantôme est une âme qui n'est pas encore allée jusqu'au Paradis, bloquée dans son séjour terrestre, au milieu des vivants : c'est une âme errante. Pourquoi est-elle encore là ? A-t-elle une mission à accomplir ? Tout n'est peut-être pas terminé, mais à force de croire que c'est la mission du fantôme (l'autre) qui prend le pas sur sa propre mission (celle des vivants), on en vient à se demander si l'on a tous une mission, un destin. La question est celle de la responsabilité.

## 26

# Quand l'homme refuse l'idée de la mort

La question de l'au-delà, des revenants, des fantômes et des esprits est avant tout liée à celle de l'inexorabilité et de l'irrévocabilité de la mort. Un décès est-il une annihilation pure et simple ? Peut-être pas, puisque quelque chose d'impalpable, de très discret, mais de pourtant réel (surréel ?) existe. L'homme veut croire à cette possibilité, grâce à des prédispositions individuelles ou par l'intermédiaire de machines plus ou moins complexes ou extravagantes, d'interagir avec ces entités qui n'ont pas sombré dans le néant. Les voir (avec la photographie spirite), les entendre (avec les enregistrements fantômes), les palper (avec les matérialisations), etc. Mais quelle est la part du vrai, et celle de la mystification ? Avec un double regard de médecin et d'anthropologue, comment comprendre les figures de fantômes, spectres et autres formes de l'au-delà qui ont peuplé l'imaginaire et sont venues nourrir les différentes cultures ?

Les non-morts (ou du moins, ceux qui n'ont pas tout à fait disparu) projettent deux différents types d'imaginaire : le premier est l'idée qu'il y a quelque chose après la mort, que la mort n'est pas une fin, mais une transformation, un passage, et qu'un retour est possible, sous un aspect fortement transformé, remanié, un peu cauchemardesque[1]. La deuxième idée, c'est celle que la mort peut avoir un aspect contagieux, pouvant frapper de façon épidémique, et l'image même de cette mort épidémique est le vampire, non le fantôme. Alors : spectres de tous les pays, de toutes les cultures, de tous les temps, unissez-vous ! Fantômes et vampires : même combat ?

Le vampire est un individu biologiquement et socialement mort, mais aussi transformé et pour lequel il existe, non pas une vie, mais une sorte de survie, une pseudo-vitalité. Contrairement aux fantômes, il garde un aspect physique. Du sang coule encore dans ses veines, qui n'est pas le sien, mais celui qu'il va aller chercher dans les corps d'individus bien vivants. À chaque morsure, il a le choix entre sucer jusqu'à la dernière goutte (tuer sa victime) et se nourrir en inoculant cette maladie de la non-mort (transformer sa proie en un autre vampire), selon les traditions en vigueur. Ce n'est pas un mort, c'est une sorte de mort-vivant qui survit, mais qui n'a pas l'aspect d'un zombie, ni celui d'un fantôme. Il s'agit de la transformation physique et morale d'un défunt à qui l'ouverture des portes du Paradis a été refusée pour mille et une raisons (péchés et/ou défauts moraux durant son existence, malédiction, etc.).

Le vampire peut revêtir des aspects incroyablement différents en fonction des contextes chronoculturels.

Il y a les plus connus, ceux des créations littéraires : on pense évidemment au *Dracula* de Bram Stoker (1897), mais aussi aux poèmes du Roumain Mihai Eminescu (1850-1889), ou, encore plus en amont, à toute cette tradition d'anecdotes qu'on trouve en Europe centrale aux XVII^e^ et XVIII^e^ siècle, fournissant la matière à des traités de vampirologie, notamment le maître ouvrage de Dom Calmet : *Dissertations sur les apparitions des anges, des démons et des esprits, et sur les revenants et vampires de Hongrie, de Bohême, de Moravie et de Silésie* (1746), ou encore celui de Collin de Plancy : *Histoire des fantômes et des démons qui se sont montrés parmi les hommes ou Choix d'anecdotes et de contes, de faits merveilleux, de traits bizarres, d'aventures extraordinaires sur les revenants, les fantômes, les lutins, les démons, les spectres, les vampires, et les apparitions diverses, etc.* (1819).

Encore aujourd'hui, la croyance est vivace. En Grèce continentale, par exemple, il y a un peu plus d'une dizaine d'années, je me souviens avoir travaillé sur des squelettes anciens provenant d'Argos, près de Nauplie, dans le Péloponnèse. Peu avant la nuit, un soir de semaine, de vieilles *yaya* (des veuves habillées de noir) étaient venues lapider ce qui restait des ossements dans les fosses de mes collègues archéologues, par peur du retour des morts sous la forme de *vroucolaques* (les vampires grecs). Elles étaient persuadées que c'étaient des squelettes de Turcs. Pas de chance sur ce coup-là, ils étaient byzantins...

On nomme ce type de pratique la « nécrophobie » : il s'agit d'un ensemble de rituels magico-religieux ayant pour but d'éviter à l'esprit du mort de revenir hanter les vivants, sous n'importe quelle forme : vampire, bien sûr, mais aussi fantôme, cauchemar, épidémie, etc. Une des plus belles et nettes occurrences date de l'Antiquité romaine et provient du site d'Apollonia, en Bulgarie, fouillé par Alexandre Baralis (conservateur au musée du Louvre). Le squelette d'un sujet adulte présentait, au niveau du torse, une magnifique cavité ayant emporté une partie des os de la colonne vertébrale, causée par un empalement (*post mortem*) à l'aide d'un pieu en bois. Il s'agissait de tuer une seconde fois l'individu, mais aussi de le fixer de façon pérenne dans son tombeau, comme pour le clouer sur place[2]. Ce qui fut pour le moins efficace, jusqu'à sa découverte par les archéologues…

Ces pratiques nécrophobiques ne sont pas rares : on peut les trouver en Europe, sur le pourtour méditerranéen, et même en Nouvelle-Angleterre, pourvu qu'on regarde avec un œil aguerri les traces laissées par les anciens lors de l'inhumation du défunt ou peu après les funérailles. À Khirokitia (Chypre), au néolithique, les défunts sont recouverts par d'immenses blocs de pierre ou des meules épaisses. À l'âge du Bronze puis du Fer, un peu partout en Europe de l'Ouest, les champs d'urnes correspondent à une diffusion du procédé de crémation équivalant à une carbonisation du cadavre et au dépôt des esquilles osseuses, parfois broyées, dans des contenants en céramique ou parfois en pleine terre. Chez les Vénètes (dans la plaine du Pô, en Italie), on réalise même une partition des cendres dans divers contenants. Cette séparation pourrait peut-être correspondre à une nécrophobie poussée à l'extrême, une peur que les petites pièces du puzzle osseux ne se recomposent sous la forme d'un corps complet qui vienne ensuite hanter la communauté des vivants[3].

On dispose d'autres exemples de défunts (gallo-romains) dont les chaussures avaient été brûlées puis leurs cendres déposées aux côtés du défunt inhumé en cercueil ou en linceul. Le but était symbolique, pour éviter que le mort ne déambule *post mortem*. D'autres corps ont été retrouvés avec les mains coupées, les pieds coupés, les mains mises à la place des pieds et les pieds mis à la place des mains, la tête coupée et placée entre les jambes écartées, et le cadavre couché sur le ventre, pour prémunir pareillement les vivants d'une déambulation du défunt dans un autre état qui serait celui d'un vampire ou d'un fantôme.

Un autre cas encore, plus proche des revenants évoqués dans cet ouvrage : celui de ce squelette féminin adulte exhumé sur un îlot proche de Venise, contemporain d'une épidémie de peste (XVI^e^-XVII^e^ siècle), retrouvé avec une brique enfoncée dans la bouche. L'idée de ses contemporains était clairement d'empêcher une sorte de souffle vital ou malsain de ressortir par la bouche, de prévenir d'éventuelles paroles de malédiction, ou encore pour l'empêcher de venir sucer le sang des vivants (c'est-à-dire se nourrir au détriment des humains)[4].

Déjà dans l'Antiquité grecque existe cette idée du revenant qui aspire la vie, sous la forme d'un spectre féminin : Lamia. C'était le fantôme d'une femme morte avant d'avoir eu la possibilité d'avoir des enfants. Elle est donc décédée avec une irritabilité monstrueuse, liée à la frustration extrême de ne pas avoir été mère. On racontait qu'elle hantait, sous un aspect de vampire, les rues d'Athènes et d'ailleurs, se faufilant par les fenêtres pour sucer le sang des enfants jusqu'à la mort. Elle emportait leur âme et leur vitalité, ne laissant derrière elle que le cadavre froid, blanchâtre et livide des enfants, retrouvés au petit matin par leurs parents. C'est, au passage, la première explication – irrationnelle en l'occurrence – donnée à la mort subite du nourrisson… Pour se prémunir de l'arrivée de Lamia, il est possible d'utiliser des gousses d'ail déposées sur le bord de la fenêtre, à l'extérieur, ou sur le pas de la porte de la chambre de l'enfant. On identifie ici quelques caractères magico-religieux et symboliques que l'on retrouvera beaucoup d'années plus tard dans le très classique vampire de Transylvanie ou sous la plume de Bram Stoker, voire d'Anne Rice.

À Cluj-Napoca, justement, en Roumanie, je me souviens être arrivé un matin dans le cimetière central. Il avait neigé toute la nuit, et une tombe semblait avoir été fraîchement ouverte, le cercueil profané était encore éventré et le corps n'était plus là. Il s'agissait vraisemblablement d'une exhumation dans un contexte de vampirisme… Certains de mes collègues anthropologues notaient encore il y a quelques années la persistance de ce type de pratique avec un cadavre exhumé nuitamment, déposé loin de sa sépulture, à un croisement de rue ou de chemin, généralement en rase campagne. Ce choix n'est pas anodin, le carrefour constituant un endroit très important sur le plan magique, religieux ou anthropologique, puisqu'un croisement se voit bien sûr en deux dimensions (deux chemins sur un seul plan), mais aussi en trois dimensions (le monde des vivants, le monde des morts en dessous, le monde des dieux au-dessus), avec cette idée de microcosme/macrocosme. Vient ensuite la crémation du cadavre sur ce croisement, puis la récupération de quelques cendres (parfois celles du cœur, quand il a été enlevé à l'avance) ensuite mélangées avec du vin de messe orthodoxe, et bues par l'assemblée[5]. L'idée est d'abord de détruire un corps potentiellement dangereux, puis de mélanger ce qu'il reste avec un symbole chrétien (servant en quelque sorte de « contrepoison », d'exorcisme pour cet individu vampire) et de lui offrir une tombe partagée. Ce n'est pas de l'anthropophagie, c'est une façon de protéger ce mort pour qu'il ne puisse pas être récupéré par les puissances infernales et qu'ainsi, il nc soit pas en mesure de redevenir vampire.

La peur de mettre au tombeau un non-mort est immense, universelle. C'est celle d'être enterré vivant. Au XVIIIe siècle, le médecin Jacques-Bénigne Winslow fait paraître sa *Dissertation sur l'incertitude des signes de la mort, et l'abus des enterrements & embaumements précipités*, traduite et diffusée en France par Jacques-Jean Bruhier d'Ablaincourt qui y ajoute un opuscule : *Mémoire sur la nécessité d'un règlement général au sujet des enterrements, et embaumements* (1742-1745). C'est un recueil, non pas de contes, mais d'anecdotes plus ou moins vérifiées, d'individus déclarés morts dans une certaine précipitation et qui parfois se réveillent ! Certains « morts » parviennent à sortir à temps de leur cercueil, tandis que d'autres échappent de peu au scalpel de leur autopsieur ou embaumeur. Malheureusement, d'autres n'auront pas cette chance, et se réveilleront dans leur cercueil, inhumés six pieds sous terre, avant d'y reposer pour l'éternité cette fois, non sans avoir tenté d'en sortir… D'innombrables brevets verront le jour, correspondant à des contenants permettant soit de survivre quelque temps, soit de prévenir sans délai le « monde extérieur » en permettant une extraction en urgence : citons, par exemple, ce système de cloche, dont le battant était relié à un fil attaché à un doigt d'une des mains du « cadavre » qui, en cas de signe de vitalité, pouvait faire tinter ladite cloche et prévenir le gardien du cimetière… Pour information, la durée moyenne de survie dans un cercueil clos est de cinq heures trente[6].

Toutes les épidémies, c'est-à-dire toutes les vagues de mort en grande quantité survenues au même moment en un endroit, d'abord isolé, puis s'étendant, aboutissent généralement à des sépultures de catastrophe. Et dans ces sépultures de catastrophe, c'est-à-dire une cavité au sein de laquelle vont être déposés plusieurs cadavres de façon concomitante, il est fort possible de faire des erreurs et de mettre en terre un individu n'ayant pas encore fini de mourir (agonie incomplète), ou encore bien vivant, mais qui soit a perdu connaissance, soit est tellement faible qu'il ne peut pas s'exprimer et/ou donner de signes de vie. Ce danger est réel, et c'est pour cette raison que les cas de fantômes, revenants, vampires, spectres enflent en période de catastrophe (épidémie, guerre, cataclysme naturel), comme les prémisses de ces « défunts-qui-n'auraient-pas-dû-l'être ». C'est particulièrement dans ces périodes que se retrouve la peur d'être enterré vivant ou que resurgissent des anecdotes, des histoires réactivant ce fonds à la fois anthropologique, moral, social, religieux, magique et mystique des non-morts en général, et d'un au-delà très perméable en particulier.

Dans ces périodes troublées, le respect des rituels de mort est absolument primordial ; les traités du bien-mourir sont là pour ça. Il s'agit des *Ars moriendi*, qui ont fait florès depuis le XV^e^ siècle, et de façon continue (avec des moments de forte augmentation lors des périodes de crise, justement) jusqu'à la fin du XIX^e^ siècle[7]. Il était important de savoir comment bien mourir, comment se préparer à la mort pour ouvrir grandes les portes du Paradis, ne pas être refusé et ne pas être dans cet espace errant, entre deux mondes, ce Purgatoire pour les adultes, ces Limbes pour les enfants qui n'ont pas encore été baptisés, autrement dit, pour ne pas devenir un fantôme, un spectre errant, un vampire peut-être, ni encore aller chez Satan, en Enfer. Il y a des moyens très divers de se préparer : des exercices spirituels à réaliser, des prières à dire, des confessions à adresser, des dons à faire, un type d'alimentation à suivre, un comportement à adopter (ne pas partir aigri, ni frustré). Et quand survient le moment ultime que le profane appelle la mort, il importe de réaliser l'intégralité des rituels de la religion à laquelle on appartient, ne pas irriter le défunt au moment de son agonie et de son départ du monde terrestre pour le monde souterrain. C'est le meilleur moyen de se prémunir de la survenue d'un fantôme, d'un vampire, ou d'un être malfaisant outre-tombe, car il va vouloir se venger s'il a une rancœur. Impur, il sera entaché et ne pourra pas entrer dans ce séjour éternel qui lui est normalement réservé, il reviendra hanter les vivants pour demander justice, il cherchera à entrer en contact avec ses héritiers d'une façon plus ou moins bien intentionnée.

On peut certes se prémunir de tels comportements *post mortem* avec des amulettes, en fermant la planche du cercueil avec plus de clous que physiquement nécessaire, ou encore en ajoutant des symboles religieux sur la tombe. En effet, placer un signe religieux à la surface du cercueil, voire à la surface de la sépulture, c'est bien évidemment signifier la religion du défunt, mais c'est aussi un talisman disposé entre le mort et les vivants, pour protéger à la fois le défunt contre une profanation (on peut imaginer qu'un profanateur se dise que l'Être suprême de cette religion pourrait lui en vouloir et se venger, l'obligeant à abandonner son intention sacrilège), mais aussi de se prémunir contre le mort au bénéfice des vivants (et d'éviter, par ce talisman manifeste, un retour du défunt ou de son esprit dans le monde des vivants). Le fait de l'enterrer dans le sol aussi, à grande profondeur, de le recouvrir avec une grosse dalle de ciment, de marbre, ou une chapelle familiale, etc. C'est autant de poids sur le cadavre pour l'empêcher physiquement de revenir hanter ses proches. Les cimetières sont clos de hauts murs et leurs portes sont fermées à clé le soir. Pourquoi ? Pour éviter, évidemment, que les animaux errants ne viennent manger et ressortir ce qui reste du corps (à l'état de cadavre ou de squelette), pour rendre plus difficiles aussi les profanations de sépultures, mais également pour ajouter une frontière visible et palpable aux mondes des morts et des vivants. À la campagne, il faut parfois faire plus d'un kilomètre à la sortie du village pour trouver le cimetière : de la même façon, cet éloignement n'est pas anodin. Le mort est choyé, et relégué : on l'enferme, on l'isole, on le cloue, on le fixe, on le recouvre, on le protège, on lui offre talismans, bijoux, poupées, jeux, photos, lettres, autant d'attentions et de cadeaux pour qu'il soit le moins irrité possible et qu'il ait le moins envie de venir demander encore quelque chose à ceux qui lui survivent. Cet ensemble de gestes va permettre le détachement complet de l'âme du défunt, c'est-à-dirc son entier départ. Par cette extinction de l'individu, la mort (et surtout l'après-mort) sera la plus harmonieuse possible. Autant de manœuvres pour empêcher le corps de revenir, autant de gestes matériels qui évoquent la pesanteur du corps-cadavre. Mais que faire pour que l'esprit, lui, ne revienne pas ?

Le domaine des esprits, c'est le domaine des fantômes, c'est-à-dire des âmes sans corps véritable ; ils s'opposent aux zombies, qui sont des corps sans esprit, ou aux vampires, qui sont des corps avec la vitalité d'un autre. On a vu que l'intensification de la croyance aux fantômes survient, en Occident, à un moment particulier, à la fin du XVIIIe et au début du XIXe siècle. C'est ce moment où la science, au sens moderne du terme, commence à expliquer beaucoup de choses, et prend énormément d'ampleur. Une sorte de scientisme – on parlera plus tard de *positivisme* avec Auguste Comte – prend son essor. On considère alors que le monde entier, de l'infiniment petit à l'infiniment grand, du plus simple au plus inextricable, va pouvoir être expliqué par la science. En réaction, certains se disent qu'il y a des choses qui lui échappent (qui *doivent* lui échapper), des choses qui appartiennent au domaine du religieux, du surnaturel. C'est à ce moment que les esprits, les fantômes, les spectres, les revenants, au sens général du terme, prennent leur envol.

L'Église en est ravie, car si la science explique beaucoup de choses, le domaine de la mort, dans lequel la science ne peut pas aller, ne lui échappe pas encore. Ensuite, le développement de la science sera tel qu'elle s'immiscera dans le spiritisme, dans les apparitions fantasmagoriques. Edison, par exemple, imaginera une machine pour continuer à faire parler les morts. Puis il travaillera (sans succès) à une machine destinée à entretenir une conversation avec ses derniers. De plus en plus, en Europe, et notamment en France, sous l'impulsion de Charles Richet, une étude scientifique systématique de toutes ces apparitions sera mise en place et mobilisera les avancées technologiques : spectres, fantômes, déplacements d'objets, apparitions de « fées » et autres êtres surnaturels, phénomènes de médiumnité, etc., seront passés au crible. Les scientifiques, en compilant les témoignages, en s'organisant sous la forme de sociétés savantes (tenant congrès et publiant revues), essaient de comprendre cette accumulation de cas, et de repérer des récurrences. La photographie et les enregistrements sonores s'empareront de ces fantômes et les captureront avec, malheureusement de façon systématique, des faux, des superpositions d'images, des clichés truqués. Car plus la science avance, plus elle met au jour des supercheries : simples canulars pour les uns, preuve de l'inexistence des phénomènes spirites et surnaturels pour les autres, preuve que les médiums sont sincères… mais faillibles pour quelques-uns. La science n'arrive toujours pas à expliquer ce genre de phénomènes de façon fiable et reproductible.

La question qui se pose, avec un regard anthropologique, en juxtaposant ces cas et ces angles d'approche, ce qui interpelle dans ces tables tournantes, ces apparitions spirites ou autres phénomènes médiumniques de la fin du XIX<sup>e</sup> siècle, ce n'est pas de savoir si c'est vrai ou faux, mais bien plutôt : pourquoi les gens ont envie d'y croire ? Pourquoi des esprits aussi divers que Camille Flammarion, Conan Doyle, Charles Richet et d'autres y accordent crédit ? Pourquoi font-ils tout pour y croire ? Pourquoi diffusent-ils ce genre d'information et pourquoi le grand public s'y intéresse et en redemande ? Comment ces innovations scientifiques et technologiques – photographie, enregistrement sonore, mesure de température, utilisation des rayons X – servent ou desservent la croyance en ces esprits ? En bref, à qui profite, non pas le crime, mais cette croyance raisonnable ou déraisonnable, selon l'adhésion qu'on peut avoir ?

Alors, pourquoi le XIXe siècle est-il devenu le siècle du spiritisme ? Pourquoi cette période plutôt qu'une autre ? Le contexte religieux peut expliquer ce phénomène. En 1848, le spiritualisme apparaît dans l'État de New York, une région dite « balayée par le souffle divin », caractérisée par une multiplication d'Églises. Il y a par ailleurs des points communs indéniables entre la danse des tables et les mormons. En France, la situation est différente, avec une recomposition spirituelle liée à la Révolution française et ses innombrables soubresauts. Après la révolution de février 1848, un mouvement romantique fort s'installe sur le territoire. On peut penser que le spiritisme correspond à un mouvement de sortie de ces révoltes, et peut-être même à une doctrine de sortie des religions. Les religions, et en particulier le catholicisme en France, se recomposent avec une piété plus douce. On ne cherche plus à faire peur avec l'Enfer et les démons, mais on essaie au contraire de consoler. On prend aussi conscience que les familles sont dévastées par le décès de leurs proches (trois révolutions mortifères se sont succédé en cinquante ans, avec de nombreux cadavres enterrés sans ménagement et privés de cérémonie funèbre...) et marquées par d'importantes crises de subsistance. La mort des enfants commence à devenir insupportable avec l'avancée scientifique, notamment de la médecine et de la chirurgie (ce qui donne lieu à des deuils extrêmement longs et engendre des traumatismes liés à l'incompréhension ; les proches se jettent à corps perdu dans le spiritisme pour garder contact avec leur progéniture).

C'est aussi le grand moment du culte des âmes du Purgatoire, avec une inflation du nombre de messes au cours desquelles les vivants tentent de faire en sorte que leurs chers disparus trouvent la paix. Le spiritisme répond à ces communautés de deuil qui ont besoin d'un dernier contact avec les défunts. Il y a des points communs entre le spiritisme et la croyance des âmes du Purgatoire. Il y a cette idée qu'autour de nous continueraient à flotter les esprits de nos morts. Ce ne sont pas des démons, ni des croyances maléfiques, des sorcières ou des mutins, mais des âmes errantes, des esprits, avec lesquels il est possible de dialoguer, et qui ont beaucoup de choses à nous apprendre pour nous faire grandir. Devant la pression du spiritisme, l'Église va adapter son discours : une théologie nouvelle concernant le Purgatoire montre des ajustements, propose une autre manière de comprendre, de consoler et d'accompagner ceux qui ont du mal à faire le deuil de leurs défunts.

Le spiritisme est un spectacle. Ce qui compte, c'est l'apparition, le phénomène de l'apparition, le contact, la visibilité : il se passe quelque chose. Mais attention, on n'est pas dans des phénomènes d'apparition religieuse : ce n'est pas la Vierge qui apparaît ou des saints, ce n'est pas Satan, il ne s'agit pas d'exorcisme, même si parfois les frontières sont assez ténues[8]. Il s'agit plutôt de l'apparition d'êtres surnaturels et, en l'occurrence, principalement de fantômes, de revenants et parfois même d'êtres fantastiques liés aux contes. Parfois, on en profite pour se rincer l'œil, quand la médium est une femme et que l'occasion est trop belle pour ne pas la dénuder… Ou qu'elle s'en sert pour faire de cette scène (et de sa nudité) un espace de relative liberté face au carcan sociétal puritain.

Ces apparitions sont protéiformes, agglomérant des croyances locales, incorporant des profils personnels très divers. Il apparaît assez intéressant, par exemple, de lire la description d'un *poltergeist* dans une communauté protestante de Batavia (actuellement Djakarta, sur l'île de Java) au tout début du XX^e^ siècle, parce que se superposent à la fois des croyances locales indonésiennes et des schémas très classiques qu'on retrouve en Europe, notamment en Angleterre victorienne.

Il n'y a pas deux esprits qui se ressemblent, pas deux esprits qui délivrent le même message. L'évangile spirite donné par Kardec est balayé par l'expérience des tables tournantes et des Ouija où prennent la parole d'innombrables esprits véhiculant des discours radicalement différents (pour ne pas dire *tous* différents). Des discours humains, manifestement.

# Notes

En guise de préambule, p. 11

1. Charlier Ph., Annane D., « Time for a New Definition of Death? », *Resuscitation*, 2018, 127, p. e14-e15.

Au commencement était le bruit…, p. 13

1. Conan Doyle A., *History of Spiritualism*, Londres/New York/Toronto/Melbourne, Cassell & Co. Ltd., 1926 (traduction de l'auteur).
2. Pline le Jeune, *Lettres*, 7, 27.
3. Roure L., « Spiritisme », *in* « Vacan, Mangenot », *Dictionnaire de théologie catholique*, 1941, t. XIV, p. 2516.
4. Titre complet : *Psychography: A Treatrise on One of the Objective Forms of Psychic or Spiritual Phenomena.*
5. Larcher H., Ravignant P., *Les Domaines de la parapsychologie*, Paris, Denoël, 1972, p. 46.
6. Orel H., *Critical Essays on Sir Arthur Conan Doyle*, New York, Maxwell McMillian, 1992.
7. Larcher H., Ravignant P., *Les Domaines de la parapsychologie*, *op. cit.*, p. 53.
8. Titre complet : *Miracle Mongers and Their Methods: A Complete Expose of the Modus Operandi of Fire Eaters, Heat Resisters, Poison Eaters, Venomous Reptile Defiers, Sword Swallowers, Human Ostriches, Strong Men, etc.*
9. Kalush W., Sloman L., *The Secret Life of Houdini: The Making of America's First Superhero*, New York, Atria Book, 2006.
10. Quelques titres édifiants : *Saturne*, *Le Soleil naturel*, *Le Grand Horloger*, *Scènes spirituelles*, *Le Grand Évangile de Jean…*

11. Obst H., *Apostel und Propheten der Neuzeit*, Göttingen, Vandenhoeck & Ruprecht, 2000.

La menace fantôme, p. 26

1. Sauget S., *Histoire des maisons hantées*, Paris, Tallandier, 2011.
2. Donnat-Beauquier S., *Écrire à ses morts. Enquête sur un usage rituel de l'écrit dans l'Égypte pharaonique*, Grenoble, Jérôme Millon, 2014.
3. Callard C., *Le Temps des fantômes. Spectralités de l'âge moderne*, Paris, Fayard, 2019.
4. Weber M., *L'Éthique protestante et l'Esprit du capitalisme*, Paris, Pocket/Plon, 2010.
5. Charlier Ph., « *Ars moriendi* : une anthropologie médicale de la bonne mort », *in* Stanton-Jean M., Mamzer M.-F. (dir.), *Réflexions et recherches en éthique. Mélanges offerts en l'honneur de Christian Hervé*, Paris, Dalloz, 2018.
6. Titre complet, fort long, selon l'usage à l'époque : *Le Monde invisible de Satan découvert ou un Ensemble de choix de relations modernes prouvant à l'évidence, contre les athées de notre époque, qu'il existe des démons, esprits, sorcières et apparitions. Extraits de documents authentiques et attestations de témoins d'une véracité incontestable. À quoi s'ajoute la merveilleuse histoire du major Weir et de sa sœur, les sorcières de Bargarran, Pittenweem, Calder, etc.*
7. Brown M., « The Gateway to Hell? Hundreds of Anti-Witch Marks Found in Midlands Cave », *The Guardian*, 15 février 2019.
8. Prickett K., « The Shoes Hidden in Homes to Ward off Evil », *BBC News*, 10 décembre 2017 (www.bbc.com/news/uk-england-northamptonshire-41507752).

Les quatre fantastiques, p. 38

1. Titre complet : *L'Apocalypse révélée, où se trouvent dévoilées les choses mystérieuses qui y sont prédites et qui étaient demeurées cachées jusqu'à ce jour.*
2. Titre complet : *La Voyante de Prévorst. Considérations inaugurales sur la vie intérieure de l'être humain et l'intervention d'un monde des esprits dans le nôtre.*

Allan Kardec, p. 45

1. Cuchet G., *Les Voix d'outre-tombe. Tables tournantes, spiritisme et société au XIXe siècle*, Paris, Seuil, 2012.
2. Vartier J., *Allan Kardec. La naissance du spiritisme*, Paris, Hachette, 1971.
3. Sauget S., *Histoire des maisons hantées, op. cit.*
4. Kardec A., *Le Livre des esprits*, Paris, Didier & Cie, 1860.
5. Castellan Y., *Le Spiritisme*, Paris, PUF, coll. « Que sais-je ? », 1990.
6. Aubrée M., Laplantine F., *La Table, le livre et les esprits. Naissance, évolution et actualité du mouvement social spirite entre la France et le Brésil*, Paris, Lattès, 1990, p. 37.
7. Denis L., préface de Sausse H., *Biographie d'Allan Kardec*, Paris, Jean Meyer, 1927.
8. Bodier P., Régnault H., *Un grand disciple d'Allan Kardec. Gabriel Delanne, sa vie, son apostolat, son œuvre*, Paris, Jean Meyer, 1937.
9. Léri J.-M., Pascal C., *Paris mystères. Les carnets de Jean-Marc Léri*, Paris, Bayard, 2017, p. 204.

L'affaire Florence Cook, p. 66

1. Hall T. H., *The Spiritualists: The Story of Florence Cook and William Crookes*, New York, Helix Press, 1962.

Sur cette table tournante,
je construirai mon église..., p. 74

1. Voir chap. 10.

Deux voyages au Purgatoire, p. 83

1. Cuchet G., « Les morts utiles du Purgatoire », *Terrain*, 62, 2014, p. 88-89.
2. Bonnaymé E., *La Force psychique. L'agent magnétique et les instruments servant à les mesurer*, Paris, Librairie du magnétisme, 1908, p. 39.
3. Cuchet G., *Les Voix d'outre-tombe. Tables tournantes, spiritisme et société au XIXe siècle, op. cit.*

## Chez Camille Flammarion, p. 91

1. Cité *in* Lamort A., *Reliure relique*, Paris, 2020.

2. Ce qui n'est pas sans rappeler la cassette vidéo hantée par le spectre de Sadako Yamamura dans le roman *Ring* (1991) de Koji Suzuki.

## Théosophie, p. 103

1. *Qu'est-ce-que la théosophie ?*, Paris, Société théosophique de France, 2019.

## Caodaïsme, p. 108

1. Traduit en français par mon hôte : Chi-Tin, *Notions fondamentales du caodaïsme* (traduction Long Q. H.), Hanoï, Tôn Giao, 2013.

2. On en trouve de frappants exemples de poèmes, leçons en vers et prose rimée *in* : Cao-Dai Dai Dao, *Le Véritable enseignement du grand cycle caodaïste*, Hanoï, Tôn Giao, 2013. Et *in* : *Anthologie de saintes paroles caodaïstes*, Hanoï, Tôn Giao, 2011.

3. *Questions et réponses sur le caodaïsme*, Paris, Église Cao Daï de Paris, 2011, p. 48-49.

## Au-delà de l'art, p. 117

1. Boulanger C., Faupin S. (dir.), *Lesage, Simon, Crépin. Peintres, spirites et guérisseurs*, Lille, Musée d'art moderne, d'art contemporain et d'art brut, 2019.

2. Récit d'Augustin Lesage fait au docteur Osty, *Collectif Art brut*, 1964, 3.

3. Cambell C., *Two Theban Princes Kha-em-uast & Amen-Khepeshf, Sons of Rameses III: Menna, a Land-Steward and Their Tombs*, Londres, 1910, p. 85-106.

4. *Collectif Art brut*, 1965, 5, p. 45.

5. Thévoz M., *Augustin Lesage et Elmar Trenkwalder. Les Inspirés*, Paris, Fage, 2008.

6. *La Revue spirite*, 1935, p. 105-109.

7. Cité par Thévoz M., *L'Art brut*, Genève, Skira, 1975.

8. Flournoy T., *Des Indes à la planète Mars. Étude sur un cas de somnambulisme avec glossolalie*, Genève/Paris, Eggimann/Alcan, 1900.

9. Lemaître A., « Un nouveau cycle somnambulique de Mlle Smith, ses peintures religieuses », *Archives de psychologie*, 1907, 7 (2), p. 87-88.

10. Baudouin Ph., *Au-delà. Aux confins du visible et de l'invisible*, Paris, C. Berst, 2019, p. 16.

Naissance de la photographie spirite, p. 131

1. Jaguaribe B., Lissovsky M., « The Visible and the Invisibles: Photography and Social Imaginaries in Brazil », *Public Culture*, 21 (1), 2009, p. 175-209.

2. Kaplan L., *The Strange Case of William Mumler, Spirit Photographer*, Minneapolis, University of Minnesota Press, 2008.

3. Manseau P., *The Apparitionists: A Tale of Phantoms, Fraud, Photography, and the Man Who Captured Lincoln's Ghost*, New York, Houghton Mifflin Harcourt, 2017. L'épreuve sur papier albuminé, 10 × 6 cm, datée de 1870-1875, est conservée au College of Psychic Studies de Londres.

4. Natale S., *Supernatural Entertainments: Victorian Spiritualism and the Rise of Modern Media Culture*, University Park, Pennsylvania State University Press, 2016.

5. Willin M., *Ghosts Caught on Film: Photographs of the Paranormal*, Newton Abbot, David & Charles, 2007.

6. Épreuve sur papier albuminé, 15 × 10 cm, 1875, conservée à la Bibliothèque nationale de France, Paris.

7. Johnson P. C., « Photographie, esprit, photographie spirite. Un cas d'enchevêtrement sémiotique au Brésil, 1871 », *Archives de sciences sociales des religions*, 1987, 2019, p. 103-126.

8. Charlier Ph., *Autopsie de l'art premier*, Paris, Le Rocher, 2012.

9. N° Inv. PHO 2000 14 (1 à 128).

Des fées dans le jardin…, p. 144

1. On dispose par exemple d'une série de clichés de la fameuse médium Eva Carrière (de son vrai nom Marthe Béraud) et ses matérialisations spirites, par Albert von Schrenck-Notzing.

2. Baudouin Ph., « Petite histoire de la photographie des rêves », *in* coll. (dir.), *La Société des rêves*, Paris, LHS, p. 66-85.

3. Lettre du 30 juin 1920.

4. Lettre citée par Magnusson M., *Fakers, Forgers & Phoneys: Famous Scams and Scamps*, Édimbourg, Mainstream, 2006.

5. *Birmingham Weekly Post*, cité par Cooper J., *The Case of the Cottingley Fairies*, Londres, Hale, 1990.

Visite à l'Institut métapsychique international, p. 151

1. Matot B., *Paris occulte. Alchimistes de l'ombre, spirites inspirés, mages sulfureux, traqueurs de fantômes et astrologues visionnaires*, Paris, Parigramme, 2018.
2. Zorab G., « Un cas de *poltergeist* à Sourabaya (Indonésie) », *Revue métapsychique*, 31/32, 1954, p. 142-148.
3. Evrard R., *La Légende de l'esprit. Enquête sur 150 ans de parapsychologie*, Paris, Trajectoire, 2016.
4. Lista G., *Le Futurisme. Création et avant-garde*, Paris, L'Amateur, 2001.
5. Bergé C., *La Voix des esprits. Ethnologie du spiritisme*, Paris, Métailié, 1990.
6. Grogin R. C., *The Bergsonian Controversy in France (1900-1914)*, Calgary, UCP, 1988.
7. Charlier Ph., *Enquête d'ailleurs. Frontières du corps et de l'esprit*, Paris, Balland/Arte éditions, 2015, p. 216-223.
8. Baudouin Ph., *Les Forces de l'ordre invisible. Émile Tizané (1901-1982). Un gendarme sur les territoires de la hantise*, Paris, Le Murmure, 2016.

Vrais et faux médiums, p. 159

1. Dans le même numéro de la revue (p. 5-16, voir note suivante), Charles Richet, qui a déjà répondu aux critiques assassines de Pierre Janet dans la *Revue philosophique*, s'attaque dorénavant aux réfutations acerbes de son autre confrère Achille Delmas dans la *Revue de France*...
2. *Revue métapsychique*, 1, 1924, p. 56-76.
3. *Revue métapsychique*, 1, 1924, p. 58.
4. Dex L., « Phénomènes inexpliqués », *La Littérature illustrée*, 10 janvier 1897, p. 244-254.
5. *Revue métapsychique*, 1, 1924, p. 63.
6. *Revue métapsychique*, 1, 1924, p. 64.
7. Geley G., « Le cas du médium Erto », *Revue métapsychique*, 3, 1924, p. 205-220.
8. Rapport de l'IMI, cité dans Encausse P., *Sciences occultes et déséquilibre mental*, Paris, Payot, 1943, p. 38-39.

9. Evrard R., *La Légende de l'esprit. Enquête sur 150 ans de parapsychologie*, *op. cit.*

10. *Le Journal*, 28 septembre 1927.

11. De Heredia C. M., *Los fraudes espiritistas y los fenómenos metapsiquicos*, Mexico, Imprenta Teresita, 1931.

12. Wolffram H., « "Trick", "Manipulation", and "Farce": Albert Moll's Critique of Occultism », *Medical History*, 56 (2), 2012, p. 277-295.

13. Larcher H., Ravignant P., *Les Domaines de la parapsychologie*, *op. cit.*, p. 43.

Matérialisations spirites, p. 169

1. Assailly A., « Un hôte indésirable », *Revue métapsychique*, 1963, p. 75-112.

2. Geley G., « Les matérialisations défectueuses », *Revue métapsychique*, 3, 1923, p. 153.

3. *Ibid.*, p. 162.

4. *Annales des sciences psychiques*, 2, 1907, p. 221-222.

5. Geley G., « Les matérialisations défectueuses », art. cit., p. 155-157.

6. *Le Courrier de Saône-et-Loire*, 6 octobre 1926.

7. *Annales des sciences psychiques*, 2, 1907, p. 156.

8. *Revue métapsychique*, 2, 1924, p. 141.

9. Von Schrenck-Notzing A., « L'imposture du pseudo-médium Ladislas Lasslo (Imitation des phénomènes de matérialisation) », *Revue métapsychique*, 2, 1924, p. 105-134.

10. *Revue métapsychique*, 2, 1924, p. 134.

11. *Le Matin*, 22 juillet 1931.

12. *Annales des sciences psychiques*, 2, 1907, p. 152.

Les médecins s'emparent du spiritisme, p. 186

1. Dex L., « Phénomènes inexpliqués », *La Lecture illustrée*, 10 janvier 1897, p. 244-254.

2. Osty E., « Ce que la médecine doit attendre des propriétés psychiques paranormales de l'Homme », *Revue métapsychique*, 2, 1929, p. 79-148.

3. Assailly A., « Contribution à l'étude de la médiumnité », *Revue métapsychique*, 31/32, 1954, p. 40-52.

4. Larcher H., Ravignant P., *Les Domaines de la parapsychologie*, *op. cit.*, p. 37-38.

La voix de son mort, p. 193

1. Kardec A., *Le Livre des médiums*, 1869.
2. Du Prel C., *La Magie, science naturelle. La physique magique*, Paris, Librairie des sciences psychiques, 1908, p. 43-44.
3. Nicolas S., *La Mesure de la vie mentale & les premiers instruments emblématiques de la psychologie de laboratoire*, Paris, Musée d'histoire de la médecine/Université Paris-Descartes, 2018.
4. Edison T. A., *Le Royaume de l'au-delà*, Grenoble, Jérôme Millon, 2015, p. 87.
5. *Ibid.*, p. 127.
6. Aristote, *De l'âme*, 2, 8, 420b.
7. Baudouin Ph., *Machines nécrophoniques*, Grenoble, Jérôme Millon, 2015, p. 12.
8. Edison n'ayant pu baptiser ce projet, le nom de cet objet est de Philippe Baudouin.
9. Edison T. A., *Le Royaume de l'au-delà*, *op. cit.*
10. *Le Journal*, 8 octobre 1920, p. 1-2.
11. Baudouin Ph., « Archéologie des machines occultes », *Terrain*, 69, 2018, p. 96-113.
12. *Ibid.*, p. 26-27.
13. Kafka F., *Lettres à Milena*, 1922.
14. Baudouin Ph., *Machines nécrophoniques*, *op. cit.*, p. 73.
15. Baruss I., « Failure to Replicate Electronic Voice Phenomenon », *Journal of Scientific Exploration*, 3 (15), 2001, p. 355-367.

Le Muséum d'histoire surnaturelle, p. 207

1. Inv. AH/SS.MM-32094.
2. Inv. AH/SS/KFC1-A.
3. Chelman C., « La boîte à outils d'un chasseur de fantômes belge », *in* Grimaud E., Taylor A. C., *Persona. Étrangement humain*, Paris, Actes Sud/Musée du Quai-Branly-Jacques-Chirac, 2016, p. 106-109.
4. Inv. AH/SS/PC-94177.
5. Lakdar S., *Guide d'enquête paranormale. La méthode The Believers*, Paris, Symbiose, 2019.

Les fantômes du Soleil Levant..., p. 213

1. Traduit en français par Marc Logé : Hearn L., *Fantômes du Japon*, Paris, Motifs, 2007.

2. D'autres recueils de récits plus anciens, comme : *Histoires d'amour et de mort de la Chine ancienne. Chefs-d'œuvre de la nouvelle (Dynastie des Tang 618-907)*, traduction et présentation Lévy A., Paris, GF Flammarion, 1997.

Littérature médiumnique, p. 219

1. Hutchings E. G., Hays L. V., *Jap Herron: A Novel Written from the Ouija board*, New York, Mitchell Kennerley, 1917 (traduction Charlotte Desbaud).

2. Shortt M., « L'esprit des lois et la loi des esprits : une étude de la Common Law des fantômes », *Cahiers de la propriété intellectuelle*, 3 (28), 2016, p. 693-702.

3. *Catéchisme de l'Église catholique* 3, 2, 1, 1, 3 (www.vatican.va/archive/FRA0013/_P79.HTM).

Les tables bavardes de Jersey, p. 225

1. De Mutigny J., *Victor Hugo et le spiritisme*, Paris, Nathan, 1981.

2. Richet C., « Chez Victor Hugo », *Revue métapsychique*, 3, 1923, p. 137-152.

3. Cuchet G., « Victor Hugo, *Le Livre des tables*. Les séances spirites de Jersey », *Studi Francesi*, 175, 2016, p. LIX/I.

4. Manuscrits, N.A.F. 14066 & 16434.

5. Manuscrits, N.A.F. 13353, fol. 6v°.

6. Séance du 22 janvier 1854, *in* Hugo V., *Le Livre des tables. Les séances spirites de Jersey*, Paris, Gallimard, coll. « Folio », 2014, p. 201.

7. Séance du 22 septembre 1853, in *ibid.*, p. 124.

8. Séance du 14 décembre 1853, in *ibid.*, p. 152.

9. Séance du 8 décembre 1853, in *ibid.*, p. 143.

10. Séance du 3 septembre 1854, in *ibid.*, p. 456.

11. Séance du 19 septembre 1854, in *ibid.*, p. 464-465.

12. Lettre de Juliette Drouet à Victor Hugo, 14 septembre 1853.

13. Sage M., *Le Spiritisme, problème scientifique*, Paris, Jean Meyer, 1931, p. 15-18.

Esprit critique, es-tu là ?, p. 234

1. Stecki H., *Le Spiritisme dans la Bible. Essai sur la psychologie des anciens Hébreux*, Paris, Librairie internationale, 1869, p. 7-9.
2. Sausse H., *Biographie d'Allan Kardec, op. cit.*
3. Cuchet G., « Les morts utiles du Purgatoire », *Terrain*, 62, 2014, p. 89.
4. Gearon R. P. J., *Le Spiritisme, sa faillite*, Paris, Lethielleux, 1932.
5. *Acta apostolica Sedis*, 1er juin 1917, p. 268.
6. Roure L., « Spiritisme », art. cit., p. 2516-2517.
7. *Ibid.*, p. 2519.
8. Lépicier A., *Le Monde invisible. Le spiritisme en face de la théologie catholique*, Paris, Desclée de Brower, 1931.
9. Chevreuil L., *Le Spiritisme dans l'Église*, Paris, Jean Meyer, 1937.
10. Bonsens I. L. P., *Le Clergé catholique et le spiritisme. En face du problème social. Cri d'alarme*, Paris, Chacornac, 1908.
11. Schiebeler W., *Johannes Greber. Sein Leben und sein Werk*, Göppingen, Johannes Greber Arbeitskreis Verlag, 1998.
12. Flournoy T., « Observations psychologiques sur le spiritisme », *L'Année psychologique*, 8 (8), 1901, p. 538-546.
13. Ellenberger H. F., *Histoire de la découverte de l'inconscient*, Paris, Fayard, 2008.
14. Dicksonn, *La Vérité sur le spiritisme et l'exploitation de la crédulité publique*, Arnouville-lès-Gonesse, chez l'auteur, 1917, p. 2-3.
15. Teutsch R., *L'Envoûtement*, Paris, Peyronnet, 1928, p. 35-36.
16. Encausse P., *Sciences occultes et déséquilibre mental, op. cit.*, p. 116-117.
17. *Ibid.*, p. 117-118.
18. *Ibid.*, p. 298.
19. Imbert-Nergal R., *Les Sciences occultes ne sont pas des sciences*, Paris, Publications de l'Union rationaliste, 1959, p. 9.
20. *Ibid.*, p. 311.

Les esprits sur le divan, p. 244

1. Chiche S., « Pourquoi croyons-nous aux fantômes ? », *Le Cercle psy*, 7 avril 2016 (https://le-cercle-psy.scienceshumaines.com/pourquoi-croyons-nous-aux-fantomes_sh_26563).

2. *Ibid.*
3. *Ibid.*

Quand l'homme refuse l'idée de la mort, p. 252

1. Godelier M. (dir.), *La Mort et ses au-delà*, Paris, CNRS éditions, 2014.
2. Chiche S., « Pourquoi croyons-nous aux fantômes ? », art. cit.
3. Charlier Ph., *Male-mort. Morts violentes dans l'Antiquité*, Paris, Fayard, 2009.
4. Nuzzolese E., Borrini M., « Forensic Approach to an Archaeological Casework of Vampire Skeletal Remains in Venice: Odontological and Anthropological Prospectus », *Journal of Forensic Sciences*, 55 (6), 2010, p. 1634-1637.
5. Andreco I., *Où sont les vampires ?*, Paris, Payot, 1997.
6. Cala C., « How Long Could You Survive in a Coffin if You Were Buried Alive? », *Popular Science*, 31 octobre 2013 (www.popsci.com/article/science/how-long-could-you-survive-coffin-if-you-were-buried-alive).
7. Charlier Ph., « *Ars moriendi* : une anthropologie médicale de la bonne mort », *op. cit.*
8. Bellot M., Velasco A., *Le Diable, l'exorciste et le psychanalyste. Conversations sur le mal et la possession*, Lausanne/Paris, Favre, 2016 ; Amorth G., *Exorcisme et psychiatrie*, Paris, Le Rocher, 2011.

# ANTHOLOGIE SPIRITE

Les expériences spirites vont faire les choux gras des quotidiens français. Jour après jour, les lecteurs vont pouvoir suivre les aventures rocambolesques d'Harry Price tentant de déjouer de faux médiums, l'élaboration de projets totalement fantasmagoriques (heureusement jamais mis en application), l'exploration de maisons hantées aux six coins de l'Hexagone (!), ou encore les tentatives d'explication de phénomènes supposés paranormaux...

*

Dans l'ambiance de l'époque, nimbée de spiritisme et de mysticisme à tout va, l'annonce du décès le 5 avril 1923, au Shepheard Hotel du Caire, de Lord Carnarvon, le mécène écossais à l'origine de la découverte de la tombe de Toutankhamon, va cristalliser l'attention des théories surnaturelles. Toutes les tendances occultes, métapsychiques, spirites, etc. vont apporter leur petit grain de sel ou leur interprétation... Même si, avec un regard totalement scientifique, le malheureux aristocrate britannique est mort de cause naturelle (une piqûre de moustique surinfectée, compliquée d'une pneumonie), l'étonnante prédiction de l'excentrique écrivain londonienne Marie Corelli est dans les pensées de tous : « Toute intrusion imprudente dans une tombe scellée sera suivie du plus terrible des châtiments »...

Dans les semaines qui précèdent la mort de Carnarvon, d'autres aussi avaient annoncé une « vengeance à venir », notamment le poète et médecin franco-égyptien Joseph-Charles Mardrus :

Ce sera probablement dans l'une des galeries voisines [du musée du Caire] que l'on aura bientôt l'occasion de visiter, dans les mêmes conditions, et peut-être avec la perspective d'une catastrophe plus effroyable, la momie, en ce moment bien portante, du jeune pharaon Toutankhamon. Encore en puissance de tous les moyens, en elle infusés, lors des funérailles, par la consécration magique de l'officiant, elle continue à vivre de sa vie de momie, en toute vérité, en compagnie de son double. Et, dans son hypogée de la Vallée des Rois, elle entend distinctement, derrière le mur inviolé gardé par les deux statues d'or et d'ébène, les coups sourds des démolisseurs s'avançant avec circonspection à sa recherche. Et elle prépare sa vengeance*.

Le public, à l'esprit préparé par ces annonces fantasmagoriques, va alors se déchaîner lors de l'annonce du décès de Carnarvon. Chaque branche ésotérique ira de sa propre hypothèse. Une situation bien résumée par le journal *Le Matin* : « Le pharaon s'est-il vengé ? Certainement, disent les occultistes. Comment le savoir ? déclarent les théosophes. Impossible, protestent les spirites. Enfantillage, affirment les égyptologues. » La lecture de l'ensemble du texte (une enquête auprès des différents milieux occultistes de ce début du XXe siècle) est particulièrement savoureuse :

La mort de Lord Carnarvon continue à donner lieu à mille interprétations où l'occultisme trouve la meilleure part. Qu'en pense-t-on dans les divers milieux touchant aux sciences de l'au-delà ? Qu'en pensent les hommes d'une science plus positive ?

Pour les occultistes, pas de doute. La mort de Lord Carnarvon, malgré les justes regrets qu'elle inspire, est le triomphe de leurs théories, et il est tombé victime des forces latentes défensives accumulées dans la tombe du pharaon par les hiérophantes avant la fermeture du tombeau royal.

À la revue de philosophie ésotérique le *Voile d'Isis*, un des principaux organes des occultistes modernes, nous avons rencontré le docteur Vergnes, auteur de savantes études sur le pouvoir magique des amulettes et des incantations : les Égyptiens, nous dit le docteur Vergnes, voulaient assurer la pérennité de leurs sépultures et en prévenir la violation par des moyens offensifs que mettaient à leur disposition les forces cachées dont ils connaissaient le maniement et le pouvoir. L'embaumement des corps

* *Le Journal*, 18 février 1923.

était accompagné de pratiques magiques consistant en incantations et applications d'amulettes sur les différentes parties du cadavre. C'était en réalité une façon de condenser un dynamisme très puissant sur le corps du défunt et autour de lui. L'imprudent qui, à un moment donné, venait se heurter à ce dynamisme, à ces forces accumulées comme l'électricité dans un accumulateur et en provoquant la brusque expansion par l'ouverture de la tombe, devait en être fatalement victime...

Et voici maintenant un autre occultiste, M. Fidel Amy-Sage, adepte de l'initiation messianique et de l'art magique de la musique musurgique : les incantations pratiquées par les prêtres égyptiens dans les sépultures avant qu'elles soient closes pour l'éternité, nous dit M. Fidel Amy-Sage, consistaient spécialement à créer un *vortex* immobilisé ensuite jusqu'au moment où un violateur viendrait, en ouvrant la sépulture, rompre l'équilibre établi par les opérations magiques avant la fermeture hermétique du tombeau. Bien entendu, aux forces créées par ces opérations, il faut un point d'appui. Il était fixé, dans les tombes égyptiennes, par les innombrables objets dont on entourait la momie et par la momie elle-même. Une sorte d'équilibre des forces ainsi accumulées était alors établi. Le coup de pioche donné dans la tombe de Toutankhamon a brusquement libéré ces forces.

Après M. Fidel Amy-Sage, un autre adepte de l'occultisme, M. Victor-Émile Michelet, auteur de *L'Art et la Magie*, nous expose : sans doute, la mort de Lord Carnarvon peut être des plus naturelles. Mais il n'y a rien d'impossible non plus à ce qu'elle ait été déterminée, au-delà des siècles (le temps n'existe pas pour la philosophie occultiste), par une action magique déclenchée par la volonté collective du collège sacerdotal qui procéda aux incantations au moment des funérailles.

M. Albert Jonnet, ésotériste et cabaliste, partage à peu de chose près la même opinion : je me garderai bien de conclure à une vengeance du pharaon, nous dit-il. Mais il est certain que les Égyptiens connaissaient le moyen de capter et d'accumuler, par des formules magiques, des forces occultes. De cette science ésotérique, on trouve la trace dans la *Bible*, au livre de l'Exode, au récit de la lutte des mages égyptiens contre Moïse.

Un autre occultiste, M. Gastin, nous dit : « Théoriquement », la chose est possible. Pratiquement, on ne peut rien dire. Depuis vingt ans, je ramène des données occultes aux concepts modernes scientifiques. Quelles sont les forces de la pensée humaine ? Nous l'ignorons. Elles sont peut-être plus grandes que nous n'osons le supposer. Il faut distinguer la qualité de la personnalité qui met en œuvre ses qualités psychiques, et tenir compte aussi de l'effet accumulé des volontés multiples d'une foule. Les anciens initiés égyptiens avaient une maîtrise que nous sommes loin d'égaler. Étant donné leur grand respect des morts, il se peut que, dans les tombes, ils aient inclus des condensations de pensée.

Dans le monde des théosophes, on se réserve. À la Société théosophique de France, on nous déclare : on ne peut rien affirmer ni infirmer. Le mécanisme des accidents échappe à notre connaissance. Pourquoi prend-on le trottoir de droite, où l'on se fera assommer, plutôt que celui de gauche ? Il est bon de savoir que la coutume égyptienne d'embaumer les cadavres provient d'une superstition et d'une erreur. Des immigrés de l'Atlantide, très versés dans la magie, sortaient souvent de leur corps physique, qu'ils laissaient en transe, avec suspension apparente complète de la vie, et dont ils s'éloignaient pour de longues périodes, preuve d'un grand entraînement dans la magie.

Plus tard, la superstition aidant, les Égyptiens, ne se souvenant que de la mort apparente, adoptèrent l'embaumement après décès, croyant nécessaire de conserver intact un corps pour une âme vaguant librement. Il est toutefois arrivé, à des époques ultérieures, que certains Égyptiens de la deuxième heure, versés, eux, dans une magie peu orthodoxe (car, en magie, il y a les mauvais mages, mages noirs, qui emploient leurs facultés à des besognes néfastes, criminelles, et les bons mages, les mages blancs, qui travaillent pour le bien collectif) donc des mages noirs ont fabriqué des élémentals [*sic !*] artificiels pour prendre soin de leurs momies. Ces élémentals ont montré qu'ils étaient des entités avec lesquelles il était parfois désagréable d'entrer en rapport. Quand on avait à mouvoir une momie, ils la suivaient souvent, et plus d'un maléfice relevé plus tard à propos de momies n'a pas d'autre source... Aussi, certaines momies sont réputées pour avoir une puissance néfaste... Il ne faut pas oublier celle qui, il y a quelques années, au British Museum de Londres, avait la réputation de porter malheur lorsqu'on la regardait (*Le Matin* en parla en son temps). Depuis, par mesure d'ordre public, la direction de ce musée s'est vue dans la nécessité de l'enlever des salles d'exposition et de la reléguer dans ses caves, où elle se trouve encore à l'heure actuelle...

Dans le monde spirite, d'une façon générale, on rejette la possibilité d'une vengeance du pharaon. M. Georges Delanne, président de l'Union spirite de France, nous déclare : « L'idée d'une vengeance du pharaon est contraire à la doctrine spirite. Depuis le nombre de siècles qui nous séparent de son trépas, Toutankhamon s'est certainement plusieurs fois réincarné en des vies supra-terrestres et sa dépouille mortelle du temps qu'il gouvernait l'Égypte est, à coup sûr, aujourd'hui le moindre de ses soucis. Il s'en moque, croyez-le, comme des suprêmes bandelettes dont l'entourèrent les embaumeurs d'alors... »

M. Magnin, auteur de *L'Art et l'Hypnose*, ne saurait formuler une opinion que n'autorise pas l'état actuel des sciences psychiques. Il n'y a pas de coïncidences curieuses, certes, mais aucune preuve scientifique sérieuse d'une vengeance et d'un maléfice s'exerçant au-delà des siècles.

Chez les égyptologues, où Lord Carnarvon jouissait de l'estime et des sympathies de tous et où l'on déplore avec tristesse la perte causée à la science par la mort du pair anglais, on ne prête nulle attention aux hypothèses des occultistes et l'on daigne à peine y sourire : enfantillages que tout cela, nous dit M. Georges Bénédite, conservateur des antiquités égyptiennes au musée du Louvre. Pour ma part, voici déjà un certain nombre d'années que je vis parmi les momies et vous pouvez voir que je ne m'en porte pas plus mal. La vérité est que Lord Carnarvon, d'une santé débile, n'a pu résister aux fatigues des recherches qu'il avait entreprises. Quant aux inquiétudes manifestées par les indigènes égyptiens à l'égard de ceux qui pratiquent ces recherches, légende. Le métier d'égyptologue n'est pas sans péril. Plusieurs des jeunes élèves de l'école des antiquités égyptiennes ont trouvé la mort au cours de leurs propres recherches, soit en tombant dans les puits creusés, soit même asphyxiés dans les sépultures à la suite d'incendies. Et je ne sache pas qu'on ait attribué leur trépas à des vengeances posthumes des anciens défunts momifiés. Au reste, la recherche des momies égyptiennes n'est pas nouvelle. Au Moyen Âge, certains déchets de momies servaient, au contraire, à la préparation de médicaments pour diverses maladies. Elles avaient la réputation de rétablir la santé et la vie... Pourquoi voudrait-on aujourd'hui qu'elles donnassent la mort ?...

Le *Times* publie une lettre que lui adressa Lord Carnarvon le 14 mars dernier, c'est-à-dire la veille de son départ de Louxor pour Le Caire et quelques jours avant qu'il ne contractât la maladie qui devait entraîner sa mort. Dans cette lettre, Lord Carnarvon protestait une fois de plus contre le reproche qui lui avait été adressé de vouloir troubler le repos du pharaon et exprimait le vœu que le sarcophage renfermant, comme il n'est pas douteux, le corps de Toutankhamon, demeurât à l'endroit même où il fut déposé, il y a plus de trente siècles. « Il y a déjà tant de sarcophages et de momies au musée du Caire, ajoutait-il, que personne, je crois, ne désire en accroître le nombre. »

Lord Carnarvon rappelait ensuite que lorsque le cercueil de Napoléon fut ouvert, à Sainte-Hélène, avant son transfert en France, un artiste dessina ses traits. Et il suggérait que, après l'ouverture du sarcophage, des photographies et, peut-être, un moulage du visage du souverain égyptien fussent pris et que, ensuite, on le laissât dormir dans son tombeau de la Vallée des Rois*.

On le voit, dans ce déferlement de tendances occultes – souvent contradictoires –, le spiritisme dénote par cette notion d'une bienveillance des âmes errantes. Un esprit ne peut vouloir le mal, ni faire le mal. Il ne s'agit pas d'effrayer ni le grand public (sur la pratique du spiritisme et la potentielle dangerosité des esprits – qui est niée), ni les spirites eux-mêmes (que la sollicitation ou la visite d'esprits néfastes pourrait rebuter).

*

Comment porter crédit à certaines observations paraissant totalement loufoques ? Les 26-29 août 1923, à Liège, sous la présidence de Sir et Lady Conan Doyle, a été présentée une observation d'idéoplastie par un membre de la Société d'études psychiques de Nancy :

> Dans l'œil d'un cheval de six ans qui venait de mourir des suites d'une anémie et de lésions cardiaques, on constata l'image d'une tête humaine qui fut reconnue comme celle de Mlle Laurent, fille de l'instituteur et habitant en face de l'écurie. L'abondante chevelure et le corsage clair de cette jeune fille étaient très caractéristiques. Comme elle avait quitté la commune [Vilosnes, près de Verdun] en 1908, et que le fait se passait en mars 1914, le cheval ne l'avait jamais vue ; mais on se rappela que la mère du cheval présentait une agitation dangereuse toutes les fois qu'elle la rencontrait. Cette phobie ou cet état émotif aurait retenti sur le fœtus et aurait créé une image idéoplastique analogue à celle des petits chats de Nice (cf. *Revue métapsychique*, janvier-février 1922)**.

Autre idée totalement abracadabrantesque : essayer de communiquer avec les Martiens en provoquant à la surface de la Terre une gigantesque explosion :

* *Le Matin*, 8 avril 1923.
** *Revue métapsychique*, 2, 1924, p. 203-204.

Une explosion de 10 tonnes de magnésium pour communiquer avec les Martiens. Londres, 10 novembre. Allons-nous cette fois réussir à communiquer avec Mars ? M. Harry Price, directeur du Laboratoire national de recherches psychiques, s'est mis à la tête d'un comité qui réunit des fonds en vue d'une colossale expérience. Il y faudra dix tonnes de magnésium ; mais cela fera le plus beau feu d'artifice que le monde ait jamais vu. Le magnésium sera enflammé au sommet de la Jungfrau et des réflecteurs dirigeront la lueur de l'explosion vers Mars. Si le rayon parti de la Terre touche la planète de nos voisins dans la région des neiges éternelles, les Martiens, à moins d'être aveugles, ne pourront manquer de s'apercevoir qu'il y a du nouveau. Et ils nous répondront. Du moins, à ce que pensent les organisateurs de l'expérience projetée*...

Bien évidemment, l'expérience n'eut jamais lieu... Et, sauf erreur, les explosions nucléaires ultérieures ne donnèrent pas lieu à une quelconque réponse des prétendus Martiens.

*

Dans l'article suivant, on verra le prestidigitateur Harry Price assister à une séance publique de l'Autrichien Schneider (médium malgré lui et par ailleurs frère de lait d'Adolf Hitler) pénétré par sa « correspondante, l'invisible et joyeuse Olga ». La situation tient plus du burlesque que de la solennité, et le journaliste termine son papier par une interrogation bien licite (que ne se jette-t-on pas directement sur l'apparition pour constater sa réalité ou un subterfuge ?) :

Demain soir, au Laboratoire national des recherches psychiques à Londres, le célèbre médium autrichien Rudi Schneider donnera devant quatre grands savants anglais, dont Lord Rayleigh et peut-être aussi le professeur A. O'Rankine, une démonstration de son pouvoir. Les précautions les plus minutieuses ont été prises pour rendre impossible toute mystification. Un ingénieur de Munich qui accompagne Schneider dans ses déplacements a monté dans la pièce où se feront les expériences une installation électrique qui doit déceler instantanément toute tentative de fraude. Toutes les personnes qui assistent à la séance, y compris le

* *Le Journal*, 11 novembre 1929.

médium, sont reliées à un circuit électrique. Il suffit que quelqu'un avance la main pour que le circuit soit rompu et qu'une sonnerie électrique soit déclenchée.

Rudi Schneider, qui a 22 ans, est mécanicien d'automobile. Ses dons extraordinaires de médium furent découverts par hasard il y a huit ans. Il a été, depuis, soumis aux contrôles les plus sévères sans qu'on ait jamais pu le prendre en défaut. La plus curieuse de ses manifestations est l'apparition de pseudopodes ou faux membres. D'une boîte placée au milieu de la salle surgissent des mains, la plupart du temps déformées, avec trois doigts seulement parfois, qui tracent des figures dans l'espace ou agitent un mouchoir. Le phénomène est généralement accompagné d'une forte chute de température. Le thermomètre descendit une fois de sept degrés et chacun dans la pièce grelottait.

Rudi Schneider affecte de ne pas s'intéresser énormément au spiritisme : « Ah ! dit-il, j'aimerais mieux jouer au football que donner ces séances ! On m'a découvert des dons extraordinaires, paraît-il, et l'on m'a institué médium un peu malgré moi. »

L'esprit qui « contrôle » Schneider est celui d'une jeune personne assez folâtre que le médium appelle Olga. Olga raffole de musique. Quand elle tarde à se manifester, il suffit généralement que les personnes présentes entonnent un air de danse pour qu'elle apparaisse. Il faut parfois ajouter le gramophone. Il est un air qu'Olga affectionne particulièrement, c'est : *Ô Katharina*. Pendant quelques-unes des récentes séances en Autriche, les graves personnalités scientifiques qui surveillaient les expériences se sont égosillées à chanter : « Ô Catherine ! Ô Catherine ! / Pour conserver mon amour, il faut maigrir / Vous êtes si grosse Catherine / Qu'il y a de l'amour pour deux. »

M. Harry Price, le directeur du Laboratoire de recherches psychiques, assistait à l'une de ces séances et il devint aphone à force de chanter : *Ô Katharina*. Olga est parfois emballée à tel point par la musique qu'elle saisit un tambourin et se met à battre la mesure ! Quant à Rudi Schneider, lui, il ne sait rien de ce qui se passe. « Dès que la séance commence, dit-il, j'entre en transe et je ne vois ni n'entends rien jusqu'à mon réveil. De ce qui se passe pendant les séances je ne sais que ce que me racontent ceux qui y assistent. »

Des profanes ont suggéré qu'il n'était peut-être pas besoin de toute la mise en scène du laboratoire psychique pour se rendre compte si le médium se livre ou non à une mystification. Il suffirait de saisir d'une poigne solide les fameuses mains qui se montrent dans la semi-obscurité de la pièce et de faire tout à coup la lumière. Mais les spirites ont frémi à ces propositions. Ignorez-vous que ces procédés sacrilèges peuvent causer au médium un choc mortel ? C'est si peu scientifique, d'ailleurs, d'aller ainsi droit et brutalement à la vérité*.

*

Dans le texte suivant, une maison hantée de Montpellier est, comme par hasard, celle d'un bagnard, c'est-à-dire malfamée par nature, porteuse d'une charge négative. L'esprit se charge d'avertir les futurs hôtes de sa présence, et apparaît, toujours comme par hasard, au moment où le bagnard s'échappe. Comme pour protéger un secret caché dans cette habitation...

Encore une histoire de maison hantée qui, depuis quelques jours, frappe de terreur les habitants du quartier de l'Université. Au 5 de la rue Montels vivait, avant d'être envoyé au bagne pour divers forfaits, un individu dangereux et redouté, nommé Desplats. Après sa déportation, les clefs de son appartement avaient été rendues au propriétaire et d'autres locataires étaient venus l'occuper. Tout semblait devoir se passer le mieux du monde et chacun pensait ne jamais avoir à croiser sur son chemin l'indésirable personnage lorsque récemment on apprit son évasion. L'émotion fut grande dans le quartier et, dans les jours qui suivirent, se déroulèrent d'étranges événements qui n'étaient certes pas faits pour l'apaiser.

Sur certaines cloisons, on releva des inscriptions menaçantes pour les locataires qui précisaient que « la maison allait exploser ». Croyant que l'auteur de ces menaces avait pu venir du toit, on plaça sous la lucarne des traverses solidement fixées. Ceci n'empêcha pas le scribe fantôme de se manifester. Les jours suivants, on trouva écrites sur les murs des phrases comme celle-ci : « Si vous me connaissiez, vous frémiriez. Si vous voulez me connaître, je m'appelle G. L. Je réserve la surprise pour les locataires. Vous ne dormirez pas tranquilles. C'est un crime que je veux... [ici, un mot effacé]. »

Une véritable terreur s'empara alors des habitants. Une étroite surveillance des lieux n'ayant donné aucun résultat, un à un les locataires

* *Le Journal*, 15 avril 1929.

voulurent déménager et actuellement la maison est presque entièrement vide. Une enquête est ouverte en vue de découvrir l'auteur des menaces qui ont terrorisé les locataires de l'immeuble*.

*

Pour reprendre la belle expression de Grégory Delaplace, « les fantômes sont des choses qui arrivent »... Face aux spectres, plusieurs possibilités : le chasser (soit mécaniquement, soit par exorcisme), l'adopter (au Viêt-Nam, par exemple, avec l'accueil des fantômes tant américains qu'autochtones, comme l'a montré le travail de l'anthropologue Heonik Kwon**), entretenir sa mémoire ou tout simplement l'éviter (quitte à déménager). Mais on peut aussi choisir de l'étudier, en usant des outils scientifiques...

Le docteur Osty, devenu directeur de l'Institut métapsychique international, doit reprendre son activité médicale en 1931 pour subvenir à ses moyens. Il exercera ainsi jusqu'à sa mort, en 1938. Pendant ce temps, en parallèle, il poursuivra ses recherches dans le domaine du surnaturel et de la médiumnité : en particulier, il utilisera les techniques d'analyse physico-chimiques pour tenter d'observer de façon quantifiable et mesurable ce qu'il se passe réellement lors d'une manifestation d'Esprit. Il fera ainsi usage des rayons ultraviolets (sans succès), puis infrarouges.

Il était mal aisé de faire accepter par la communauté spirite de telles analyses : d'abord elle s'y opposait par fidélité à Allan Kardec (qui ne souhaitait pas cette pénétration des sciences fondamentales dans la doctrine spirite), puis pour des raisons logiques (ces rayonnements pouvaient perturber l'activité du médium, voire empêcher la visite de l'Esprit) ou mal intentionnées (risque de mise en évidence de la supercherie sous-jacente).

En 1930, à force de patience et de persuasion, Osty a obtenu du médium Rudi Schneider l'autorisation de le tester... et les résultats sont là, d'après lui : une substance invisible qui déplacerait les objets à distance et absorberait l'infrarouge aurait été détectée ! Le lien entre la

* *La Dépêche du Berry*, 9 septembre 1931.

** Kwon H., *Ghosts of War in Vietnam*, Cambridge, Cambridge University Press, 2008.

parapsychologie et la physique était fait, c'est-à-dire entre le surnaturel et le palpable, le rêve et la réalité.

Cet épisode est narré dans l'article suivant, extrait de *La Dépêche du Berry* :

La science métapsychique est en marche.

Les savants les plus éminents du monde entier se livrent aux recherches métapsychiques qui se proposent d'étudier scientifiquement les forces spirituelles ou morales mises au service de l'humanité, de même que les phénomènes spirites et médiumniques observés de tout temps. D'une remarquable étude, parue dans *La Petite Gironde*, sous la signature de M. Jean Brosset, professeur, nous détachons l'extrait suivant susceptible d'intéresser nos lecteurs :

Les journaux anglais ont fait grand bruit, récemment, sur les expériences médiumniques troublantes du sujet autrichien Rudi Schneider, et Sir Harry Price, directeur du « National Laboratory of Psychical Research » de Londres, vient de faire paraître en un volume le compte rendu détaillé et illustré de vingt-six séances expérimentales qu'il a obtenues avec ce médium. Cet ouvrage est un des plus sérieux qui existent dans toute la littérature ayant trait aux phénomènes métapsychiques, car il relate des manifestations paranormales observées avec la plus grande conscience et un luxe de contrôle inégalé jusqu'à ce jour.

Nos savants métapsychiques français ne pouvaient pas se désintéresser de semblables expériences. Aussi ont-ils fait venir dernièrement Rudi Schneider à Paris, à l'Institut métapsychique. Cet Institut « reconnu d'utilité publique », et dont le président est M. le Professeur Charles Richet, de l'Académie de médecine, assisté du docteur Osty, directeur de l'Institut, et de savants célèbres, tels que le professeur Sir Oliver Lodge, le docteur J. Maxwell, procureur général honoraire de Bordeaux ; le professeur Hans Driesch, de Leipzig, etc., ne le cède en rien, comme rigueur de contrôle, au « National Laboratory of Psychical Research » de Londres. Qu'on en juge par ces lignes du docteur Osty, que nous détachons de la *Revue métapsychique* de décembre, au sujet des expériences qu'il fit à Paris avec Rudi Schneider :

« Rudi Schneider a fait un séjour à Paris dans notre Institut. En comparaison de sa production antérieure à Londres, on peut dire qu'il a été en médiumnité basse. Des treize premières séances, onze furent longues et sans phénomènes constatés, deux seulement montrèrent un déplacement de tables, visible en lumière rouge, à un mètre environ du sujet, visible lui-même et bien contrôlé. À la quatorzième séance, nul phénomène ne se produisit. Mais les buts de l'expérience ayant fait mettre en jeu des rayons infra-rouges, il arriva que nous constatâmes que peu de minutes après que le sujet se fut mis dans son état actuel somnambuliforme, il créait, si l'on peut ainsi parler, à distance de lui "une substance invisible" et non "photographiable", localisée dans l'espace et qui arrêtait ou déviait fortement nos faisceaux d'infra-rouge de longueur d'onde connue.

Cette constatation fut une révélation. Nous tenions le départ d'une étude à conséquences importantes. Dans les séances qui suivirent, nous nous attachâmes à la confirmation précisée de l'action de la "création médiumnique" à sa phase d'invisibilité sur les radiations infra-rouges dirigées. Dans ce but, nous mîmes en œuvre des dispositifs qui rendirent contrôlables par le son et en même temps graphiquement enregistrés, les déplacements et les séjours de cette substance invisible rigoureusement commandée par le psychisme du médium, dans l'infra-rouge. »

Nous n'insistons pas sur la valeur de tels résultats. Ils sembleraient prouver, en effet, qu'il se dégage du médium Rudi Schneider une substance invisible dont la démonstration est maintenant aussi probante que la plus pure et la plus classique expérience de physique. Les rayons infra-rouges révélant bien l'existence, les déplacements et la commande psychique de cette substance invisible. Et, conclut le docteur Osty : « Il paraît être prouvé que nous disposons maintenant d'une base de départ pour une étude physique progressive des pouvoirs paranormaux du psychisme humain sur la matière, particulièrement invisible et non photographiante, qui est probablement la plus répandue. »

Voici qui montre bien, n'est-ce pas, l'utilité incontestable des méthodes scientifiques appliquées à la recherche des faits dits psychiques. Ces phénomènes ne sont pas nouveaux et ont existé de tout temps, à toutes les époques. L'étude du merveilleux à travers les âges n'est remplie que de tels faits, rendus encore plus étranges et encore plus mystérieux par la perspective grossissante et réformatrice de la légende et de l'histoire. Il appartenait à notre siècle de méthode positiviste de poser ce postulat très judicieux, que ces phénomènes considérés à travers les siècles comme surnaturels, pouvaient procéder de causes naturelles, mais indéterminées et pouvaient relever aussi bien du domaine philosophique que du domaine pathologique. Sans doute, certaines écoles mystiques ont souvent critiqué cette intrusion, disaient-elles, de l'esprit scientifique de ces phénomènes d'apparence merveilleuse. Mais qui, mieux que l'esprit scientifique, peut résoudre ces problèmes ? « L'esprit scientifique, dit Paul Bourget, consiste essentiellement dans la soumission au réel. » Il écarte, en effet, les opinions préconçues, les conceptions hasardeuses, la fantaisie. Il nous met en garde contre le parti pris, les préjugés, l'obstination des idées personnelles et surtout contre ce que Pascal appelait « la folle du logis », l'imagination déréglée. Enfin, il est fait surtout de prudence dans les affirmations, et comme il croit fermement que la science humaine est bornée de par son essence et qu'elle le sera toujours, que l'inconnu nous environne, et qu'une foule de problèmes nous dépassent, il a la hardiesse ingénieuse d'imaginer des solutions provisoires qu'il a toujours le scrupule de vérifier, quitte à les abandonner aussitôt devant l'opposition de la réalité.

C'est ce bon, ce vrai, ce légitime esprit scientifique qui anime le docteur Osty et ses collaborateurs à l'Institut métapsychique de Paris. Aussi, on peut mesurer déjà les résultats remarquables obtenus. L'expérience de Rudi Schneider avec les rayons infra-rouges est significative. Félicitons-en le docteur Osty et son fils, l'ingénieur Marcel Osty, et tous les savants modestes et scrupuleux qui animent l'Institut métapsychique de leurs travaux si suggestifs. Grâce à eux, de jour en jour, on obtient une connaissance plus sérieuse et plus parfaitement contrôlée des faits psychiques si mal connus et le plus souvent si imprudemment appréciés. Grâce à eux, enfin, les phénomènes singuliers et paradoxaux de l'âme et du corps humain que la psychologie et la physiologie normales et classiques sont impuissantes à expliquer, s'éclairent d'une lumière nouvelle et la science de l'homme, la science métapsychique, devient la science de demain, la science de l'avenir* !

*

En mai 1931, dix ans après une catastrophe aérienne, une femme médium (Mrs Garrett) est pénétrée par l'esprit du défunt pilote (le lieutenant Irwin). Harry Price, saisi de l'affaire – il semble avoir, à l'époque, le quasi-monopole sur les analyses critiques médiumniques –, se livre alors à des contrôles minutieux. Pour lui, les expressions employées par le médium dénotent une compétence technique que n'avait aucun des assistants... Sous la misogynie latente de ce texte (comment une simple femme pourrait-elle avoir de telles connaissances scientifiques et aéronautiques ?), on voit que ce sont les qualités de précisions techniques fournies par l'Esprit qui justifient, pour les crédules, la réalité de son existence :

---

* Brosset J., *La Dépêche du Berry*, 9 septembre 1931.

Londres, mai. Ayant mis au net la sensationnelle relation sténographique du message de feu le lieutenant Irwin, commandant du dirigeable *R-101*, s'exprimant par l'organe de Mrs Eileen Garrett, médium, le Laboratoire national de recherches psychiques devait tout naturellement se livrer à un contrôle. Mais, avant d'étudier les notes prises par Miss Benham, il considère de son devoir de faire parvenir une copie certifiée du compte rendu au ministère de l'air britannique, et l'on sait que celle-ci a été, à toute éventualité, transmise à Sir John Simon, président de la commission d'enquête.

Ce devoir accompli, M. Harry Price s'efforce de rechercher quelqu'un d'assez haut placé pour pouvoir, sans contestation possible, émettre une opinion sur les paroles du lieutenant Irwin. Un personnage, que sa situation, dans les milieux aéronautiques britanniques, oblige à conserver l'anonymat et qui fut en contact à maintes reprises avec les officiers et l'équipage du *R-101*, fut choisi par le laboratoire pour déterminer la valeur qu'il est possible d'attacher à la communication venue de l'au-delà. Technicien lui-même, cet expert s'est efforcé d'étudier surtout les détails techniques et particulièrement les termes et la phraséologie des paroles sortant de la bouche de Mrs Garrett.

Après avoir lu et relu le compte rendu sténographique, il prit rendez-vous avec Mrs Peel Goldney, du Laboratoire national de recherches psychiques, et c'est à elle que, pendant toute une journée, il a fait part de ses commentaires et de ses réflexions. Il tient à rappeler une catastrophe précédente, celle du *R-38* qui, le 24 août 1921, se brisa dans les airs et prit feu alors qu'il évoluait au-dessus du fleuve Humber. C'est à la suite de cet autre naufrage aérien que l'idée dominante des constructeurs de dirigeables britanniques fut de parer au danger que constitue une grosse provision d'essence transportée en même temps que de nombreux appareils électriques dont une étincelle peut provoquer l'explosion. C'est pourquoi des moteurs à huile lourde furent installés à bord du *R-101*, bien qu'étant, pour une puissance donnée, d'un poids beaucoup plus considérable que les moteurs ordinaires. L'expert indique encore que l'opinion publique en Angleterre, et principalement à Cardington, base du dirigeable, a toujours été que le poids de l'eau de pluie répandue sur l'enveloppe du *R-101* fut une des causes de la catastrophe, les moteurs n'étant pas assez puissants pour supporter ce fardeau additionnel.

Enfin, il note que les conclusions officielles de la commission d'enquête ont confirmé dans son ensemble la communication du lieutenant Irwin puisqu'elles reconnaissent qu'il y eut une fuite importante de gaz pendant l'orage qui secoua terriblement le navire aérien. Les ballonnets de baudruche se sont alors usés par frottement contre les membrures métalliques à l'intérieur de l'enveloppe et une déchirure plus grande que les autres s'est produite dans la partie avant de cette dernière. Le rapport officiel parle aussi du mauvais fonctionnement des commandes, ainsi que du manque possible de compétence du personnel. Toutes ces raisons sont données également dans le message du lieutenant Irwin.

Pour ce qui est des termes techniques employés par l'esprit du commandant du dirigeable dans sa communication transmise par l'organe de Mrs Garrett, l'expert en aéronautique considère qu'il s'agit là d'une chose tout à fait remarquable. Le médium, on s'en est assuré, ne connaît rien en aéronautique ou en mécanique. Elle n'a jamais possédé d'automobile ni de moteur d'aucune espèce. D'ailleurs, la construction et la manœuvre d'un dirigeable sont des choses dont ne s'occupe qu'un très petit nombre de spécialistes ne se servant guère qu'entre eux de certains termes techniques qui leur sont propres. C'est pourquoi l'expert, uniquement appelé à se prononcer sur la valeur et la véracité des assertions du lieutenant Irwin, ne peut que se trouver d'accord avec lui sur la plupart des points qu'il a mentionnés de l'au-delà.

Irwin parle d'un changement des gouvernails de profondeur, ainsi que de l'emploi d'hydrogène carboné. C'étaient là deux projets envisagés et qui n'étaient connus que d'un nombre très réduit de personnes. À un certain moment, il dit encore : « La pompe à air a cessé de fonctionner. » Cette remarque s'applique au système d'injection d'huile lourde fonctionnant grâce à des moteurs qui furent remplacés *avant le voyage tragique* par de simples pompes à main. N'est-il pas troublant de retrouver dans le message d'Irwin cette mention des modifications apportées ou à apporter à son navire aérien ? D'autre part, des termes tels que « puissance ascensionnelle utile, puissance ascensionnelle brute, gouvernails de profondeur, hydrogène carboné, virures de tribord, injection de carburant, assiette, etc. » sont-ils des expressions faisant partie du langage courant ?

« Nous avons presque éraflé les toits d'Achy » est une autre déclaration en tous points frappants. Comment un médium anglais, aussi ferré soit-il sur la géographie de notre pays, peut-il connaître le petit village d'Achy, situé sur la route nationale n° 1, à 2 km 500 au sud-est de Marseille-en-Beauvaisis (Oise) et à 16 km 500 au nord-ouest de Beauvais ? Le directeur du Laboratoire national de recherches psychiques a eu beaucoup de mal à découvrir cette agglomération qui n'est pas indiquée sur la plupart des cartes à la portée du public en Grande-Bretagne. Et il est prouvé qu'Achy figurait sur les cartes officielles mises à la disposition de l'équipage du *R-101*. Enfin le village se trouve exactement sur la route prévue du dirigeable.

Peut-on supposer encore que Mrs Garrett ait pu normalement connaître les expériences faites dans le plus grand secret à Cardington avec l'hydrogène carboné ? Et cette phrase que, jusqu'ici, j'ai laissé volontairement obscure : « Il en a été de même avec le *S.-L.-8*. Prévenez Eckener. » La haute personnalité de l'aéronautique appelée comme expert n'a pu découvrir de quoi il s'agissait qu'après de laborieuses recherches dans des documents allemands concernant l'aéronautique. Les initiales S. L. et le chiffre 8 s'appliquent à un dirigeable construit en Allemagne, le *Shutte-Lanz*, qui, de toute évidence, était connu du lieutenant Irwin, tout comme du docteur Eckener, constructeur du *Graf-Zeppelin*.

On pourrait à la rigueur parler de transmission de pensée. Mais les trois personnes qui ont assisté à la séance et qui ont entendu le lieutenant Irwin se manifester par l'intermédiaire de Mrs Garrett n'ont pas de connaissances techniques suffisantes en aéronautique ou en mécanique pour avoir pu, même inconsciemment, aider le médium. Bien que la catastrophe eût été, au moment de la réception de ce message, vieille de soixante et une heures, ni M. Harry Price, ni M. Ian Coster, ni Miss Ethel Beenham n'avaient eu le loisir d'en discuter ensemble. Le nom de Irwin n'avait pas été mentionné dans leur propre conversation et ce fut donc pour eux une grande surprise lorsque le médium en transe se mit à parler du commandant disparu, employant des termes que fort peu de femmes et même très peu d'hommes, choisis au hasard, seraient en mesure d'énumérer.

M. Harry Price, au nom du Laboratoire national de recherches psychiques, déclare qu'il n'est nullement dans les intentions des auteurs du rapport qui a fait l'objet de ces deux articles de discuter si le médium, Mrs Garrett, a été réellement contrôlé par l'entité désincorporée du lieutenant Irwin ou bien si les paroles prêtées à ce dernier émanent soit de l'esprit subconscient du médium, soit de celui d'un de ses auditeurs. Ils se bornent à relater des faits dûment contrôlés au cours d'une séance tenue en plein jour, laissant au public le soin de juger*.

*

* *Le Matin*, 16 mai 1931.

# ANTHOLOGIE SPIRITE

Dans cet article écrit par Harry Price, le directeur du Laboratoire britannique de recherches psychiques réfute carrément le spiritisme. On retrouve dans son analyse, totalement partiale et à charge, l'influence directe de la pensée freudienne, et jungienne avec l'inconscient collectif :

> Où irons-nous après la mort ? [...] Pendant vingt ans, je me suis livré à des recherches intensives ayant pour objet ce qui survient après la mort, et la solution de cette éternelle énigme m'échappe toujours. Les spirites prétendent avoir des preuves que non seulement l'âme (ego) ou la personnalité survit outre-tombe, mais encore que les entités désincarnées de ceux qu'ils ont aimés « reviennent » leur parler par le truchement d'un être anormalement sensible appelé « médium ». Je leur réponds que, tout en reconnaissant l'existence de beaucoup de phénomènes obtenus à leurs séances, je n'y vois aucune preuve scientifique de la survie. Les témoignages sur lesquels des partisans de l'hypothèse spirite appuient leurs affirmations s'obtiennent surtout grâce aux « médiums mentaux » (les clairvoyants) et aux « médiums porte-voix », qui prétendent reproduire de façon supernormale les voix des « trépassés ».
>
> Laissez-moi dire tout de suite qu'une grande part des témoignages ainsi obtenus sont très impressionnants (je veux dire impressionnants par le caractère anormal des communications émises en cet état appelé « transe », et bien que nul ne connaisse ni ne puisse établir exactement la définition de cet état). Mais où je m'élève contre les spirites, c'est quant à la cause de ce phénomène admis par moi aussi bien que par eux. On me dit que les « messages » obtenus par médiums en transe sont « probants ». J'en conviens, mais probants de quoi ? Seulement de leur anormalité, non du fait qu'ils soient énoncés ou inspirés par les esprits des morts.
>
> Notre connaissance du conscient est en vérité très limitée ; notre ignorance du subconscient est profonde. Est-il, en conséquence, très étonnant de supposer que ces prétendus messages d'esprits (même reçus par des médiums honnêtes), peuvent provenir de l'inconscient du sujet endormi, ou (par télépathie) de la pensée consciente ou inconsciente des assistants ? Mais les spirites rétorquent que le médium dit des choses qu'il ignore personnellement et qu'ignorent aussi tous les assistants. Je l'admets. Cela prouve-t-il une origine spirite ? Certainement non, bien entendu. Cela prouve seulement que, d'une façon encore obscure, le médium a reçu des connaissances ignorées de toutes les personnes présentes. Si l'on prétend que cette information anormalement reçue n'était connue que par un mort,

cela ne prouverait pas davantage ni la survivance ni l'existence d'esprits, mais peut-être ce qu'on a dénommé « le facteur psychique ».

Ce facteur psychique, a-t-on supposé, pourrait consister en « quelque chose » d'insaisissable qui appartient à l'être, et persiste au-delà de la tombe. À la mort, ce facteur psychique (qu'il ne faut pas confondre avec l'âme ou la personnalité) s'attarderait quelque peu et, dans certaines conditions, pourrait s'unir à l'esprit d'un médium en transe. De cette union émergerait un autre esprit composé à la fois et en partie de celui du médium et de ce « quelque chose » du mort. On a baptisé cette théorie « théorie de l'émergence ». Si l'on admet qu'elle renferme une part de vrai, il est facile de concevoir comment les paroles du médium en transe peuvent renfermer des faits exclusivement connus par un mort. Mais cela ne prouve point la survivance de l'âme, « ego », ou personnalité. Et, de toute évidence, ne prouve pas non plus que ce mort ait la faculté de revenir sur terre pour parler, marcher et jouer du tambourin.

Dans mon récent ouvrage *Feuilles du carnet d'un psychiste*, j'ai donné plusieurs exemples de ces informations extraordinaires reçues par un médium en transe et émanant, paraît-il, de l'esprit d'un mort. La plus frappante est la communication du soi-disant « esprit du lieutenant Irwin ». Ce dernier serait revenu quarante-huit heures après la catastrophe du « R.-101 », faire du désastre un récit circonstancié, détaillé, et au plus haut point technique. Le sujet en transe était Mrs Garrett, médium anglais, qui ne distingue pas l'un de l'autre l'avant et l'arrière d'un dirigeable. Les personnes présentes à l'expérience ignoraient, elles aussi, complètement, le travail très spécial de direction d'un dirigeable ; cependant, le « lieutenant Irwin » a donné du « R.-101 » des détails qui étaient des secrets semi-officiels et que l'enquête ultérieure confirma. D'où provenait cette information ? De l'esprit d'Irwin ? Peut-être. Mais ce n'est pas prouvé.

Un autre problème qui se pose pour le chercheur passionné, c'est le caractère contradictoire des récits sur l'endroit où vivent les esprits et sur l'espèce d'existence qu'ils mènent. Le *Raymond* de Sir Oliver Lodge nous donne de la vie dans l'au-delà une image qui diffère très peu de notre condition terrestre. Les douleurs et les plaisirs qu'il décrit appartiennent à l'expérience des mortels : c'est un récit peu fait pour inspirer à une personne normale le désir de le rejoindre ! Mais, notez-le bien, *Raymond* nous fait part d'une connaissance qu'on peut considérer comme transcendante.

Un autre « esprit » nous fait une description totalement différente d'un lieu tout autre. Il parle de « sphères » où les désincarnés progressent par stages jusqu'à un certain but. Un autre médium rapportera des détails complètement opposés sur ce qui se passe à l'heure de la mort. Et les récits sur l'au-delà que nous entendons aujourd'hui diffèrent de ceux enregistrés il y a cinquante ans. Pouvons-nous douter que ces descriptions de la survie soient tirées de la pensée consciente ou inconsciente du médium qui, par hasard, se trouve rapporter l'histoire ?

Je le répète : rien de transcendantal n'est jamais sorti de la « bouche » d'aucun esprit. Nous n'avons entendu aucun Shakespeare, aucun Michel-Ange désincarné ; l'art, pas plus que la littérature ni le savoir, n'a été enrichi d'un iota. Au contraire, la plus grande partie des histoires débitées par les médiums sont les plus franches sornettes, ou ce que C. E. M. Joad appelle « ce farrago de vieilles platitudes et de niaiseries éthico-religieuses ». Voilà la communication spirite dans les meilleurs cas ! Dans les pires, ce n'est pas autre chose qu'un jargon de demi-illettré ; il ne dépasse jamais le niveau d'éducation ou de la mentalité du médium qui le profère. Certainement, comme dans le cas du « R.-101 », nous obtenons des renseignements ignorés du médium, mais jamais des informations débordant le savoir humain.

Parfois, quand un médium illettré « évoque » un personnage illustre, l'effet est nettement humoristique. Je rappellerai à ce propos l'histoire classique du médium porte-voix cockney, par l'intermédiaire duquel on « rappelait » le G. O. M. On entendit une voix ; un des assistants demanda : « Est-ce William Ewart Gladstone qui parle ? – Oui, je l'suis ! » répliqua immédiatement le porte-voix. Cette histoire souligne un fait : c'est que de nombreux personnages ont beau être « rappelés » par des médiums – que ce soit sincèrement ou par supercherie –, ce qu'ils disent est, en général, au niveau d'un garçon de courses. J'ai entendu « Platon » faire un discours avec un accent gallois tel qu'un gamin, instruit, en aurait eu honte. Ce qui tendrait à démontrer que si notre âme survit notre intelligence ne survit pas !

J'ai à peine effleuré les phénomènes physiques des salles d'expériences parce que je ne puis apercevoir la plus lointaine relation entre le fait d'agiter un tambourin dans l'obscurité et l'hypothèse que nous survivons. Je crois – c'est un fait – que certaines personnes douées (appelées improprement médiums) peuvent extérioriser un pouvoir de déplacer les objets sans contact (c'est ce qu'on nomme la télékinésie). Je suis convaincu, par exemple, que Rudi Schneider (le sujet autrichien que j'ai présenté aux chercheurs anglais et français) pouvait à un certain moment extérioriser ce pouvoir : il déplaçait les objets, produisait des souffles et matérialisait des formes. Il est bien certain que, plus tard, l'objectif photographique le surprit à échapper au contrôle et à libérer un bras ; mais, dans sa jeunesse, l'enfant possédait cette puissance, que j'ai mise en évidence aux yeux des savants par des expériences en mon laboratoire. Mais jamais je n'ai rien vu qui me conduisit à supposer que les « esprits » eussent un rapport quelconque avec ces manifestations. Elles résultaient simplement d'un curieux pouvoir de cet enfant : il l'extériorisait en état de transe, sous la lumière rouge et dans l'ambiance de la salle d'expérience.

Quoique je ne sois pas spirite, je crois que le spiritisme *per se* est une religion idéale. Mais les religions ne m'intéressent pas. Ce sont les faits qui m'intéressent. Qu'on me fournisse une preuve scientifique que l'âme vit outre-tombe, qu'elle peut revenir sur terre sous forme d'esprit, et demain je serai spirite*.

*

En 1937, le journaliste Guy Desdemaines-Hugon dresse un tableau au vitriol des « spectres en tous genres et chasseurs de revenants ». On y croise à nouveau l'inévitable Harry Price, mais aussi un inventaire à la Prévert de fantômes britanniques, de maisons hantées, d'êtres surnaturels, et même une chanson d'amour enregistrée par une princesse martienne :

Les fantômes anglais forcent l'admiration non seulement par leur nombre, mais encore par leur variété. La conception du spectre standard, enveloppé d'un suaire moisi et traînant ses chaînes, demeure toute française : le répertoire de l'au-delà d'outre-Manche se révèle infiniment plus divers et plus riche.

C'est ainsi que nous trouvons un chien fantôme à Plymouth, un autre à Callington ; un chat fantôme suit depuis douze ans Mr. A. H. Masters, de Weymouth [...]. Profitons de notre séjour à Weymouth pour contempler le vaisseau fantôme naviguant dans la baie. Les personnes n'aimant pas la mer trouveront à Corrour, près d'Inverness, un authentique train fantôme qui hante la ligne locale avec beaucoup de régularité. Le fracas de son passage nocturne sur les aiguillages, ses coups de sifflet ne trompent plus personne et laissent les chefs de gare impassibles. Voici, enfin, le dernier mot du progrès : l'aéroplane fantôme de Shepperton-on-Thames ; le capitaine W. J. Gibson, officier aviateur

* *La Petite Gironde*, 17 septembre 1934.

pendant la guerre, assura comme beaucoup d'autres habitants de cette localité avoir été réveillé en sursaut par le bruit d'un moteur, suivi du fracas de l'appareil s'écrasant au sol.

D'une telle abondance naquit tout naturellement une concurrence acharnée. L'esprit sportif des Anglais donna vite naissance à des établissements de records. Saluons ainsi le village de Polperro, en Cornouailles, détenteur du titre surprenant du « Village le plus hanté d'Angleterre », et le presbytère de B..., aux environs de Londres, reconnu comme la maison la plus hantée de cet heureux pays. Nous nous occuperons plus loin de cette maison championne.

Afin de mettre un peu d'ordre dans cette multitude de fantômes, proposons le classement suivant :

Hors-série : fantômes historiques, Charles I^er^ et Élisabeth, à Windsor-Castle ; la reine Jane Seymour, à Hampton-Court ; Ireton, l'inséparable de Cromwell, à l'abbaye de Westminster ; Anne Boleyn, à la tour de Londres, où l'une de ses dernières apparitions valut de sérieux désagréments à un jeune soldat du 60^e^ rifles. Après les sommations d'usage, ce militaire passa – mais sans résultat – sa baïonnette au travers du spectre décapité. Prise de panique, la malheureuse sentinelle se sauva ; cet abandon de poste lui valut le conseil de guerre. Les juges anglais se sortirent de ce cas épineux avec beaucoup d'habileté en admettant la circonstance atténuante de l'ivresse, ce qui dut légitimement vexer le fantôme de la reine... À Wickham-Court, nous trouvons Henri VIII, infiniment plus discret dans ses apparitions que dans les circonstances de sa vie terrestre. Arrêtons cette énumération, qui ne tient compte que des cas récents et se limite à l'Angleterre. Nous soulignerons plus tard la prodigieuse richesse de l'Écosse.

Dans la seconde catégorie, nous rangerons les revenants d'après les manifestations de leur activité. Ainsi apparaîtront d'abord les tendances naturellement facétieuses et enjouées de la majorité des *Ghosts*, qui semblent vouloir compenser dans l'au-delà le sérieux et la rigidité de leur existence en ce monde. On ne compte plus les lits chavirés, les draps tirés, les projectiles lancés par des mains invisibles ; un révérend pasteur de l'Essex fut ainsi traité comme un vulgaire bleu à la caserne par un fantôme qui ne respecta pas davantage sa digne épouse.

Plus rarement, les habitants de l'au-delà collaborent avec ceux d'ici-bas dans des buts pratiques. C'est ainsi que le colonel Rivers-Moore, archéologue distingué, découvrit, grâce aux indications qu'un esprit lui fournit par le truchement d'une table tournante, une excavation remplie de richesses artistiques, située sous l'emplacement d'une ancienne église à Harley, près de Maidenhead. À l'occasion, les esprits acceptent même de jouer les agents de publicité. Dans un élan de reconnaissance émue un avoué du nord de l'Angleterre écrivit tout récemment à un journal : « Je me demande si certains de mes collègues ont été favorisés comme je le fus par les éloges qu'un esprit fit de moi auprès de la clientèle. » À quoi le journal ajouta : « Nous pourrions indiquer un praticien de Londres auquel certains de nos amis ont été adressés par des guides spirites et qui se sont fort bien trouvés de son traitement. »

Contre cette invasion de fantômes en tous genres, quelles défenses peut-on constater ? L'Église anglicane a édicté à ce sujet un article, le 72e des canons de 1604, stipulant qu'aucun ministre du culte n'était autorisé, sans en avoir référé à son évêque, à chasser un démon, sous peine d'être déposé de son ministère. Voici la formule d'exorcisme employée dernièrement par le révérend Yarnston Mills : « Dieu, fils de Dieu, conquérant de la nuit inconquise, chassez Satan et délivrez rapidement cet endroit de tous les esprits de l'enfer, illusions ou fantaisies du démon. Renvoyez-les aux lieux qui leur sont propres et qu'ils y restent enchaînés jusqu'au jugement dernier. »

Toute différente, mais fort curieuse, est l'action des « chasseurs de fantômes ». Ces *nemrods* d'un genre spécial apportent les méthodes de recherche et de contrôle scientifiques aux phénomènes dits « surnaturels » et qui ne le demeurent souvent plus après leurs investigations. À l'heure actuelle, le plus fameux d'entre eux est assurément Harry Price, secrétaire de l'Institut de recherches psychiques de l'université de Londres. Cet homme, au visage glabre et froid de businessman ou de Sherlock Holmes, mais au sourire extrêmement fin, se tient dans son *flat* de Berkeley Street comme une araignée au centre d'une immense toile invisible où le surnaturel vient se prendre. Pas un fantôme n'apparaît, non seulement en Angleterre, mais encore sur le continent, sans qu'au milieu de sa toile Harry Price en soit informé et se précipite vers lui avec armes et bagages, c'est-à-dire : appareils de photographie et de cinématographie pouvant opérer dans la quasi-obscurité, systèmes électriques d'éclairage et d'alerte par sonneries, instruments de mesure de toutes sortes, y compris une espèce de sismographe pour détecter les moindres trépidations des planchers, une trousse de pharmacie en cas d'accident occasionné par le fantôme (ou au fantôme) et tout ce qu'un observateur peut désirer pour prendre des notes ou des croquis.

Depuis trente ans qu'il poursuit les revenants et le surnaturel en tout genre, Harry Price a pu, on s'en doute, constituer un curieux tableau de chasse. À vrai dire, il n'y manque aujourd'hui qu'un fantôme dûment constaté... En 1925, Price fonda le Laboratoire national de recherches psychiques, qui, en 1934, fut absorbé par l'université de Londres. Cet Institut groupe des médecins et des savants en toutes matières, qui y disposent d'un laboratoire extrêmement complet. Une bibliothèque de 14 000 volumes ayant trait aux phénomènes et aux pseudo-phénomènes de psyché fut récemment léguée par Harry Price à l'université de Londres.

À l'heure actuelle, la majeure partie de l'attention de cet éminent « chasseur de fantômes » est tournée vers « la maison la plus hantée d'Angleterre ». Cette dénomination inquiétante s'applique au presbytère de B..., situé à 60 milles de Londres ; des engagements solennels m'interdisent de la désigner plus exactement. D'extraordinaires expériences s'y poursuivent qui passionnent le public anglais et dont certains journaux français ont fait mention. Le « B. Rectory », construction datant de 1863, comprend vingt-cinq pièces environ édifiées sur l'emplacement d'un monastère du XIIe siècle. À cette époque, un cocher appartenant à l'établissement religieux tomba amoureux d'une nonne d'un couvent voisin. Un jour, le séducteur tenta d'enlever la jeune personne avec la complicité d'un frère portier ; l'entreprise échoua. Le trio, rattrapé, fut condamné à mort ; le cocher fut décapité et la malheureuse nonne murée vivante. Le spectre d'une religieuse, passant lentement dans ces parages à la tombée de la nuit, apparut dès lors avec une telle fréquence que le lieu prit la dénomination de « Promenade de la Nonne ». Mais cela ne constitue que l'un des phénomènes actuels.

Depuis trente ans que ces manifestations extraordinaires sont sérieusement contrôlées, les faits suivants demeurent inexpliqués : sonnettes s'agitant toutes seules ; clés tombant des serrures ; projections d'objets ; coups frappés à côté d'un miroir situé dans la « chambre bleue » où mourut un des occupants de la maison et semblant constituer un langage conventionnel du défunt, qui répond de la sorte aux questions qu'on lui pose ; senteurs de parfums ; disparitions d'objets ; apparitions d'objets jamais vus auparavant ; j'en passe et des meilleurs pour arriver aux records actuels*...

Certains jours, l'inscription suivante : « Au secours ! Regardez dans le puits de la cave ! » fut découverte sur un mur. Immédiatement, une expédition en règle fut décidée. Afin d'écarter toute possibilité d'illusion ou de supercherie, on constitua une équipe d'observateurs. Deux cents candidats se présentèrent. On en retint quarante, judicieusement sélec-

* *La Petite Gironde*, 17 septembre 1937.

tionnés. Chacun d'entre eux entra en possession d'un manuel contenant les instructions de circonstance. J'en extrais ces recommandations, avec l'espoir qu'elles ne tomberont pas sous les yeux des fantômes, que je suppose seuls visés par l'exclusive « Privé et confidentiel » portée sur la couverture de l'opuscule :

« Art. 2. – Chaque observateur doit se munir des objets suivants, en sus des vêtements de nuit, etc. : carnet de notes, crayons, bonne montre avec cadran à secondes, bougies et allumettes, lampe électrique de poche, bouteille de brandy, sandwiches, etc. S'il possède un appareil photographique, celui-ci peut être utilisé. »

Les consignes nécessaires sont données pour les alertes à la suite de sonneries de cloches, déplacements d'objets, bruits de pas, apparitions, « raps » (coups frappés par les esprits), senteurs de parfums. Cette sage recommandation est portée *in fine* : « Bien que certains de ces phénomènes (sinon tous) puissent être observés, il est de la plus haute importance que le plus grand effort soit fourni afin d'être certain qu'ils ne proviennent pas de causes normales, tels que rats, enfants, villageois, vent, craquements de bois, scarabées, animaux de ferme reniflant aux portes, arbres frottant les fenêtres, oiseaux dans les tuyaux de la cheminée ou entre les doubles parois, etc. »

Voici donc une maison en état de siège, occupée par une compagnie de gaillards à qui on ne la fait pas, savamment instruits dans l'art et la manière de se comporter avec les fantômes, faisant des rondes continuelles dans la maison et à l'extérieur, ne quittant pas une pièce sans apposer les scellés sur toutes les issues. Les esprits vont-ils lâcher pied devant cette offensive en règle ? Ce serait mal connaître le tempérament britannique, surtout celui des fantômes...

Certain jour, pénétrant dans la chambre bleue, les observateurs purent voir sur le mur une inscription griffonnée à la craie. Au-dessus d'un enchevêtrement de lignes indéchiffrables, apparaissait le nom « Marianne » parfaitement formé. L'émotion fut, on s'en doute, intense, d'autant plus que le cas n'était pas prévu dans le manuel du parfait chasseur de spectres. Toutefois, avec une louable initiative, le préposé, ne mettant pas en doute la complaisance du fantôme scripteur, apposa une supplique en ces termes : « Écrivez plus lisiblement, nous ne comprenons pas ce que vous voulez dire. » Ceci fait, les scellés furent reposés.

Quelques instants après, revenant dans la chambre, dont les abords avaient été étroitement surveillés, on aperçut une nouvelle inscription, semblable à la première et toujours surmontée du nom « Marianne », s'étalant au-dessus des lignes tracées par les observateurs. J'ai vu de mes propres yeux ce témoignage extraordinaire, mais pas plus que les spécialistes, ne me charge d'en donner l'explication. Tel est, à l'heure où ces lignes sont écrites, le film de « la Maison la plus hantée d'Angleterre ». Le dernier épisode, celui du dénouement, n'en sera peut-être jamais connu.

Que l'on me permette d'abandonner momentanément les fantômes pour nous récréer avec deux incursions faites dans l'extraordinaire par Harry Price, en son université. Elles eurent trait aux communications que certains super-médiums, non satisfaits de communiquer avec l'au-delà immédiat, prétendent établir... avec la planète Mars. Le premier de ces expérimentateurs apporta en taxi un invraisemblable appareil dans lequel la porcelaine, le cuivre et l'ébonite se livraient à d'étonnantes fantaisies. Cet instrument était complété par douze bouteilles contenant des liquides de couleurs différentes et dont la composition représentait un des trois grands secrets obligeamment révélés au médium par « Alimachite, roi des Passes dans la planète Mars ».

Après des préparatifs impressionnants, le médium quitta son col et sa cravate, plaça un disque de cuivre sur sa tête, un autre sous son postérieur, puis relia chacun d'eux à la machine et aux bouteilles. Il expliqua que, son installation reproduisant exactement les éléments dont Mars était composé, il devenait lui-même une partie de Mars. De la sorte, son esprit allait s'envoler, rejoindre la planète et faire de lui un authentique Martien...

Ceci dit, il tomba dans un sommeil hypnotique dont il sortit soudain, en bondissant, pour vociférer en un jargon incompréhensible, ultérieurement assuré par lui comme le martien le plus classique. Le médium livra enfin un compte rendu très détaillé de son séjour dans la planète Mars, avec description de ses habitants, qui sont « unisexuels et se reproduisent par sectionnement », exactement comme nos braves vers de terre que l'on peut impunément couper par le milieu. Mais passons sur cette narration, qui ne vaut certainement pas celle due à l'imagination de Wells, pour arriver à une seconde expérience.

Le médium, en cette circonstance, était une femme. Celle-ci avait le don d'entrer, sans appareil, en communication avec Mars, mais à certaines époques seulement. Un calendrier, un planisphère et cinq minutes de calcul lui suffirent à déterminer quel serait le moment favorable à l'épreuve que lui proposait Harry Price. Elle vint à la date fixée et commença par revêtir, dans une pièce attenante, son « costume martien ». Elle apparut ainsi, en un authentique maillot de bain, agrémenté, côté face, des signes du zodiaque, et, côté pile, de la constellation d'Orion, le tout brodé en soie blanche. Ainsi vêtue, la femme demanda à se reposer quelques instants afin de concentrer en elle les forces nécessaires à son voyage transplanétaire. Il était alors onze heures du matin, elle déclara qu'elle serait prête une demi-heure plus tard.

À midi, Harry Price entendit un sonore ronflement monter de la pièce où s'était retiré son sujet. Entrouvrant la porte, il aperçut le médium astrologico-balnéaire dormant à poings fermés. À une heure de l'après-midi, la situation était « inchangée ». À 2 h 15, ayant déjeuné entre-temps, Harry Price put constater que les ronflements conservaient leur puissante régularité. À 3 h 30, la question devenait inquiétante : le sommeil était-il naturel, hypnotique ou simulé ? Afin d'en avoir le cœur net, Price installa contre la porte un échafaudage d'objets dont la chute révélerait l'activité du médium. Dix minutes plus tard, une secrétaire, ignorant cette machination, pénétra dans la pièce en provoquant l'écroulement escompté... et le réveil de l'obstinée dormeuse, qui se dressa en poussant un cri d'effroi comme si les Martiens se livraient contre elle à une attaque brusquée. Lorsqu'elle apprit la durée de son sommeil, elle eut un sincère étonnement... et le regret de ne plus pouvoir se prêter à l'expérience, qui ne pouvait avoir lieu que dans la matinée. Jamais plus Price ne vit la confidente des Martiens et son costume de bain zodiacal.

Enfin, mentionnons une communication avec Mars, réalisée par le truchement d'un appareil dénommé psychomotomètre, dûment breveté par son inventeur, un authentique avoué, docteur en droit. Le programme de la séance était convenu à l'avance avec certains Martiens distingués et se présentait comme suit :

– Court poème composé et dit au dictaphone par Oomaru, femme martienne.

– Déclaration au dictaphone par une princesse martienne.

– Chanson d'amour, chantée au dictaphone par Pawleenos, géant martien de grande culture.

– Déclaration par un sauvage martien anonyme.

Ajoutons – malheureusement – que tout ceci était reçu par un médium qui prêtait sa voix aux artistes et parlait pour leur compte au dictaphone. De même, la confirmation écrite des messages passait par sa main. Malgré l'ombre de suspicion que ce fait pourra engendrer chez les personnes de naturel sceptique, je ne résiste pas au désir de reproduire, avec l'aimable autorisation d'Harry Price, certains documents recueillis à cette séance mémorable.

Quant à la chanson d'amour enregistrée par la princesse martienne, je peux donner une excellente comparaison. Écoutez un jeune coq ayant une certaine tendance à détonner et imaginez une succession ininterrompue de vocalises en ce genre. Pour mon goût personnel, je préfère encore et malgré tout le style de Tino Rossi*.

* *La Petite Gironde*, 18 septembre 1937.

# Remerciements

À Christophe Kilian (compagnon de certaines de ces enquêtes fantomatiques), à Jean Rondeau (dont le clavecin a accompagné mes nuits blanches), à Philippe Baudouin (partenaire des sons de l'au-delà), à Leandro Varison (marcheur du Père-Lachaise et de la Société de théosophie), au professeur Philippe Roy-Lysencourt (professeur de théologie à l'université Laval, Québec), au Dott. Daniele Ponziani (Archives de la Congrégation pour la doctrine de la foi, Vatican), à Charlotte Desbaud (pour sa transcription fidèle et appliquée), au prince Michel de Grèce (pour m'avoir guidé vers la Lumière), à Vincent Delerm (entre *Amants parallèles* et *Panorama*), à Fazil Say (entre BWV 971 et BWV 543), à Nikos Aliagas (qui sait la frontière ténue entre les mondes, en souvenir d'Agia Paraskevi), à David Alliot (mon *ghostbuster* favori, chirurgien du texte et de la typographie), et enfin à Dominique Missika pour sa confiance renouvelée et à Maëva Duclos pour sa patience… surnaturelle.

L'écriture de cet ouvrage a été terminée sur un bateau entre Héraklion, Haïfa et Limassol, grâce à la complice amitié d'Yves Coppens, Dominique Leglu,

Bernadette Arnaud, Olivier Lascar et Olivier Kirsch : qu'ils trouvent ici le témoignage de toute ma reconnaissance.

Enfin, merci à Isabelle, Jules, Paul et Louis, pour ces nuits volées avec les fantômes, et leur tendresse au-delà de tout.

# Table

## Du même auteur (*suite*)

*Enquête d'ailleurs. Frontières du corps et de l'esprit*, Paris, Balland, 2015.
*Seine de crimes*, Paris, Le Rocher, 2015.
(dir.) *Actes du 5ᵉ Colloque international de pathographie (Bergues, mai 2013)*, avec D. Gourevitch, Paris, De Boccard, coll. « Pathographie », 10, 2015.
*Zombis. Enquête sur les morts-vivants*, Paris, Tallandier, 2015 ; coll. « Texto », 2018.
*Les Zombis. La vie au-delà de la mort*, avec R. Guérineau, Paris/Bruxelles, Le Lombard, 2017.
(dir.) *Actes du 6ᵉ Colloque international de pathographie (Nancy, mai 2016)*, avec D. Gourevitch et S. Deo, Paris, De Boccard, coll. « Pathographie », 2018.
*Autopsie des morts célèbres*, avec D. Alliot, Paris, Tallandier, 2019 ; coll. « Texto », 2020.
(dir.) *Actes du 7ᵉ Colloque international de pathographie : le corps saint (Martigues, septembre 2018)*, avec D. Gourevitch et P. Roy-Lysencourt, Paris, De Boccard, coll. « Pathographie », 2020.
*Rituels*, Paris, Cerf, 2020.
*Vaudou. L'homme, la nature et les dieux*, Paris, Plon, coll. « Terre humaine », 2020.

Réalisation : Nord Compo à Villeneuve-d'Ascq
Dépôt légal : janvier 2021
ISBN : 979-10-210-2304-8
Numéro d'édition : 4552
*Imprimé en Italie*